一本书搞定起名

AI起名指南

蔡凯龙◎著

电子工业出版社
Publishing House of Electronics Industry
北京·BEIJING

未经许可，不得以任何方式复制或抄袭本书之部分或全部内容。
版权所有，侵权必究。

图书在版编目（CIP）数据

一本书搞定起名：AI 起名指南 / 蔡凯龙著 .

北京：电子工业出版社，2025. 6. -- ISBN 978-7-121-50015-2

Ⅰ．K810.2-39

中国国家版本馆 CIP 数据核字第 20251QF881 号

责任编辑：黄　菲　　文字编辑：刘　甜
印　　刷：三河市良远印务有限公司
装　　订：三河市良远印务有限公司
出版发行：电子工业出版社
　　　　　北京市海淀区万寿路 173 信箱　邮编：100036
开　　本：720×1000　1/16　印张：17　字数：284 千字
版　　次：2025 年 6 月第 1 版
印　　次：2025 年 6 月第 1 次印刷
定　　价：78.00 元

凡所购买电子工业出版社图书有缺损问题，请向购买书店调换。若书店售缺，请与本社发行部联系，联系及邮购电话：(010) 88254888，88258888。

质量投诉请发邮件至 zlts@phei.com.cn，盗版侵权举报请发邮件至 dbqq@phei.com.cn。

本书咨询联系方式：1024004410（QQ）。

献给我的孩子：茗语（Lindy）、明哲（Kaiser）与鸣笛（Mindy），
你们是我灵感的源泉，也是我坚持写下去的动力。
感谢你们让我看到世界的另一面，提醒我生命的美好和未来的无限可能。

Preface
推荐序

一名，一书，一世界

当下关于人工智能的书越来越多，不过，蔡凯龙的这本著作，是我看过的第一本探讨利用人工智能起名的书。这本书除了探讨中国的起名文化，还精彩论述了人工智能对于文化创作的影响。我跟凯龙相识，源于我十几年前拍摄纪录片《华尔街》《货币》期间。凯龙是一位金融人士，因此我与他多有来往。凯龙的家在福建，他在美国读研究生，他的小孩定居在中国台北。因而凯龙在不同的文化中穿行，深受不同文化的浸润。这次，凯龙以这些年来的家庭生活、工作感悟及个人兴趣爱好作为底色，撰写了这本书。

应凯龙之约为本书作序，起初，我稍有疑虑，毕竟我是依靠镜头语言进行表达的，书写于我而言是短板。但是基于我们之间的友情，我还是应承下来，其中一个重要原因是，我是一位纪录片导演，2024年初Sora的出现，让影视界深受震撼，也让社会上更多的人关注到人工智能正在影响艺术创作。艺术创作高度依赖人的灵感，不易被人工智能取代。凯龙因"起名"而引出的话题，也是我不得不面对的问题。

我没有想到，关于起名会有那么多有意思的话题，社会学、人类学、艺术史，本书都有详细阐述。从一个名字望过去，能看出人所处的时代、家庭文化、家族的期许及围绕名字展开的人物关系，从一个名字可以窥见一个大世界。因为读了这本书，也让我联想到我脑海之中的人，他们在名字上的故事也很有意思。

这些年来，我对中国的现代化之路充满好奇，在探究和学习的过程中，胡适进入我的研究领域，同时进入我的视野。中国的现代化之路，经历了之难、之痛、之欣喜的过程，胡适参与其中，且是非常重要的人。他的名字，既是他个人观念的重要之变，也是中国现代化觉醒之路的物证。

两次鸦片战争和中日甲午战争，让中国的文明蒙尘，无数仁人志士开始思考中国将向何处去。1896年，严复翻译了赫胥黎的《天演论》，他对自然法则"物竞天择，适者生存"的观点倍加赞赏，并将此观点引入人类社会之中。之后，许多知识分子参与进来，寻找中国积弱的原因，探索中国的发展之路。"天演""竞存""适之"成为时尚潮流，有的人将这些词语当作自己的笔名。胡适的原名为嗣穈。穈，是一种谷物。胡适与他的哥哥商量，要起一个名字，与时代同步，他哥哥认为"适者生存"的"适"符合要求，就这样胡适的名字从此诞生。

还有一个人的名字同样耐人寻味。屠呦呦，这是她爸爸起的名字，在《诗经·小雅·鹿鸣》"呦呦鹿鸣，食野之苹"这句诗中，"呦呦"是拟声词，用来模拟鹿鸣叫的声音。《诗经》成书于约公元前6世纪，与欧洲的《荷马史诗》处于同一时代，屠呦呦名字中的"呦呦"，可以穿越时空。

我的名字，除了显示父母望子成龙的期待，实在找不出其他含义了。我的父亲出生于1922年，母亲出生于1925年，他们都不识字。新中国成立时，全国文盲率高达80%，我的父母就属于这部分人。在我的名字里，父母给了我无法用语言描绘的浓情，父母是我爱的源泉。我的名字虽然有些土气，但有家的浓烈味道，是中国乡土文化的一种表达。

近十多年来，我开始拍摄自然类影片，尤其是以植物为主。植物的名字很有意思，已经被认知的三十多万种植物，都有自己独有的名字，没有重名，这一点跟人不一样。这是因为全球采用林奈发明的双名制命名法，表示生物所属的类别和同一属内的不同物种。我有时候特别希望，给人起名，也能借鉴林奈的方法，也就不担心重名问题了，不过可能也就没有了名字的个性。

这本书里，凯龙对名字的诠释比我讲得更加生动，文笔幽默风趣，旁征博引，探索了中国不同时代、世界不同区域对名字的喜好。凯龙自幼聪颖，是家乡有名的高材生，亲戚朋友添丁添口，就会把起名字这样神圣的工作交给他。他起的名字，不负众望、广受赞誉，因为给小孩起名这件事，他也小有名气。后来凯龙成家立业，成为三个孩子的父亲，三个孩子的名字也是他的重要作品。

对名字的解读，凯龙像庖丁解牛一样。他认为，"名不正，言不顺，运不通"，他赋予名字丰富的含义，因为一个人的名字，是身份的标志，是文化的传承，是个性的体现，是心理的认同，是艺术的产物。一个名字能够涵盖的东西，在凯龙眼里实在太多。我原来想，如何起名字？如何利用人工智能起名字？我觉得写一篇文章也就可以了，没想到凯龙完成了一本大部头的书。这是一本读起来让人轻松，但又是非常严肃的关于人文与科普相结合的书。他热爱中国文化，也继承传统，同时又拥抱现代科技，拥抱人工智能。他在寻找科学与文化、艺术之间的连接，这本书通过起名阐述了什么是人工智能，以及人工智能对未来社会的影响。

凯龙在书里探讨了起名与人工智能的关系，以及人工智能对文化领域产生的影响。从人工智能的由来，到目前国际上人工智能的研究，书中都有涉及。这是因为他是一个学者型投资者，嗅觉使然。人工智能渗透我们的工作和生活，到底会发生什么，一些人已经给出了答案，凯龙在这本书里也发出了自己的声音。

凯龙的这本书，还有更突出的特征，那就是无论谈论多么宏大、严肃、庄重的问题，凯龙都能找到很小的切口，通过简单地起名字，引出中国深厚的文化，再进行东西方文化的对比。这种以小见大的方式需要相当大的能力，凯龙从大处着眼，从小处入手，从小小的切口描绘了一个宏大而又辽阔的世界。

  这是一本关于文化和名字的书，这是一本关于人工智能来龙去脉的书，这本书有关人文、有关科学、有关哲学，它将带你凝视和思考；它通过起名字，为大家打开一扇窗，让大家透过名字看世界。

纪录片导演　李成才

Preface
自序

对AI起名的两大误解

大家对起名并不陌生。儿女出生、公司创立、商标注册、品牌建立、基金设立、庭院建造、作品创作等，都需要起名。

但是绝大多数人对AI起名有两大误解。

第一个误解是，大部分人认为起名研究的就是命理，有这种看法的人，其思维还停留在古代。现代科学研究已经证明了名字对一个人产生的影响，因此现代起名学成为研究名字的一门综合学科。

例如，通过心理暗示的机制，心理学证明了人名的重要性。

2002年诺贝尔经济学奖获得者丹尼尔·卡尼曼，也是畅销书《思考，快与慢》的作者，他在对社会心理学、语言心理学和认知心理学的研究中，提出了人类思维的"快与慢"模式。快思维，无意识，依赖感情、记忆和经验迅速做出判断，缺点在于很感性，容易被误导。慢思维，通过调动注意力，慢慢地分析和解决问题，但是很费脑力，一般直接使用快思维，慢思维不轻易启动。

卡尼曼在他的畅销书里，通过实验显示，人类快慢思维的特点决定了大多数人对人名采用快思维。因此大多数人容易受人名的影响，产生联想，形成心理暗示。这种心理暗示产生的预期，会影响个体和社会其他人的行为，进而真正推动预期的实现。一个富有正面寓意的名字，能够通过心理暗示，引导他人产生积极联想，同时增强个人的自信与力量感，间接影响个体的性格、健康、家庭、事业和人际关系等。

现代起名学，除了涉及心理学，还涉及语言学、传播学、社会学等综合学科。这就带来一个挑战：为了起个好名，谁能完美地掌握跨领域的知识？答案是：AI。

这就涉及另一个误解，大多数人认为，AI起名只不过是把起名的提示词告诉AI，AI就能起个好名。有这种想法的人高估了AI的能力，也低估了起个好名字的难度。

我之所以有这样的心得体会，与我30多年的起名经历息息相关。

我是误打误撞才开始起名的。20世纪90年代大学生不多见，我从小到大的学霸身份加上高考的优异成绩，使我在小县城里有了一定的名气。这种名气带来的副作用是，不时有亲戚朋友生子会找我帮忙起名。盛名所累，实属无奈，幸好我买了一本起名书，这才给了我硬着头皮帮人起名的勇气。20世纪90年代末到21世纪初，我到海外留学然后工作，帮助别人起名的范围从中文名扩展到英文名。十多年间，我陆陆续续起了不少名字，起着起着，我尝到了起名的甜头，感受到帮助别人起名的无穷乐趣，并开始沉迷于此，乐此不疲。

然而，我真正深入系统研究起名，源于我大女儿2009年的出生。给别人起名可以不用那么上心，给自己第一个宝贝女儿起名，我全身心不遗余力地投入。在花了6个月时间后，我不仅给女儿起了个我很满意的名字，还大大提高了起名技能，形成了一套独特的起名方法。这套起名方法在随后2年不断实践中持续改进，到2011年我儿子出生时，我能熟练应用所学，比给女儿起名字少花一半的时间，就给儿子起了一个更加令人满意的好名。

随后长达12年，我刻意减少给别人起名，雪藏我的起名技能，因为我的起名生涯遇到了瓶颈。学然后知不足，越深入研究起名，我越了解自己的不足。困扰我的主要有以下问题。第一，起名涉及语言学、历史学、传播学、心理学等多个领域，一个人的时间、精力有限，如何融会贯通众多学科，起一个好名呢？第二，如何科学、客观评估名字的好坏？名字是个高度定制化的艺术品，评价名字好坏的标准非常主观。如果没有一个科学的名字评估体系，我费尽心血给别人起的好名，也许在别人眼里不值一提，我的价值该如何体现？没有评价名字好坏的标准，如何挑选、比较名字？难道都要凭虚无缥缈的感觉吗？第三，是否存在科学系统的方法，能够找出最佳名字，而不仅满足于好名字？凭灵感或运气，也许能起一个好名。但过一阵子，说不定还能找到更好的名字。如果此时人名已经登记，那改成更好的名字就太费时费力了。如何确保一次性就能找到佳名呢？

2023年初，ChatGPT出现，生成式AI爆发。随着对生成式AI的深入学习，我感受到大模型的魅力：用数字量化一切，把一切思考转化为数字和概率的计算，从而实现对人类思维和创造力的数字模拟。这个原理，可以应用在对名字价值的科学评估上。此外，AI能学习全人类所有知识，本身就是一个强大的工具，能满足起名所需的跨学科、多领域需求。只要掌握AI工具，任何人都可能成为跨学科通才。因而，通过人和计算机的完美结合，利用AI，就有可能在所有可能的名字中找出佳名。

2023年末，正当我重燃起名兴趣，跃跃欲试，准备重新出山时，我得知小女儿将在2024年8月出生。机缘巧合，天赐良机。我将领悟到的、全新的AI起名体系应用于小女儿的起名中，同时也产生了将多年起名的经验凝练成书的想法。

不过，写书比想象中更加困难、更耗时间，我不仅要知其然，还要知其所以然。内容不仅要深入浅出，还要兼顾理论和实践应用。为了在书中列举更多的案例，我测试了大量AI后发现，AI的起名能力并没预想得那么强。

如果从 0~100 分进行打分，仅仅由 AI 来起名，其可以达到 65 分，勉强及格。这近似于我给大女儿起名前的业余水平。如果要提升到 80 分的水平，需要加入大量的数据、起名规则和专业知识，打造专业 AI 起名体系。如果要达到 90 分的优秀水平，甚至是生成独一无二的佳名，除了灵活应用 AI 原理和工具，还需要大量的时间，更多的数据支持，更深的起名跨专业知识，很强的全局统筹规划能力，当然也需要一点点运气。我花 9 个月给小女儿起名的过程，详细展示了如何才能取一个佳名。

但是，不管 AI 起名达到什么水平，即便是最懂中文的大模型 DeepSeek，AI 的弊端依然无处不在。AI 起名容易导致名字雷同度高、失去个性。同时，AI 经常出现幻觉，即 AI 会导致胡编乱造的现象。当 AI 出现问题时，用户无法追查其根源，更无从解决，即 AI 经常被诟病的"黑盒子"问题。

用 AI 起好名、佳名，要求熟练使用 AI 并时刻提防 AI 的弊端，同时要有大量的起名辅助数据，深厚的起名专业知识和对跨领域知识的了解，以及很强的统筹规划能力，并非大多数人想象中那样，将提示词抛给 AI 这么简单。

这本书的目的，除了澄清多数人对 AI 起名的两个误解，还希望让读者了解现代科学起名方法，以及如何使用 AI 来取好名、佳名。

具体来说，本书要教会读者以下技能：

不仅能使用 AI 工具，而且能运用 AI 原理来起名；

不仅能起中文名，而且能起英文名；

不仅能起人名，而且能帮助改名，并为企业或者品牌设计商用名。

如果在这之上，还能通过 AI 起名，引发更多 AI 和文化相互融合的思考和探索，那我就心满意足，如愿以偿了。

Introduction
引言

从AI角度看文化和起名

2024年4月1日"北大考生蔡元培专业第一,莫言专业第二"上了新闻头条,经查实,确实有两位分别叫蔡元培、莫言的考生进入了北京大学国际关系学院的拟录取名单。

有学者研究了中国裁判文书网公开披露的98万个刑事案件里被判决人的名字,发现不常见的、消极的、道德感较低的名字,往往与较高的犯罪风险有关[①]。

名字,确实能影响一个人的未来。既然名字这么重要,该如何起个好名呢?

蹭名人的名字就一定好吗?不一定。全国约有3766个人叫"李白",也没见出一个有名的诗人。况且,抛开"诗仙"的光环,"李白"这个名字和"王白""张白"一样普通。

如果不能随意蹭名人的名字,那普通人该如何给子女起一个朗朗上口、个性突出、蕴含文化又能表达理想抱负的好名呢?如果对自己的名字不满

---

① 包寒吴霜,蔡华俭.姓名对个体心理与行为的实际影响:证据和理论[J].心理科学进展,2021,29 (06): 1067-1085.

意，该如何改名？如何给公司、商品、楼房、基金等起名？

要想回答这些问题，要从AI和文化说起。

AI正在全面重塑人类，但也面临巨大挑战，特别是在文化领域。

AI，这一时代的智能浪潮，正以前所未有的力度全面渗透并深刻重塑人类社会的每一个角落。它不仅在科技前沿引领变革，更悄然间跨越了冰冷的代码界限，深入人类精神与文化核心。然而，在这股重塑之力席卷之下，AI亦遭遇了前所未有的挑战，尤其是在丰富多彩、底蕴深厚的文化领域。

文化，作为民族灵魂的载体，是历史长河中积累的智慧，细腻而复杂，多变又深邃。它囊括了人类共有的信仰、习俗、语言、生活方式等方方面面，既是物质文明的见证，也是精神世界的映射。AI虽能模拟万千情境，精准分析数据，但在捕捉文化的细腻情感、理解深层次的寓意与象征方面，仍然力不从心。就像机械制造的翅膀再精细也难以达到飞鸟的自由和灵动，AI在文化这片广袤无垠的天地间，仍面临着巨大考验。

诚然，现有AI能轻易写一段故事，画一幅画，但若要创作出蕴含深意的文章，或是绘制出具有艺术灵魂的画作，绝非易事。AI能模仿莫言的文风或者梵高的笔触，但是AI可能永远无法达到大师的艺术高度。

总之，在规则明确、注重模仿与重复的领域，比如语言翻译、智能客服、教育辅助、自动驾驶乃至计算机编程，AI如鱼得水，展现出超凡脱俗的效率和精准度。而在规则模糊、以创新和创造力为核心的文化殿堂，AI显得力不能及，只能应对部分相对简单的基础任务，当面对更具复杂性的核心创作工作时，AI仍然存在瓶颈。在文化领域，人类的想象力、创造力与情感共鸣，成为无可替代的宝贵财富。

AI和文化的融合

虽然在文化领域，人类占据主导地位，当时代的浪潮携带着AI这一革命性技术巨浪扑面而来时，我们不得不正视其对文化领域的影响。AI作为一项突破性的技术，一个功能强大的工具，以其无与伦比的数据处理能力和深度学习的智慧，为文化工作者提供了前所未有的革新和推动力。

AI所蕴含的"用技术量化艺术"之思维框架，正悄然改变我们对文化创作的传统认知。它教会我们，在坚持人性温度与情感深度的同时，亦能拥抱技术的力量，让创意的边界不断拓宽。这种跨界融合的思维模式，不仅值得每一位文化领域的探索者深入学习，更应成为推动文化创新的重要驱动力。

如何在文化领域融合AI，利用AI进行创新实践，是一个跨学科且极具挑战的研究方向。本书通过探索AI起名，期望能够为读者带来深刻的启发和思考。

探索AI起名艺术

名字在日常生活中有多重要？我们来看生活中常见的一句话：

"凯龙，小白留在特斯拉Model Y里，车停在北京中关村商场地下停车库。"这句话共有10个名词，其中有4个通用名词（车、商场、地下、停车库），其余6个都是专有名词（凯龙、小白、特斯拉、Model Y、北京、中关村）。专有名词中前面4个是人们创造出来的个性化专有名词，分别为人名、宠物名、公司名和产品名。

研究显示，我们生活中使用的语言中专有名词占94.86%。排除常见的地名和学术专有名词，个性化的专有名词都是被人创造出来的，其数量占专有名词的半壁江山，可见起名的影响范围极为广泛，超乎想象。

本书选择以起名为切入点，探索AI与文化的融合之路，是因为：第一，名字意义重大，影响深远。第二，名字是文化产出的最小单位，契合了生成式AI的原则"最小处入手，逐步累积"。第三，起名参与者众多，门槛低，能更好贴近普罗大众的生活。第四，起名内容博大精深，综合涉猎范围很广。

第五，起名不仅彰显中华民族精神，更展现中华优秀传统文化的独特魅力。

不同于西方取名多从固定名库中挑选、缺乏创造性和艺术性，中国姓名文化历史悠久、内涵丰富，人文情怀、民俗风情、历史积淀、社会发展、文化融合、精神意趣等无不蕴藏其中，经过数千年积累演变，形成了独特的传统与文明。姓名，传承了人的情、意、志；蕴含了人的精、气、神。探寻我国姓名文化传承的博大精深、源远流长、兼容并蓄、和而不同的民族精神，是当代国人肩负的文化使命。[①]

结合我多年起名的兴趣与实践经验，起名以其独特的魅力，成为我探索AI与文化结合的理想入口。

本书内容和特点

本书以我多年的起名经验及对AI的深入了解和把握为基础，借鉴生成式AI的原理，融汇古今中外的优秀起名方法，构建AI起名体系，并应用强大的AI工具，结合翔实的起名实践案例，助力读者成为起名大师，创造出富有内涵和价值的好名、佳名，甚至是绝佳名。以点带面，从AI在起名实践中的作用，探讨AI在文化领域的应用。

本书的构架组织遵循一般人接受新事物的顺序，从概念入手，依次解释原理、介绍方法、演示应用，最终推广到其他应用并进行展望。

第一章，阐述名字的内涵和外延，强调名字的重要性。

第二章，讲解AI的工作原理，解释AI、文化和起名的关系。突出以起名为切入点，探索文化领域智能应用的重要性和迫切性。

第三章，构建AI起名体系，设定名字价值评估标准，细化起名方法和起名需求，绘制AI起名体系原理图，并介绍具体使用流程和步骤。

---

① 公安部户政管理研究中心《二〇二一年全国姓名报告》

第四章，汇总各种起名方法和学派，分为传播类、寓意类、个性类、风格类和英文类，逐一解释每种方法和学派的特点，以及在AI起名体系下的量化评估、数值范围、影响对象和实现方法，并在最后得出起名方法学派汇总表。

第五章，分享我从入门到精进，从低谷到升华的完整起名成长历程。着重演示我集毕生所学，历经9个月精心为小女儿起的名字，堪称无法被超越的佳作，并详细展示其步骤和方法，借此展示AI起名体系的应用细节和重要注意事项。

第六章，阐述改名的必要性和具体步骤，介绍如何使用AI起名体系进行改名，并详细说明操作流程和后续步骤。

第七章，探讨AI起名体系在商用名上的应用，解释商用名的特点及AI商用起名的调整方法，并演示如何用AI起商用名，以3个月花费20万美元的代价，完成了原本耗费3年、1亿美元的商用名更换，并展示一例经典的民宿起名案例。

当然，不同读者可以根据自己的情况和兴趣调整阅读顺序，以下是给不同读者的建议。

准备给孩子起名的父母，建议仔细阅读第一章到第五章。在第三章和第四章的阅读中，若无法完全理解，只需掌握总结性的"AI起名体系原理图"和"起名学派方法总结表"，就可以根据第五章的实践依葫芦画瓢，不理解时可以回到第三章或第五章寻求答案。

想改名的读者，不论给小孩改名还是给自己改名，都意味着当前的名字有不足之处，建议先读第一章和第六章，了解名字的重要性和改名的必要性，然后按第三章、第四章、第五章的顺序学习如何用AI起名体系改名。

想起商用名的读者，由于商用名与人名差别很大，建议先从第一章和第七章开始阅读，了解商用名和人名的异同，然后再阅读第三章和第五章，学习AI起名的原理及其在实际应用中的操作方法。

AI应用爱好者，若熟悉AI原理且没有起名需求，只想了解AI在起名中的应用，可以按照第二章、第三章、第五章的顺序阅读。

起名爱好者，若已对名字的重要性和起名方法有所掌握，可以跳过第一章和第四章，按照第二章、第五章、第六章、第七章的顺序阅读。

对起英文名感兴趣的读者，可以直接阅读第四章的"英文类"部分。读者若无起名需求，但对科技与文化的融合感兴趣，可以阅读第二章、第三章、第五章和第七章。

没有耐心的读者，可以跳过前面的章节，直接阅读第五章和第七章关于应用的部分，就能理解为什么我会花费9个月时间给小女儿起名，并且能确保一定是最好的名字；也能看到我如何用3个月、20万美元达到3年、1亿美元的起商用名效果。不过，这些应用依托于前述的概念、原理和方法，如果读者觉得AI起名体系值得深究，就要回头把之前跳过的基础补上，毕竟学习没有捷径。

本书不局限于起名学派与技巧，也不单纯关注AI原理及技术，而是侧重AI原理和核心要义，将其运用于起名之中，并融合古今中外的起名方法，借助AI工具，构建全新的AI起名体系，将其付诸实践。

使用AI工具起名只是"授人以鱼"，通过AI原理起名才是"授人以渔"。本书将"鱼"和"渔"一起传授给读者，读者可以将这本书比作AI体系中的数据和算法，读者好比一台计算机，借助数据和算法学习起名技能，成为一名起名大师，不仅能为自己，也能为他人起佳名，改新名，甚至起有价值的商用名，不仅能提升个人形象，还能大幅增强品牌价值。

希望这本书能给新手爸妈、改名和起商用名需求者、AI应用爱好者、起名兴趣者和对科技与文化融合着迷的读者，带来宝贵的知识和全新的灵感。

Contents 目录

Chapter 1 第一章
名字的重要性超乎你的想象 / 001

- 1.1 赐子千金不如赐子佳名 / 003
- 1.2 观其名就能知其人 / 006
- 1.3 起名不仅仅用在小孩出生时 / 009
- 1.4 随意起名是不可原谅的巨大浪费 / 010
- 1.5 起名难，起好名更难 / 012

Chapter 2 第二章
起名：文化的结晶与AI的挑战 / 017

- 2.1 深入浅出理解AI / 019
- 2.2 文化领域如何应对AI带来的挑战 / 026
- 2.3 以AI起名为切入点，探索文化领域智能应用之路 / 028

Chapter 3

第三章
AI 起名体系：于文化传承中融入科学与创新 / 031

3.1 起名是生成式 AI 的一个特例 / 033

3.2 目标：最大化名字的总价值 / 035

3.3 过程：维度化所有的起名方法 / 039

3.4 输入：参数化多元的起名需求 / 046

3.5 AI 起名体系：主观结合客观，艺术融合科学 / 057

3.6 AI 起名 Copilot 模式：给你还是帮你起名 / 062

Chapter 4

第四章
起名学派与方法 / 067

4.1 起名学派与方法的分类 / 069

4.2 传播类 / 073

4.3 寓意类 / 083

4.4 个性类 / 096

4.5 风格类 / 107

4.6 英文类 / 118

4.7 起名学派方法总结 / 138

Chapter 5

第五章
AI 起名实践：我的起名历程 / 141

5.1 我的四段起名历程 / 143

5.2 第一步：准备基础知识和规划流程 / 153

5.3　第二步：收集基本资料和排序需求 / 154

5.4　第三步：确定候选名单并维度化候选名 / 161

5.5　最后一步：计算评估、外界反馈和最终确定 / 186

Chapter 6　第六章
AI起名下的个人改名 / 195

6.1　为什么要改名 / 197

6.2　AI起名体系下改名的技巧 / 200

6.3　改名的流程和后续操作 / 202

Chapter 7　第七章
AI起商用名 / 205

7.1　商用名的特点 / 207

7.2　AI起名体系的商用名调整 / 212

7.3　AI起名体系的商用名应用案例 / 224

附录 / 235

后记：科技与文化的融合 / 247

Chapter 1

第一章

名字的重要性
超乎你的想象

常言道:"名不正,言不顺,运不通",这句话深刻地揭示了人名在人类社会中的重要性。人名,不仅仅是一个简单的标识,它包含着文化、历史、情感和期望。人名不仅是个人身份的象征,也承载着一个人的声名、地位和财富,体现了一个人的家庭背景和性格特征,蕴含大量的信息。

1.1 赐子千金不如赐子佳名

名字是用来指代人或物的，范畴非常广，有必要先厘清名字的类别。

名字分为两大类：人名和物名。

人名分为：姓名，即法律意义上的正式名字。人名还包括相关的：小名、字、号、别名、艺名、笔名、网名等。

非人名包括：地名和商用名。

地名多是历史约定的，很少会被改变或创造，所以不在本书讨论范围内。

商用名指的是被创造出来的，有一定商业目的和情感价值的名称，比如公司名、产品名、项目名、基金名。艺术文化创作的成果是一种产品，也归类在产品名里，比如文章的标题、书名、电影名、歌曲名、画名、戏剧名等。宠物名包含情感价值，同样归为商用名。

鉴于人名的重要性和起名的复杂性，本书重点放在人的大名的命名上，并包括商用名的起名。书中的"名"或者"名字"一般特指人的大名，除非特别说明。

人名所承载的意义深远，体现在以下几个方面。

1. 身份标志：一个人的姓名不仅展现其身份，还是个人名誉、地位、财富的专属载体。它能将一个人与其他人区分开来，是个人独一无二的符号。姓名权也是个人最基本的权利之一，受法律保护。

2. 文化传承：姓名承载了民族的语言、文化和传统智慧。姓氏源自先人，具有深厚的历史背景和文化底蕴；而名字常常是父母根据自己的审美和情感创造出来的，一般赋予孩子美好寓意和期望，体现父母的审美修养与文化视野。姓氏具有历史性,反映家族血脉的传承;而名字往往承载着时代的特征。姓名往往体现出一个民族在不同时期的价值观和审美偏好。比如"建国",是新中国成立后,父母希望子女能够为国家的建设做出贡献而起的名字,具有时代特色。

3. 个性体现:在现代社会,名字已不仅是简单的符号,而是逐渐成为个性和品位的展示平台,凸显出每个人的独特之处。在给孩子取名时,父母会根据自身的理解和期望,赋予孩子富有个性的名字。有些人的名字彰显阳刚之气,有些人的名字流露出温婉秀美。姓名成为他人对个体最直观的印象符号。一个有特点的姓名会让人"如闻其声,如见其容"。《红楼梦》中的贾宝玉,名字中的"玉"象征着他高贵而柔弱的身份,同时也暗示了他内心与世俗的格格不入。《哈利·波特》系列中的赫敏·格兰杰,这个名字在希腊神话中意为"月亮",这与她在故事中聪明、机智的形象不谋而合。

4. 心理认同:姓名通过日常的反复使用,逐渐在人们的心中建立起一种深刻的认同感,潜移默化地影响个人形象和性格塑造。古人云:"有其名必有其实,名为实之宾也。"一个富有正面寓意的姓名,能够通过心理暗示,引导他人产生积极联想,同时增强个人的自信与力量感,间接影响个人的性格、健康、家庭、事业和人际关系等。

5. 艺术结晶:一个佳名如同一首脍炙人口的诗、一幅绚丽多彩的画、一首动人心弦的歌,它凝聚了父母的情感与期许,承载了文化精华,记录了时代印记,是艺术的结晶。这点也是中华文化下的姓名所特有的,因为相比之下,西方的名字多从既定列表中选取,缺少创造佳名的艺术灵活性。

人名不仅蕴含精气神,还传承了情感与意志,体现了一个民族的文化价值和时代气息,又暗藏玄机。

好的名字,朗朗上口,又方便记忆;它不仅传递力量和信心,还能彰显个性,表达理想和抱负。好名字能潜移默化地积极影响个人生活的方方面面。名字若过于生僻或晦涩，可能让人记不住甚至引发误解，影响社交与职业发展。过于普通或毫无个性的名字则容易在大众中被淹没，使个体在竞争中失去优势。

以清朝的胡长龄为例，他因名字带有吉祥寓意而获益。据《清稗类钞》记载，胡长龄殿试后按成绩本来排在第十名，当主考官将卷子"进呈御览"时，已经七十九岁高龄的乾隆皇帝，一看"胡长龄"三字，不禁大喜，借这个名字图吉祥，就把胡长龄提拔为第一，点为状元。

同是在清朝的江苏举人王国钧就吃了名字没取好的大亏。据《清稗类钞》记载，王国钧在清同治戊辰年考取进士，到最后一轮殿试已经进入前十，是个难得人才。慈禧因"王国钧"的名字与"亡国君"谐音，感到不悦，最终决定不予重用。负责的官员不敢违抗命令，赶紧给王国钧随便安排了一个远离京城的教书闲差事，一教就是20年。

不仅历史上如此，回顾我们身边的例子，你会发现朋友、同学、同事，有多少人名字普通，很快被淡忘，但那些名字独特或富有意义的人，总是给你留下更深刻的印象。可见名字独特、好记是一种巨大的优势，其作用不亚于才华和才貌。

尤其是在信息化高度发达的今天，人与人的接触频率和范围都大大增加。在这个竞争日益激烈的社会，一个与众不同的名字已成为社交和职业上的加分项。招聘者在面对众多候选人时，常常会对名字独特者留下深刻印象，从而在潜意识中给予更多机会。

如果你仍对人名的重要性存有疑虑，不妨做一个简单的实验。回想一下，在你懂事以来所认识的人当中，有多少人的名字不太好，却依然取得了成功？记住这个数字后，你反过来仔细想想，有多少人名字起得好也很成功？当你对比这两个数字时，你会惊讶地发现，成功人士中名字有深刻寓意或独特的人比例显著高于名字普通的人。如果人名对人的一生发展不重要，那成功人士中，好名和差名的个数应该差不多。事实证明，成功人士大多有个好名字。这说明了一个道理：好名字无法保证成功，却能助力成功。

从数学角度来看，名字的重要性也得到了进一步的证明。

毫无疑问，人名是每个人一辈子使用频次最高的几个字，但是究竟有多少次呢？我们可以估算一下。假设人的寿命为80岁，接近3万天。据统计，在这3万天里，普通人每天做以下事情的频次如下：阅读，0.5次；洗澡，0.9次；睡觉，1次；吃饭，3次；上厕所，7次；看时间，18次。

而一个人的名字被使用的频次，包括被口头叫到、自我介绍、被看到或听到，无论通过发音、手写、打印、电子方式，平均高达每天35次。也就是说，名字一生被使用大约100万次，这个次数甚至超过了我们一生中吃饭、睡觉、洗澡和上厕所的总次数。想象一下，每次你自我介绍、被人叫名字或填写表单时，名字都在被不断使用，名字的影响在不断积累。而且随着信息爆炸时代的到来，资讯的传播速度更快，人名的使用频次只会越来越高，名字的影响力也会越来越大。

赐子千金不如赐子佳名。名字是一个人在社会中的名片，它不仅关系到个人的形象和气质，还可能影响一个人的社交、事业乃至命运。一个好名字，就像一首优美的诗、一幅精美的画、一首动听的歌，让人回味无穷，并在历史的长河中留下独特的印记。人名的重要性远超一般人的想象。

1.2 观其名就能知其人

人姓名的重要性可以从姓名承载信息量的角度来体现。在中文姓名的两个到四个汉字或者英文姓名的几个字母中，蕴含大量的信息。观名术是指通过姓名推断个人特征，从而达到"观其名，知其人"的境界。

一个人的姓名可以体现出以下几大信息：

1. 从语言体系看出其国籍或者地区。从人名的中文、英文能判断这个人是在东方还是在西方。

2. 从中文姓氏可推断出生地区，从英文姓和名可推测家族或种族起源。

中文的姓氏原本就有突出的地域性，随着人口流动，独特的姓氏地域性被打乱，但是还有一些统计学上的明显区别。公安部发布的《二〇二一年全国姓名报告》里，列出了常见姓氏地理分布情况（见图1-1）：

姓 氏	分布最多的省份
王、李、张、赵、郭、韩、曹、田、杜、魏、任、姚、范、石、贾、付、秦、侯、薛、阎、史、常	河 南
陈、黄、吴、林、郑、梁、谢、许、邓、冯、曾、蔡、叶、苏、卢、钟、廖、邱、江、黎	广 东
刘、孙、高、宋、董、于、吕、姜、崔、孟、邵、孔	山 东
周、唐、彭、肖、蒋、谭、尹、龙、贺、龚、向	湖 南
徐、朱、丁、沈、夏、顾、钱、戴、严	江 苏
潘、陆、韦、覃、莫	广 西
杨、何、罗、袁、雷	四 川
程、汪、方、陶	安 徽
邹、熊、万	江 西
白、郝	河 北
金、毛	浙 江
胡、余	湖 北
武	山 西
段	云 南
马	甘 肃

公安部户政管理研究中心制

图1-1 常见姓氏地理分布情况

在北方地区，如河北、山西、陕西等省份，王姓人口较多；在一些南方地区，如广东、广西、福建等省份，王姓人口相对较少。在一些地区，如山东、河南、陕西等地，李姓人口较为集中。福建的林姓和蔡姓比例相对高。从一些少数民族或者罕见的姓氏更易推断其区域，比如苗姓和段姓比较罕见，一般分布在云南、贵州一带少数民族区域。

英文姓氏的种类比中文姓氏多，通常可以从中推测家族背景。英文名一般从固定列表选取（大约4万个），每个名字都有产生的词源，能追溯到其种族出处，比如Elon Musk的姓Musk，在南非当地就是一个望族，而名字Elon可追溯到非洲起源。美国人姓氏里出现Kennedy，他或她很有可能是美国政治世家肯尼迪家族的成员。在得克萨斯州，若有人姓Bush，通常会受到当地人的尊敬，因为这是得克萨斯州人引以为傲的名门望族布什家族。过去20年，该家族出过两位美国总统和多名州长。

3. 从名字可以看出性别。从中文名字大多能推测出性别，英文名由于是从名称列表里选的，更能推测出什么名字代表何种性别。

4. 从名字能推测出年龄、年代甚至生肖。中文名文化传承特征明显，具有非常鲜明的时代性，比如民国时代，取名讲究传统美德，所以名字中的"仁、义、礼、智、信"较多。新中国成立后，建国、胜利、建军、解放、红星等名字频繁出现，体现家国情怀。20世纪80—90年代，家长对子女的期待转变，"伟、博、浩、宇、欣、悦、怡"高频出现。进入21世纪，"梓、涵、睿、轩、宸、萱、沐"成为父母给子女起名的最爱。当然，生肖也可以推测，龙在中华文化中象征吉祥，因此每逢龙年，许多父母会在孩子名字中加入"龙"，比如我的名字"凯龙"就是这样来的。

5. 家庭背景和父母的文化修养。如果一个人的名字超凡出众、高雅，通常可以推测其父母有较高的文化修养，家境相对比较好。

6. 个人特征。名字是父母对儿女期望的直接体现，具有显著的个性特征，会产生心理认同上的影响。姓名通过频繁使用产生心理层面的暗示，一般名字体现的特征能潜移默化影响个人。比如一个叫"坚强"的人，大概率其心理素质不会太脆弱。

可见，从一个简单的姓名中，我们能够推断出对方的国籍、性别、地区、种族、年龄、家庭背景和性格特征等。

名字包含大量信息，因此在没见到真人之前，人们往往有意识或者无意识地从姓名中解读部分或者全部信息。现代社会信息交流日益便捷，互联网和手机的普及，加上即时通信和视频电话的盛行，使得大多数人与人的交流由线下转到线上，很多人成为"网友"，只闻其名不见其人。同时，名字使用频次越来越高。因此，在当今信息社会中，姓名的意义愈加重大。一个响亮、生动且富有寓意的名字，往往能给人留下良好的第一印象，并与素未谋面的人产生美好的联想与好感，从而达到"先名夺人"的效果。

1.3 起名不仅仅用在小孩出生时

大众对起名存在两个误解。许多人认为只有在小孩出生时才需要起名，平时则用不上。

在人的一生中，起名的机会频繁出现。除了小孩出生后需要起名，父母可能还需给小孩取小名；出国交流或工作学习需取英文名；网络注册需取网名；宠物需要名字；公司创立、新产品设计、基金设立、新项目、文章等也都需要起名。

《2006年中国语言生活状况报告》中指出："专有名词数量最大，在整个语言中占94.86%。"这意味着，生活语言中约90%是专有名词，而这些专有名词都需要起名。排除常见地名和学术专有名词后，个性化的专有名词在生活中同样占据重要地位。

事实胜于雄辩，这一点可以通过生活中的普通交谈来证明。

"凯龙，明天我们去东南花都准备同学会现场，你开特斯拉Model Y帮忙带农夫山泉矿泉水和可口可乐，顺便接上王××、姚××、李×三位同学。"

这句是我以前的老班长给我的留言，其中名词占比超过一半。

个性化专有名词，如特斯拉、Model Y、农夫山泉和可口可乐，均是通过起名创造的成果。

大致而言，个人的能力尤其是创造力越强，拥有的资源越多，起名的需求也随之增加。

普通人通常只需为自己的孩子或孙子孙女、宠物取名。对于有对外交流需求和一定英文技能的人来说，起英文名是必要的。德高望重的人，常常会有人请其帮忙取名。创始人或公司高管通常需要为公司、产品、项目和基金取名。创造力丰富的文化艺术工作者，则频繁为标题、书名、电影名、歌曲名、画名、戏剧名，甚至作品里的虚构人物名绞尽脑汁。

因此，起名技能与人们的生活息息相关，并非如人们想象中那般遥远，更不是仅在孩子出生时才用得上。此外，随着现代社会对个性发展的愈加重视，个性化专有名词会越来越多，起名需求的场景也将愈加广泛。

1.4 随意起名是不可原谅的巨大浪费

大众对起名的一个误解是，认为起名很容易。名字不就是一到三个字组合而已，看起来似乎很简单。很多人到小孩出生后办理出生证时，才临时起意随便找个名字。或者临时抱佛脚，去众多起名网站中挑一个顺眼的名字。

在我看来，随意起名是暴殄天物，是不可原谅的巨大浪费。

人们经常说：孩子是上天给父母最好的礼物。而父母给孩子最好的礼物，就是起个好名。

父母送给孩子名字，代表了子女独一无二的身份，彰显个性，表达心理认同，并潜移默化地影响其命运。同时，这个礼物承载了父母的审美和期望，体现了其所处时代的历史和文化的传承，也是一件精美的艺术品。此外，这个礼物包含子女的国籍、性别、地区、种族、年龄、家庭背景和性格特征，传递大量信息。最重要的是，这个礼物将在孩子今后的一生中，每一天都被频繁使用，总使用次数达到惊人的100多万次。一些杰出的人，其姓名的生命力甚至远超本人的生命长度。

如果父母愿意花时间和金钱为胎儿胎教，为小孩补习功课，以及为子女上学搬家、买房，那么父母又有什么理由随意给小孩起个名字呢？从父母对子女的时间和金钱投资回报的角度看，根据投资结果的使用时间和频次，以及影响的深度和广度，对比所耗费成本，父母给子女起名毫无疑问是对小孩最高回报的投资之一。

此外，父母给小孩的起名投资有一个重要特性：一生只有一次，过期作废。名字一旦登记，便开始具备生命力。随着时间的流逝，名字频繁地使用，其生命力也会随着孩子的成长而逐渐增强，最终名字和孩子的生活方方面面融合在一起。时间越长，其正面或负面效果会逐渐累积，变得愈发明显、根深蒂固。成年后若要改名，所需耗费的精力和时间都很多。我会在书的后面部分详细讨论如何改名，但仍建议父母一开始就为小孩起好名字。

父母随意起名，浪费了一个能为子女提供高回报率的投资机会，这个机会一生只有一次。而且，不恰当的名字后果严重，影响深远，很难更改，因此起名需谨慎。

至于父母在起名网站上挑选名字，虽然稍微比随意取名好一些，但我仍不建议这么做，因为目前市场上的起名网站大多采用千篇一律的模板化格式，会给小孩的未来埋下重大隐患。

仔细观察许多起名网站，你会发现其推荐的名字中依然有"浩然""梓涵"。这些名字乍看还不错，但这两个名字均被列入2021年新生儿男女最常用的十大名字。这可能是因为许多人取名时都使用同一起名网站，而网站推荐缺乏个性化定制，导致千篇一律的所谓"好"名。考虑到2021年前后几年的取名统计，这两个名字依然是热门高频使用名，意味着同龄人中，这两个名字有极高的重名率。这样的后果是，在一个班级里，平均可能会有两个叫"浩然""梓涵"的人，这会给孩子的生活和学习造成很大的困扰。

总之，起名网站虽然看似便捷，但往往无法提供真正贴合个人需求、富有创意和内涵的名字。这类名字往往连基本的身份标志和个性彰显都无法实现，更谈不上名字的文化传承和艺术结晶。

毕竟，名字是父母在子女出生之前就能提前准备的，是子女一生中最有价值、影响最深远的礼物；也是父母在子女身上投入最少、回报率最高的投资。

任何礼物，如果来得太容易，就缺乏意义和价值，给子女起名亦如此。因此，建议父母花时间和精力亲自为孩子起名，不要随意选择，也不应单纯依靠起名网站和工具。孩子的名字值得父母投入心血精心挑选，若条件允许，建议找专业起名机构一对一咨询；如果不想花费太大，本书的AI起名体系也能帮助你找到最适合孩子的名字。

1.5 起名难，起好名更难

名字至关重要，因此起个好名尤为关键。但起名难，起个好名更难，原因有以下几点。

第一，现代人对名字的要求越来越高，需求也日益多元化。

如今，父母对名字的认知明显提高，加上生活条件的改善和文化修养的提升，父母给小孩起名很少仅关注某一点或遵循单一的起名方法，而是综合考虑各种因素。

许多即将成为父母的朋友常向我求助起名，他们的要求通常是：名字既要悦耳顺口，又要好写好记；既要大气，又要文雅、有内涵，而且名字必须独特，不能随大流。此外，还有一些父母对名字提出特殊要求，比如要求使用族谱中规定的特定字，或者兄弟姐妹需要相关字，中文姓名需与英文名发音相近，要求从古代诗词中引申等。面对如此复杂的定制化起名需求，找到符合条件的名字需要极高的起名技巧。

第二，起名学派众多，涉及领域广泛。

由于名字十分重要，自古以来就有人研究如何起名。起名研究逐渐演化，形成一套独特的学科体系：起名学或姓名学，归属于语言学科，并且有专门的国际顶级期刊 *Names-a Journal of Onomastics*。在起名体系中，根据起名原理，衍生出十余种常见的起名学派和方法。各个起名学派相互独立，拥有各自逻辑、流程及评判名字好坏的标准。

起一个好名需要综合多学派和方法，涉及语言、历史、社会、民俗、传播、心理、统计、宗教信仰和法律法规等众多领域，挑战极大。

第三，名字的创造者、所有者和使用者并不一致。

人名的创造者一般是父母，所有者是孩子，而使用者则包括父母和孩子以外的其他人。创造者、所有者和使用者之间的错位，造成两个独特现象。

其一，所有者很难影响自己名字的产生和使用。就如手艺高超的发型师无法给自己理发，技艺精湛的外科手术医生无法为自己开刀动手术，能力超群的起名大师也无法在出生时为自己起个好名。

父母一般在子女出生前后定下姓名，并登记在官方文件（比如出生证），每个人都无法选择自己的名字，就像无法选择出生的家庭一样。尽管随着个体的成长，孩子有了自主意识和基本判断能力（如上学后），能够初步判断自己名字的好坏，但此时名字已被使用者（如老师、同学、亲戚和朋友）频繁使用，成为习惯和个人的标志。并且未成年之前，改名需要由父母来申请，未成年人仍然没有改名的主动权。等到姓名拥有者成年，掌握改名的主动权时，其姓名和个人已经高度绑定，无论在家庭习惯、社会关系和法律文件上，改名成本和难度都会显著增加。

例如，成功改名后，银行卡、电话卡、社保卡、微信、支付宝等账号相对容易更改，驾驶执照等证书的修改则费时费力，房产证、车证、公司法人及其他合同的更改则更加烦琐。即使以上姓名信息都改完，也不能保证万无一失，因为总有被忽略的改名问题隐藏在深处，将来可能浮现出来制造麻烦。最难的是，亲戚、朋友已经习惯叫旧名，更改他人的习惯极为困难。

其二，姓名的创造者在取名的时，往往很难从拥有者和使用者的角度考虑。这是起名最常见的错误之一。例如，清末民初的国学大师章太炎痴迷于古体字，为四个女儿分别取名为章㸚、章叕、章㠭和章㗊。他通过这些名字显示了自己对古体字的高超造诣，但是几乎无人能读出他女儿的名字，据说这也使得她们在学校无人搭讪，到适婚年龄也未能嫁出去。

姓名的创作者、拥有者和使用者之间的不一致，要求起名者更加全面深入地考虑各种因素，从而增加了起好名的难度。

第四，模仿名人的名字反而事与愿违。

对于成名的人，姓名的好坏变得越来越不重要。因为即使是普通的名字，如果拥有者已经成功，那么他的名望、地位会使名字本身的好坏变得无足轻重。

反之，普通人通常无法在取名上任性，因为姓名对个人影响巨大，其在普通人身上发挥的作用更加明显，甚至可能影响前途和命运。

因此出现一个悖论，越需要给小孩起个好名的普通家庭，由于条件的限制，反而对起名越随意，越缺乏能力和资源用于起名。而那些不太需要起好名的精英家庭，却往往花费大量时间和精力为孩子取佳名。

名人名字的作用往往被过分夸大。许多人研究人名时，喜欢用名人的姓名来"倒推"其名字的含义，试图证明名字起得好才造就名人的成功。这种说法显得牵强附会、本末倒置。名人一旦成名，再回头分析其名字的作用，就犯了"幸存者偏差"的逻辑错误。实际上，现实生活中存在许多名字起得很好，却没有成为名人的案例，只是大家忽视了这些。因此，名字好并不是成功的充分原因。名人显然并非只是因为名字很好而成功。

名字的价值和作用与拥有者之间存在如此特殊的关系，需要起名者具有很强的洞察力，否则容易迷失在虚假的"好名"迷雾之中。

第五，名字好坏的判断很主观且难以精准衡量。

起好名之所以难，核心在于名字的好坏没有统一的标准。名字好坏如何评判？由谁来判断？一个名字比另一个名字好，究竟好在哪里？好多少？

起名本质上是一种文化创作活动，因此判断其好坏非常主观。显然，每个起名方法都有独特的评判标准，如果仅用一种起名法，评判好坏相对容易。然而，面对现代人对起名的多种要求，一个起名法产生的好名字，在另一个起名学派里很可能不被认可。因此，综合判断一个名字的好坏是一个挑战。不仅如此，名字好坏的判断非常主观，父母创造出来的好名字在他人眼里也许显得普通。因此，名字好坏由谁来判断也是一个关键问题。大多数人在给孩子起名字时，往往忽视了两个主要使用主体，一是小孩本人，二是社会大众。父母给孩子起的名字虽然不错，却往往忽视了孩子和社会大众的接受度。例如，埃隆·马斯克给儿子取名为 X Æ A-12，他认为这个名字很好，却完全忽视了社会和他儿子对这个名字的感受：难以发音和书写，且过于离奇古怪。社会大众很难接受这样的名字，他儿子未来很可能会改掉这个名字。因此，名字的好坏应由父母、个人（开始只能由父母代劳）和社会三方共同判断。然而，如何平衡三方标准是一个难题。

如果父母在起名时咨询专家或机构，本已难以平衡的三方标准，还需加入专家或机构的标准。专家或机构需做到既不喧宾夺主,又能帮助父母解决众多难题,平衡各方标准,选出一个好名字,这无疑是一大挑战。此外,名字的好坏也极难衡量。当面临多个不错的备选名字时,要从中挑出一个最佳名字,往往只能依赖每个人的主观感觉,难以用统一的标准来精确衡量。

　　人名的这些特点使起个好名成为一项艰巨的任务,找到绝佳名几乎不可能。直到AI的出现,其原理和实践为起名打开了一扇智慧之门。

Chapter

2

第二章

起名：文化的结晶与 AI 的挑战

认知决定成败。正确看待AI，理解起名、文化与AI的关系，是AI起名体系的基础。

2.1 深入浅出理解 AI

AI 作为当今科技领域的热门话题，已逐渐渗透我们生活的方方面面。它不仅是一个技术概念，更代表了一种全新的思维方式和生活模式。

如何理解并把握 AI 的精髓？关键要回答好以下问题，特别是第一个问题：什么是 AI？

2.1.1 什么是 AI？

你眼中的 AI 是什么？你真的了解它吗？清晰的概念是智慧的起点，而模糊的概念是误解的根源。一千个人眼中有一千个哈姆雷特，对 AI 的理解，可能不仅仅是一千种，更多的可能是误解。造成概念泛化的原因有两个：过度营销和本身模糊的定义。

在当今社会，AI 一词被广泛应用于宣传和营销，常常被用于蹭热度和吸引眼球，有时甚至被用来描述一些基本的自动化或数据处理任务，这些实际上和 AI 无关。

推特上曾流传一个梗：一家公司在融资的时候标榜自己是 AI 公司，而在招聘时声称需要机器学习人才，等到最后开发产品时，使用的却只是线性回归，这是一种统计学上最基础、最简单的分析方法。

AI 概念的滥用导致公众产生误解和不切实际的期望。

除了被滥用这一外因，AI 本身缺乏清晰、准确的定义是内因。

AI 自 1956 年首次被提出至今，发展不足 70 年，属于一个相当年轻的学科。但其发展非常迅速，许多有关 AI 的概念和定义不断被修改和推翻，加上缺乏一个清晰、统一的官方定义，导致大众对AI的理解不仅模糊，甚至存在误解。

但万变不离其宗，理解AI要正本清源，牢牢把握其本质。

AI是指计算机模拟人的智能。

这是AI最精炼、最浓缩的定义，其中包含三个关键词：人的智能、计算机和模拟。

第一，什么是智能？

智能是一个多维度且跨学科的概念，不同领域对人类智能的理解和侧重点各有不同。心理学家将智能视为一种认知能力，涉及抽象思维、理解复杂概念、快速学习和从经验中获取知识的能力。认知科学家将智能视为大脑功能的表现，包括感知、注意力、记忆、语言和思维等过程。哲学家探讨智能的本质，包括意识、自我意识、意向性和自由意志等概念。从生物学角度看，人的智能通常指人类处理信息、学习、适应环境、解决问题、社交能力等。

在AI领域，智能的定义接近生物学的定义，但范围更小，主要指人类学习、理解和解决问题的能力。从AI角度定义的智能在不断演化，其中一个重要原因是，人类对大脑——智能的唯一载体的研究还处于相对初级的阶段。人类的大脑由约860亿个神经元相连，形成一个复杂且庞大的神经网络。与大脑的复杂性相比，我们目前的知识仍然非常有限，对大脑如何产生意识、情感及复杂思维过程等深层问题依然处于一知半解的阶段，因此对人类智能的定义相对模糊。

作为AI定义中的三大概念之一，人的智能本身就包含多维度，是复杂且不断变化的概念，这也是AI难以界定、易于混淆的重要原因。

第二，为什么选择模拟？

这和AI的主体之一计算机有关。计算机的核心是基础电子元件0和1的简单逻辑运算。无论计算系统多么复杂、功能多么庞大，均由0和1的运算堆积而成。计算机的最大特点是严格遵循运算规则，丝毫不能出错。一旦出现任何偏差，哪怕是最小的0或1的错误，整个系统都可能出错。

与严格遵循规则的计算机相比，人类智能具有更大的自由度，认知容错，学习灵活，思维天马行空，因而拥有创造力。一方面，计算机是无意识、严格遵守规则的非生物；另一方面，人是有思想、有创造力和情感的生物。要用计算机实现人的智能，只能进行模拟。

此外，计算机所能模拟的智能仅为人的智能的一部分。这也是AI定义中的智能仅包含生物学范畴内的一部分能力，而不包括情感、创造和社交能力等非生物无法模拟的特性的原因。

有人认为AI不仅模拟了人的智能，还延伸和扩展了其功能。然而，延伸和扩展是建立在模拟的基础之上的功能。AI的核心依然在于模拟人的智能。

第三，为什么仅限于计算机？

AI的表现形式多元，包括硬件和软件。AI跨多个学科，涵盖数学、概率统计和计算机等。但其本质仍归属于计算机的一个分支。弄清AI的学科归属，有助于厘清与AI相关的众多概念，如机器学习、深度学习、神经网络学习、卷积神经网络（CNN）、循环神经网络（RNN）、Transformer、大语言模型、生成式AI、自然语言处理、通用AI和智能体（Agent）。从学科分支的层次来看，AI是计算机学科的一个分支（见图2-1），机器学习（ML）是AI的重要分支。在机器学习领域中，目前的主流是深度学习；在深度学习领域中，目前主要聚焦于神经网络学习（NN）。神经网络学习根据设计构架可分为：卷积神经网络、循环神经网络和Transformer。目前，AI的焦点在于Transformer，轰动全球的ChatGPT中的"T"，就代表Transformer。2025年初，异军突起的DeepSeek，也是基于Transformer。Transformer的核心是注意力机制（Attention）。

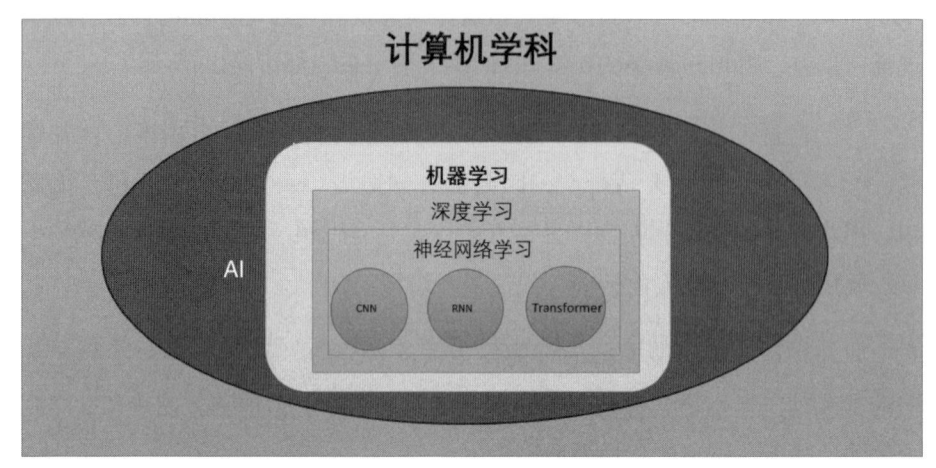

图 2-1 AI 概念关系

AI可根据内容生产方式分为生成式AI（Generative AI，GAI）和判定式AI。按照智能水平，分为通用AI（AGI，又称强AI），以及专业AI（ANI，又称弱AI）。介于GAI和普通AI之间，存在一种称为智能体的角色，其功能是拆解任务、制定规划并根据规划执行行动。

根据研究方向的知识表现形式，AI分为计算机视觉AI、计算机语音AI和自然语言处理。在自然语言处理中，有很多语言模型，其中最重要且最出名的是大语言模型（LLM），它是基于Transformer架构建立的参数规模宏大的神经网络自然语言处理模型。由于其功能强大，大语言模型的能力已经超出自然语言处理，应用于图片、音频和视频，所以大家也称它为大模型（LM）。

对AI概念的清晰理解和精准定位，是我们接下来回答AI相关问题的基础，也是本书研究起名和文化领域智能应用的基石。

2.1.2　AI能替代人类吗？

这个问题在AI领域中常常被讨论，也是人们最关心的问题之一。其实答案很简单，因为AI的定义已经给出了答案。

人类指的是什么？如果一个人只有记忆、语言、推理、计算能力，随着生成式AI的发展，AI已经可以媲美人类这部分能力，人类的这部分能力被替代似乎指日可待。可是人类远不止这些能力，还包括情感、社交、创造等智能。没有生命和自我意识的AI，无法替代人类，更不可能统治人类。

AI和人类的关系，好比一架波音777豪华客机与一只色彩斑斓会说话的鹦鹉。人类模拟鹦鹉飞行，造出日行千里的载重百吨的豪华大飞机。但是飞机能替代鹦鹉吗？如果比较飞行速度、时间和载重，鹦鹉则甘拜下风。但是鹦鹉飞行效率高，不用加油，可在林间灵活穿梭、飞行自如。更不用说鹦鹉除了飞行，还会学舌并与人互动，有自己的感觉认知及社交活动，这些是冷冰冰的飞机无法替代的。

抓住AI的核心，即它只是计算机模拟人类的部分智能，这样就不会人云亦云，对AI产生不切实际的幻想与担心。比如大众对AI最直观的印象，来自电影里炫酷的人形机器人。它们无所不知、无所不能，还具有感情和自主意识，动不动就想统治人类。这都是编剧和导演为了让电影更加贴近人类、吸引注意力而编造出来的科幻情节。尽管在AI历史上的四次热潮中，每次都有大批预言家预测AI很快将替代人类，但这至今依然只是停留在科幻小说中。

2.1.3 这波AI热潮为什么能引爆？

理解现在这波AI热潮，需要简要了解AI发展历史。我们从AI的三个核心组成部分来了解它的过去和现在。

AI真正能够产生作用，需要三个核心组成部分。第一，算法，指的是AI的理论和方法。第二，算力，指的是计算能力和速度，由芯片的性能决定。第三，数据，指的是AI运行需要的高质量大规模数据，主要用于训练算法模型，让其实现深度学习。这好比制作一道美味佳肴，需要高超的厨艺、精良的厨具和顶级食材。

AI的发展简史可以概括为以下四个重要阶段。

第一，起步发展阶段（1956年—20世纪70年代初）。

AI学科的诞生，AI这一概念首次提出，是在1956年的达特茅斯会议上，由麦卡锡、明斯基等科学家提出。这个阶段，算法、算力和数据都是一片空白。直到1958年，第一个集成电路才刚刚诞生。这一阶段晚期，由于期望落空和项目失败，AI进入低迷期。

第二，知识库和专家系统阶段（20世纪70年代初—20世纪90年代中期）。

算法领域中，专家系统通过模拟人类专家的知识和经验来解决特定领域的问题，推动了AI的应用发展。算力方面，1971年Intel推出全球第一台微处理器，其只有2300个晶体管。而到1993年，Intel奔腾Pentium的晶体管数量已达310万个。计算机芯片取得了长足发展，算力有了一定提高，但仍然有限。数据主要依靠数据库技术的发展，存储一定量的专家知识库和专业领域的数据。这一阶段晚期，专家系统的问题逐渐暴露，如应用领域狭窄、缺乏常识性知识等，致使AI的发展再次进入低迷期。

第三，机器学习和数据挖掘阶段（20世纪90年代中期—2010年）。

算法方面，机器学习算法开始兴起，深度学习取得突破性进展，逐渐成为机器学习的主流研究方向。算力方面，计算机普及，CPU芯片能力大幅提升。2006年Intel推出的芯片引入多核处理，工艺技术进入65纳米时代，晶体管数量达1.79亿个。同时，图形处理芯片（GPU）的推出使并行处理和大规模计算成为可能。数据方面，互联网的普及和开源运动导致数据量的爆炸性增长，为机器学习提供了丰富的数据资源。1997年，IBM深蓝超级计算机战胜国际象棋冠军的事件成为这一时期的标志性成就。然而，随着算法的后续进展缓慢及AI应用场景有限，AI在这一时期后期再次进入低迷期。

第四，生成式AI爆发阶段（2010年—至今）。

在之前三个阶段发展之下，进入生成式AI爆发阶段，也就是我们现在所处的阶段。

算法方面，深度学习技术，尤其是神经网络中的卷积神经网络、循环神经网络及Transformer，在图像和语言处理上取得重大突破。特别要着重强调Transformer，它的出现举足轻重。它革命性地提出了注意力机制，借此一举突破人类自然语言处理的障碍，使生成式AI成为可能。也就是说，在Transformer之前，艺术创作是公认的AI无法跨越的鸿沟。Transformer的出现，让技术也可以量化并创作艺术。

如果说诺贝尔奖要颁给AI领域，那获奖者非谷歌团队Ashish Vaswani等人莫属。其在2017年发表的 *Attention is all you need*，引发了自然语言处理的革命性变化。

注意力机制不仅践行了AI模拟人类智能的目的，而且在机制和实现方式上模仿了人类理解语言的模式。注意力机制的原理和"以技术量化艺术"的思维方式，对文化领域的智能应用，尤其是在起名方面，有很大的启发和指导作用。我们将在专门讲解AI起名体系时详细阐述。

算力方面，芯片工艺越来越精细，从32纳米到14纳米，目前已经达到接近物理极限的3纳米。单颗芯片上集成的晶体管数量已达惊人的百亿级别。AI训练最需要的GPU性能也随着芯片的工艺水平提高而大幅提升。由于在GPU领域的领先地位，英伟达的股票市值在2024年6月19日达到了3.335万亿美元，超越微软和苹果，首次成为全球市值最高的上市公司。

数据方面，随着iPhone的推出和智能手机的普及，加上社交网络和云存储的盛行，人类产生的数据急剧增加。大数据的发展使从海量数据中提取知识成为可能。

2016年，AlphaGo战胜围棋世界冠军，展示了AI在复杂策略游戏中的能力。2023年，OpenAI的ChatGPT横空出世，宣告了生成式AI时代的到来。2025年，国人引以为傲的DeepSeek开源大模型发布，以高效和本土化优势，成为更适合中国人的AI工具。

这波AI热潮的特点是，在算力强大、数据充沛的基础上，由Transformer的突破引发了生成式AI的兴起。

目前生成式AI方兴未艾，仍处于高速发展阶段，其影响广泛且深远。当然，它也面临诸多挑战和困难，例如，在文化领域的AI应用方面就充满考验。

2.2 文化领域如何应对AI带来的挑战

AI是人类第四次工业革命的重要推动力，深刻影响了生产、工作和社会生活的各个方面。

到2024年下半年，持续一年多的生成式AI热度开始有所下降，人们更关心技术如何转化为实际应用，大众关注的焦点开始逐渐从AI模型的参数和计算能力转移到AI如何提高效率、降低成本。

然而，随着其应用的广泛化，AI在不同领域中的表现也展现出了分化，其优缺点也随之被世人所熟知。

在规则明确、以模仿和重复性为主的领域，AI展现出了显著的能力和潜力。例如，在语言翻译方面，AI通过大数据和深度学习，已经能够实现高精度的自动翻译，极大地提高了跨国交流的效率和精确度。在客服领域，AI智能客服能够24小时不间断地为客户提供服务，解决了传统人工客服无法应对的时间限制问题。在教育领域，AI可以根据学生的学习情况提供个性化的学习方案，帮助学生更高效地掌握知识。在自动驾驶领域，AI使得车辆能够自主感知环境、规划路径并控制车辆行驶，为未来的出行方式带来了革命性的变化。在计算机编程方面，AI辅助编程工具能够自动生成代码、优化程序结构，提高了编程效率和代码质量。

然而，在规则模糊、以创新和创造力为主的领域，AI的表现则显得不足。例如，在艺术创作方面，虽然AI可以模仿某些艺术家的风格进行创作，但其作品往往缺乏真正的情感，难以达到人类艺术家的高度。在商业和社会管理领域，AI可以处理大量的信息，但面对复杂的商业决策和社会问题时，还需要人类凭借其丰富的经验来做出决策。在心理健康领域，AI可以辅助进行心理咨询和诊断，但在面对复杂的心理问题和情感困扰时，还需要人类心理咨询师的专业技能来提供帮助。在司法领域，AI虽然可以处理一些简单的法律问题，但在涉及道德判断、价值观冲突时，还需要人类来决策。

文化领域，特别是中华文化的传承和创新，属于AI应用较难突破的范畴之一。

首先，文化，作为民族精神的象征与民族灵魂的载体，不仅是历史长河中的智慧结晶，更是人类文明进步的见证。文化的重要性不言而喻。然而，文化是一个复杂且广泛的概念。英国人类学家爱德华·泰勒（Edward Tylor）在其著作《原始文化》中给出了文化的经典定义："文化或文明，就其广泛的民族学意义而言，是一个复杂的整体，包括知识、信仰、艺术、道德、法律、习俗，以及作为社会成员的人所习得的其他能力和习惯。"AI需理解并适应不同文化背景下的复杂性与多样性，这无疑是极大的挑战。

其次，文化产品，诸如语言、绘画、音乐、舞蹈、影视等，不但传递信息，更蕴含着丰富的情感与价值观，这些皆是AI目前难以深入理解和表达的领域。

再次，文化领域强调创造性和原创性。尽管AI在模仿和学习方面表现出众，但缺乏人类艺术家的情感深度、生活体验及创造力。AI的创作更多基于算法和数据进行模式识别，而非真正的情感表达和思想探索。要想用AI创作出真正具有深厚内涵的作品，依旧挑战巨大。

最后，中华文化的独特性使AI应用更具挑战。与其他文化相比，中华文化拥有深厚的历史底蕴、独特的哲学思想和丰富的艺术形式。尤其在文化的载体文字方面，汉字是世界上最古老的书写系统之一，其象形、指事、会意、形声等构造方式，反映出中华文化的审美特点。正因如此，汉字能够一个字包含大量信息，同时字义随场景而变。这些在起名文化中表现得淋漓尽致。西方起名通常采用从约定俗成的名字库中选取的方式，缺乏多面性和创造性。相比之下，中国起名文化完美地体现中华文化的独特性。正因如此，包括起名文化在内的中华文化，成为AI应用领域中一个难以轻易攻克的高地。

然而，这并不意味着AI在文化领域毫无价值。AI能够作为艺术家的辅助工具，为其提供创意、灵感，优化设计过程，并实现复杂的效果。AI可实现个性化的文化消费推荐，还可用于文化遗产的保护和传承，以及实现虚拟化的文化体验等，这些都展现了AI与文化的深度融合。

可以看出，在文化领域的外延，如辅助设计和推广宣传，AI能够发挥强大的作用。但在文化的内核，如创作方面，AI显得力不从心。只有人，才是文化领域的主导。

以人为本，以AI为辅，这是文化领域实现智能应用的原则，也是本书的指导思想。

2.3 以AI起名为切入点，探索文化领域智能应用之路

起名的重要性已于第一章强调过，本节重点阐述起名与AI及文化的关系，进而阐释为什么要以AI起名为切入点，探索文化领域智能应用之路。

首先，名字是文化中的最小单位，契合生成式AI从小及大的精髓。

从表达形式来看，起名在文化活动中产出的结果是最少的。与文学、音乐、绘画、雕塑、戏剧、影视等文化实践所产出的作品相比，起名的成果往往只有寥寥几字。尤其在起人名时，最多不超过三个字，最少为一个字。

而生成式AI的突破，恰恰也是从预测下一个词开始的。例如，ChatGPT的输出是一个词一个词地呈现，这是因为其底层的大模型会依据上下文和学习训练得到的参数，先预测下一个词，然后将预测出的词放入句子，再预测下一个词。大模型通过这种循环往复的方式，生成符合人类习惯的一段话、一篇文章，甚至一首歌、一幅画等形式的作品。

因此，将AI起名作为切入点来研究AI在文化领域的应用，契合了生成式AI的核心理念：从最小单位入手，逐步推进，由少积多。

其次，起名的参与者众多，且门槛相对较低。

并非每个人都具备写诗、绘画、作曲、拍电影的能力，但每个人都会面临给自己的小孩起名、给自己起网名、给宠物起名、给公司起名及给产品起名等情况。起名的参与者广泛，且门槛低。起名的普及性是其他文化实践所无法比拟的。因此，以AI起名为切入点来研究AI与文化的关系，能够更好地贴近大众的生活，具有广泛的现实意义。

再次，起名的涉及范围十分广泛，且融入多个文化领域。

起名的产出较少，看似简单，但实则麻雀虽小，五脏俱全。名字承载着丰富的文化内涵。要起一个好名字，需要综合考虑语言、历史、社会、民俗、传播、心理、统计、宗教信仰和法律法规等多个范畴。

此外，起名跨越了多个文化领域的实践。比如作者为文章起标题；作家需要给小说起书名，以及给小说的虚构角色起人名；画家要给一幅画起画名；音乐家要给歌曲取歌名；导演和制片人要给电影取名，给电影里的角色起人名；许多艺人还会因事业发展的需要而改名或取艺名；游戏设计公司要给游戏起名，给游戏角色起名等。

以AI起名为切入点来研究AI与文化的融合，具有较强的全面性和代表性。

最后，起名是中华文化独特的瑰宝。

以人名为例，西方人名大多从固定人名库中挑选，选择范围约有4万多个英文名字。而中国人的名字，自由度更高，理论上，两个字的人名，从8000个左右的非生僻汉字中挑选，可以组合出6400多万个独特的名字。而且，起名文化在中国有着深厚的历史根基，其特点主要体现在命名规则、寓意象征、对语言艺术的精妙运用等方面。由于汉字博大精深，每个汉字都有独特且丰富的含义、来源和象征，因此中国人的人名往往凝聚着大量的文化信息。

以商用名为例，相较于西方的商用名，很多从英文翻译过来的中文名往往比原英文名更加独特、有创意且深入人心。例如，BMW的全称是"Bayerische Motoren Werke AG"，直接翻译过来是"巴伐利亚发动机制造厂"，而中文商用名为"宝马"。Mercedes-Benz由两个人名合并，中文商用名为"奔驰"。这些中文商用名朗朗上口，让人印象深刻，胜过原英文名。

因此，起名文化是中国文化的重要组成部分，蕴含着丰富的历史文化信息与深厚的民族情感。以AI起名为切入点来研究AI与文化的融合，更能传承和弘扬中华文化。

综上所述，文化领域的AI应用既丰富多彩又充满挑战。我们接下来将深入剖析AI起名的原理和应用，并以此抛砖引玉，开启文化领域智能应用的讨论。

Chapter

3

第三章

AI起名体系：于文化传承中融入科学与创新

AI起名并不仅指借助AI工具，如ChatGPT或DeepSeek，进行搜索或直接生成名字，这些都只是"术"的层面，仅仅是将AI作为工具来使用。

AI起名，处于"道"的层面，要将AI的算法原理与思维方式应用于起名实践中，进而创造出满足多元要求的、难以被超越的名字。市面上的起名网站和工具，以及起名大师，只能根据需求给出一个或多个好名字，但仍可能存在更好的名字，只不过尚未被创造出来。而AI起名不仅能创造出好名字，而且能创造出满足需求的极佳名字。

AI起名如何进行呢？其核心在于效仿生成式AI的核心特点——"用技术量化艺术"，最大限度地挖掘最好的名字，并量化起名的每一个步骤和过程。

3.1 起名是生成式AI的一个特例

在第二章对AI的介绍中已经说明，这波AI热潮实际上指的是生成式AI的兴起，ChatGPT和DeepSeek是其最流行的应用。起名实际上也是生成式AI的一个应用特例，起名和ChatGPT、DeepSeek有很多相似之处，但也有几点不同。

生成式AI是基于神经网络结构的大模型，利用海量数据，深度学习人类注意力在字词上的分布，进而建立一套反映人类思维和表达脉络的词语关系数据集（或称为参数）。形象地说，大模型有了这套参数，就等于破译了人类思维和注意力的密码。当ChatGPT或DeepSeek运行时，大模型能够根据上下文提示（Prompt），在已破解的人类思维和注意力的数据库中，根据参数的大小计算出接下来的几个词或句子，完成一个最简单的单元输出。然后将新产生的词句放入上下文，不断循环使用刚才的流程产生更多的词句，从而高度模仿人类，甚至在某些方面超越人类，给出最佳答案。

举个例子，当向DeepSeek说出下面这句话："今天下午雨过天晴，我工作了很久有点累了，想去_____"后，大模型会根据训练过的参数和上下文背景，算出接下来的词和出现概率（见表3-1）。

表3-1 大模型计算出的下个词概率1

下个词	走走	逛街	学习	喝咖啡	游泳	看电影	……
概率	49%	23%	1%	12%	7%	3%	……

根据假设的概率图，最有可能的下个词是"走走"，最不可能的是"学习"。将这句话改为："今天下午雨过天晴，我在咖啡馆工作了很久站得有点累了，想去_____。"

由于增加了注意力权重很高的"咖啡馆"和"站",在更多背景信息下,大模型算出最有可能的是"看电影",因为不用再站着;最不可能的是"喝咖啡",因为刚刚在咖啡馆工作(见表3-2)。大模型生成下个词后,将该词插入句中,接着预测下一个词,如此往复循环,不断产生更多的词句,从而生成完整的一段话,甚至一篇文章。

表3-2 大模型计算出的下个词概率2

下个词	走走	逛街	学习	喝咖啡	游泳	看电影	……
概率	11%	8%	2%	1%	30%	48%	……

起名的过程与此相似,首先,起名者需要了解各个起名学派,了解语言、历史、民俗、传播、心理、统计、宗教信仰和法律法规等与起名相关的知识,逐步形成起名风格。然后,根据起名需求,起名者依照自己的知识储备和个人经验,按照一定标准生成由1到3个字组成的名字。

起名与ChatGPT、DeepSeek的区别体现在三方面:结果、学习过程及输入数据。

第一,结果。起名的成果虽然仅有寥寥几个字,但使用频繁,意义重大且影响深远,其结果的好坏依据起名者的经验判断。ChatGPT和DeepSeek的结果判断标准很简单,按照参数计算出潜在的下一个词的概率,选择概率最大的作为下一个词。

第二,学习过程,具体体现为学习的数据和方向不同。起名者学习的数据仅与人名相关,学习的是起名的思维和方法。ChatGPT和DeepSeek则通过大模型学习人类的所有语言,掌握的是人类普遍的思考方式。

第三,输入数据。起名的输入是明确的起名需求。ChatGPT和DeepSeek的输入无特定限定,可以是任何自然语言表达的任何问题。

由此可以看出,ChatGPT和DeepSeek的特点在于,把文字生成和内容创造这类主观且具有艺术性的工作，简化为计算概率，实现了科学化和客观化，用技术量化了艺术。

第一章说明了起好名很难，需要应对种种挑战。既然起名是生成式 AI 的一个应用特例，并和 ChatGPT、DeepSeek 有许多共同点，我们便可以利用 AI "用技术量化艺术"的原理，从结果、学习过程和输入三方面入手，借助 AI 改造起名，构建 AI 起名体系。

3.2 目标：最大化名字的总价值

我们知道，AI 用计算机模拟人类智能，其底层依赖的是简单的数字运算。生成式 AI 的目标是预测人类的下一个词，然而，计算机无法真正理解文字的含义，只能处理数学公式和数字。因此，"预测人类的下一个词"这一目标必须被转化为一个数学公式，即目标函数：根据所学的参数计算所有下一个词的概率，并选择概率最大的一个。

构建 AI 起名的第一步，是将取一个好名字这一目标转化为计算机能理解的目标函数，即最大化名字的价值。假设价值函数为 V，那么最大化 V（人名）就是 AI 起名的目标函数。

V（人名）是一个较为笼统的概念，我们可以根据人名的三类用户——创造者（一般是父母，代号为 P）、本人（I）和其他（S）——来对人名的价值分类。

$$V（人名）= V_p（人名）+ V_i（人名）+ V_s（人名）$$

此公式表明，每一类人的价值函数不尽相同，但有一个共同点，即名字的使用频率越高、使用时间越长，价值也就越大。然而，三类用户在不同人生阶段名字的使用频率和使用时间各不相同。我们用 T_p、T_i、T_s 分别表示三类用户的使用时间跨度。因此，人名的价值公式可以用四个参数来表示。

$$V（人名）= Vp（人名，Tp）+ Vi（人名，Ti）+ Vs（人名，Ts）$$

将时间维度引入人名价值函数后，精确量化人名的动态价值变为可能。我们通过模拟一个普通人一生的时间，展示其名字价值的相对值变化（见图3-1）。

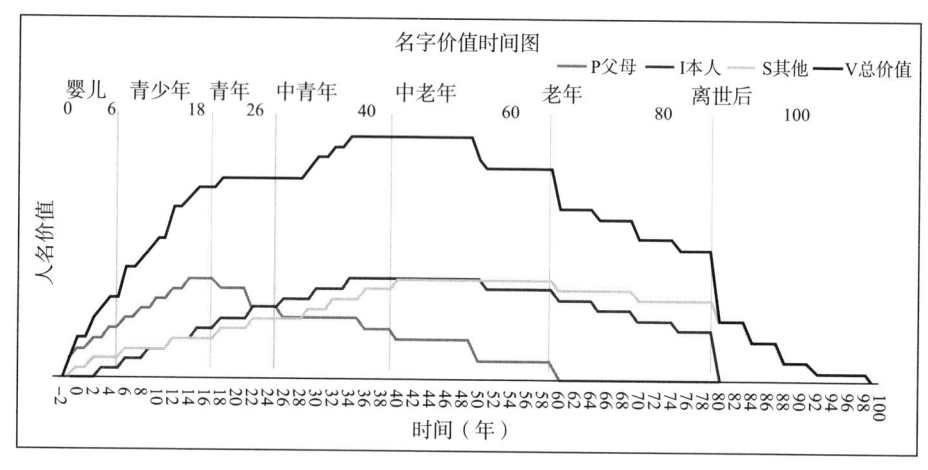

图 3-1 名字价值时间图

- 出生前：父母花心思准备好名字，此时 Vp 开始出现正值，Vi、Vs 依然为0。名字的"生命"通常早于名字的拥有者。

- 婴儿阶段：随着婴儿成长，父母对名字的使用频次逐年增加，Vp 逐步增长。然而，孩子在3岁前处于懵懂阶段，直到4岁上幼儿园后，才逐渐开始使用自己的名字，因此这个阶段 Vi 增长缓慢。社会对孩子名字的使用始于登记出生证、户口，医院检查病历卡，以及幼儿园注册。孩子进入幼儿园后，老师和同学对名字的使用频次增加。

- 青少年阶段：这一阶段，孩子在父母的看护下成长，父母使用名字的频次逐年快速增多，在孩子18岁上大学前达到 Vp 的最高值。随着成长，孩子的自我意识逐渐增强，使用自己名字的频次也逐步提高，Vi

到18岁时逐步增加。此时，名字的使用主要局限于学校，Vs的增长比较缓慢。

- 青年阶段：这一阶段，孩子成年离家，父母使用名字的频次迅速减少，Vp开始缓慢下降；个人使用名字的场合和频率增多，Vi在这一阶段逐年增加。社会上对名字的使用频率也随之缓慢增长。毕竟，一个初出茅庐的年轻人还需要积累与沉淀，才能在社会中获得更多认可。

- 中青年阶段：父母对名字的使用频次逐渐减少，Vp继续缓慢下降；这一阶段是个人人生的黄金期，家庭与事业达到巅峰，Vi快速增长至最大值，并在阶段后期保持不变；社会影响力提升，Vs也逐步提升。

- 中老年阶段：父母年迈退休，对儿女名字的使用频次减少，Vp降至低值；个人名字的使用价值保持巅峰，Vi停留在高位，直到50岁后才逐渐下降；Vs则在这个时期达到峰值。

- 老年阶段：父母大多已离儿女而去，Vp为0；个人价值开始下降，逐渐从高位降到低位；社会价值由于具有滞后性，减少相对较为缓慢。

- 离世后：此时Vp和Vi均为0，Vs也会逐渐下降，名字偶尔在子女和亲朋好友口中提及，有一定影响力的名字则可能被后人铭记。随着时间推移，百年后Vs终将归0。最终，墓碑才是名字永恒的归宿。

从名字价值时间图可以看出普通人的名字总价值时间分布，这也暗示着，如果一个人想要改名，最佳时间是在6岁前或18岁前，最好不要超过35岁。因为35岁后名字的价值已经达到峰值，此时改名不仅难度增大，而且带来的价值和意义相对较小。

当然，想改名的人通常有比较特殊的名字，上述普通人的名字价值图需要根据特殊情况进行相应调整，改名的具体内容将在第六章详细阐述。

从名字价值时间图可以大概估算出，父母、本人和其他的总价值分别为

165、273 和 314（注：这些数值基于前述的假设，绝对值意义不大，关键在于相对比例），三者的比例大概呈 1∶2∶3。在名字的价值中，父母的价值贡献仅约为1/6，但父母却是名字的唯一创造者。因此，父母在起名时不能太自我，除了考虑自己的期望和偏好，还要兼顾孩子未来对名字的感受，毕竟孩子贡献了总价值的1/3。尤其要考虑社会大众对名字的使用价值。

例如，清末民初的国学大师章太炎给四个女儿分别取名为章㸚、章叕、章㠭和章㗊，对于他的每个女儿而言，父母的名字价值很高。假设女儿本人对名字的价值不受影响（尽管实际上可能受到负面影响，但为了对比，暂且假设不受影响），社会大众对这些生僻字的读写较困难，因此这些名字的总价值必然较低。

例如，父母喜欢通过起名网站购买推荐的名字，但很多起名网站推荐的名字往往千篇一律，频繁重复。最典型的例子是"浩然"和"子涵"，这两个名字在过去10年中一直位列新生儿常用名前十。如果与常见的姓氏，如王、李、张、刘、陈等搭配，同名同姓的人数将十分惊人。在全国人口数据库中，"王浩然"超过6.3万人，"王子涵"超过6.7万人。如果这种趋势在未来10年不改变，随着更多人被推荐使用这些常用名，重名现象将更加严重，甚至会出现类似"王秀英"同名同姓者超过16万人、"王伟"同名同姓者超过28万人的高度重名现象。

在高重名的价值函数中，父母的价值保持不变，假设其他的价值也不变（尽管实际上高重名会给社会带来诸多麻烦和资源浪费，为了便于比较，先假设其不受影响），个人价值会大幅降低，最终导致人名的总体价值被严重拉低。重名会给个人带来诸多困扰，如老师点名、同事称呼、快递送货等生活场景中，重名问题无处不在。更为严重的是，若在这些重名者当中，出现了一个举世闻名的人物或一个臭名昭著的通缉犯，对其他不幸"中枪"的重名者来说，这无疑是个令人头疼的烦恼。

前文定义了名字的价值函数，明确了其三个组成部分，同时引入了时间参数。名字的价值函数实现了两个目的：其一，赋予了AI起名一个计算机可以理解的以数字表示的明确目标；其二，为应对名字的创造者、拥有者和使用者之间的错位提供了可量化的解决工具。

3.3 过程：维度化所有的起名方法

起好名的难点之一在于起名学派和方法种类繁多，常用的有十多种，并且涉及诸多领域。为了解决这一难题，我们可以再次借鉴生成式AI。

3.3.1 AI深度学习起名方法

生成式AI通过大模型学习人类的所有语言，探索的是语言中隐藏的普遍思维方式。既然起名是生成式AI的一个特例，是否可以将起名学派和相关领域的资料作为学习素材，让生成式AI通过深度学习，成为一个自动化的全能起名AI呢？

答案是：理论上可以，但实际上非常复杂，需要具体情况具体分析。

例如，起名技巧中有一个原则：名字应易于书写，避免生僻字。这个原则明确清晰，学习数据也容易获取，AI能够准确区分常用字和生僻字，并掌握这一技巧。实际上，这条原则如此简单，甚至不需要AI，只需提供常用字和生僻字的对照表即可解决问题。

如果采用国学风格的起名法，追求的就是从古文中凝练出高雅、有意义且独特的名字。尽管我们可以用古诗词训练AI，实际结果仍不尽如人意，生成式AI的弊端随之暴露。经过训练的AI常常生成一些生硬拼凑且毫无意义的名字，甚至会编造古诗词蒙混过关。由于AI是一个黑盒子，我们无法找出出错的原因，也无法进行修改。而且，AI生成的名字往往带有固定的风格，带有一股浓厚的"AI味"，难以保证独创性，尤其是在高雅性这样主观且模糊的标准下更难以满足要求。如果我们的目标不仅是起一个好名字，而是找到最好的名字，AI则很难保证穷尽所有可能的选择。在这种情况下，人必须成为起名的主导，AI只能作为辅助工具。

下一章将全面分析每一种起名方法和技巧，此处暂不展开。总之，在众多起名方法和流派中，有些可以让AI学习并掌握，而有些则需要由人来主导。

但是如何让大模型学习起名方法呢？

3.3.2 AI深度学习的前提：词嵌套

为了让AI大模型学习数据，首先必须解决数据如何被AI识别的问题，这涉及生成式AI在自然语言处理领域的核心技术之一：词嵌套。

自然语言处理一直是AI领域的难题，因为与机器的编程语言相比，人类的自然语言灵活多变，其语义会随着语境、词序、语气、断句及前后指代等因素的变化而改变。尤其是中文，由于汉字字义高度可变，每个汉字承载的信息量较大，计算机理解汉语的难度更高。

2024年，网络上流传一则新闻：一位西班牙男孩在9岁时通过了汉语水平5级考试，掌握了2500个常用词，不仅能够看中文电视，还达到了去中国读研究生的水平。这位男孩在网络上自豪地展示自己的中文能力，一些网友则留言"考验"他的中文水平：

"膀胱的膀是肩膀的膀，草率的率是效率的率，旺仔的仔是仔细的仔，咖啡的咖是咖喱的咖。"

"太空才有空间站，太挤没有空间站。"

"冬天能穿多少穿多少，夏天能穿多少穿多少。"

"生鱼片是死鱼片，等红灯是在等绿灯，咖啡因来自咖啡果，救火是在灭火，生前是死前，要你管是不要你管，坐电梯是站电梯。"

这些留言，别说外国人，就连中国人自己看了也感到伤脑筋。

在基于规则的传统自然语言处理方法下，计算机几乎无法理解这些语言。因此，需要探索一种新的方法，使计算机能够"读懂"并处理自然语言。

词嵌套应运而生，其作用是将每个词转化为一串数字。数学上，每个数字可称为一个维度，这一串数字组成一个向量。比如下面4个词对应4个向量，每个向量两个维度。

苹果 =（0.2，0.7）

香蕉 =（0.3，0.9）

鱼 =（-0.5，0.2）

水 =（-0.2，0.4）

这种词的表示方式能够捕捉词与词之间在某种层面上的关系。每个词在某一维度上的数值表示该词在该维度空间中代表的特性。两个词之间的关系可以通过计算它们在特定维度空间中的向量距离得出。比如以上4个词，映射在二维空间中，如图3-2所示。

词映射的二维空间矢量图

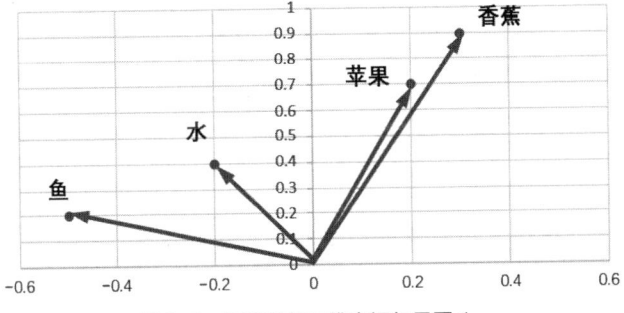

图3-2 词映射的二维空间矢量图 1

从图3-2可看出，香蕉和苹果在同一方向，且距离较近，它们与鱼和水的方向不同且距离很远，鱼和水方向也不同。如果要更加精准地定位词与词之间的关系，则需要通过计算两个词向量的矢量差别来完成。鱼与水的关系可以用鱼到水的矢量表示，苹果与香蕉的关系则用苹果到香蕉的矢量表示。代表这两种关系的矢量在大小、方向和角度上都有显著差异，表明这两种关系之间存在较大区别，如图3-3所示。

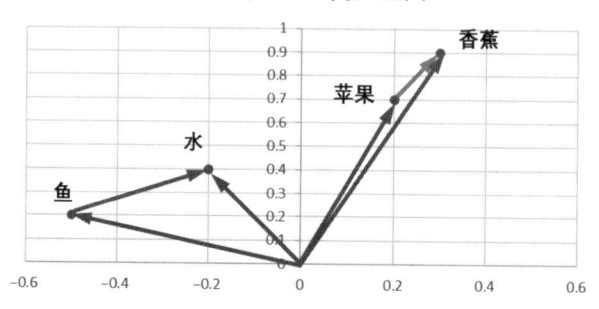

图3-3 词映射的二维空间矢量图2

通过这些关系数据，可以轻松地精准地定位其他词之间的关系。例如，现在加入鸟与空气、梨与西瓜，它们在二维空间中的关系，如图3-4所示。

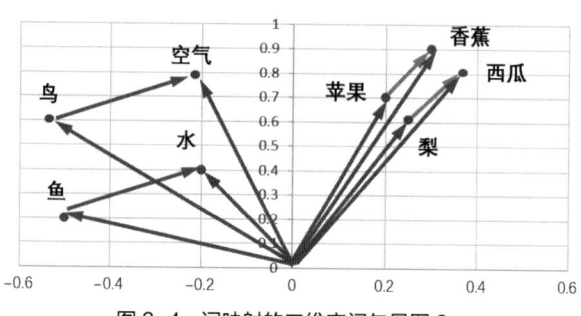

图3-4 词映射的二维空间矢量图3

可以看出，鱼与水的关系类似于鸟与空气的关系，因为这两组关系的矢量在大小、角度和方向上相同，表明前者可以在后者中活动的空间关系。类似地，苹果与香蕉、梨与西瓜都是水果，因此它们的向量位置相对较近。但苹果硬、香蕉软，梨硬、西瓜软，这种前者比后者硬，后者比前者软的微妙关系也在图上呈现出一致的特点，并可以通过矢量进行精准定位和计算。

词嵌套是生成式AI的"眼睛"，它是自然语言处理的基础，也是后续神经网络学习或进一步深度学习的前提。没有词嵌套，后续算法无法理解人类输入的文字，因而无法进行学习和处理，更不可能生成任何有用的结果。

当然，以上例子是最简单的示例，在实际操作中，一个词可以拥有几百个甚至上千个维度，用来表示该词在各个层面上丰富的内涵和复杂的外延关系。

那么，如何决定一个词的维度数量和具体数值呢？这需要借助特殊算法，例如，流行的Word2vec算法。这些算法通过训练大量文本数据来学习词之间的关联性和相似性，依据词的关系复杂度来决定一个词的维度数量，并为每个维度设定相应的参数。

举个例子，以"水"这个词为例。在物理层面上，水是一种无色无味的液体，因此一个维度代表其物理状态，通过算法学习将其设定为代表液体的数值；一个维度代表物理颜色，数值对应无色；还有一个维度代表物理味道，数值对应无味。同理，化学上，水是一种稳定的无机化合物；有一个维度代表化学性质，数值对应无机；还有一个维度代表化学活跃度，数值对应稳定。在生物学上，水是所有生命的关键组成部分；有一个维度代表其生物学重要性。在文化层面上，水象征净化、重生与柔软，因此有三个文化维度，数值分别对应净化、重生与柔软。以此类推，在宗教、工业、气象、语言及古代五行学等层面上，水都具有其独特的意义，这些意义都可以通过维度和数值来表示。

3.3.3 模仿词嵌套，维度化起名方法

词嵌套通过对单词进行维度化，帮助计算机全面学习并精准把握每个词

的丰富内涵和关系，成功实现了用数字表示词义。同理，我们可以借鉴这一维度化原理，来应对起名方法的多样性和起名领域的复杂性。

一个名字在不同的起名流派中会有不同的解释，在不同的领域中，其意义可能完全不同。比如2009年，济南市民吕某为女儿起了一个名字"北雁云依"，这个名字在现代诗意流派人士眼中相当不错；从传播学的角度来看，易读易记。然而在法律范畴中，这个名字却不符合户口登记条件，因此被派出所拒绝登记。吕某后来提起行政诉讼，2015年法院驳回其诉讼请求，因为仅凭个人喜好和意愿在父姓、母姓之外选取其他姓氏或创设新的姓氏，并非合理理由。

既然一个名字涉及众多起名流派的标准和不同领域的解释，我们可以借鉴AI中的词嵌套，为每个名字创建不同的维度，每个维度代表一种标准或解释，并计算出数值，以精准表达该名字在该维度下的优劣。如此一来，我们就可以用数字精准计算每个名字的内涵、外延及复杂关系。

以我的名字"蔡凯龙"为例。

从发音角度看，读音是cài、kǎi、lóng，抑扬顿挫、平仄有致。根据发音学的角度计算一个数值，表示姓名的发音分值，存于发音维度中。

从内涵看，凯指军队得胜后奏的乐曲，象征成功；龙是贵族、珍贵和权力的象征，寓意为人中龙凤，象征凯旋的成功人士。根据内涵计算一个分值，存于内涵维度中。

从书写角度看，蔡凯龙的简体字分别为14画、8画和5画，属于笔画中等。但繁体字的笔画较多，在书写简易程度上计算一个分值，存于书写维度中。

从五行方面看，蔡凯龙三个字分别代表木、木、火。根据五行相生关系，木生火，因此名字的五行计算一个分值，存于五行维度中。

从三才五格学派看，蔡凯龙的天格、人格、地格、外格和总格分别为

18、29、28、17和45，对应大吉、半吉、凶、半吉和大吉。根据三才五格学派的标准计算一个分值，存于三才五格维度中。

从重名角度看，全国范围内与蔡凯龙同名的人数仅为65人，处于正常范围，因此在重名维度中给出一个反映重名程度的数值。

在户口登记方面，蔡凯龙三个字不属于生僻字，无敏感词，不与国家领导人、历史人物等重名，因此符合登记要求。在户口登记维度中赋予一个表示可登记的数值。

同理，可以根据不同的起名流派和相关领域创建不同的维度，并为每个维度赋予相应的数值。这样既能让计算机通过数值精准捕捉名字的多维含义，同时也为计算机精确评估名字的优劣及名字之间的关系奠定基础。譬如，检测姓名是否有歧义或谐音，算法可以通过姓名的发音和内涵维度来检测是否存在歧义或谐音。或者，如果父母计划生育二孩或更多孩子，则需要考虑孩子姓名之间的联系，如是否为同一个字、近音、对仗、同类、近义。维度化起名方法能够让计算机更好地把握名字之间的关系。

AI的词向量维度数值是通过模型学习大量文本数据计算得出的。同样，姓名的维度数值理论上也可以通过模型学习大量的起名流派和相关领域的知识，并结合大量的起名案例得出。

实际上，某些起名技巧的规则非常简单，无需用到AI，直接用规则即可进行计算。而某些复杂的起名方式利用深度学习的效果可能不佳，往往需要相关专业领域专家主导，例如，之前提到的国学风格起名。还有一些起名流派和技巧虽然没有简单的规则，但非常适合AI学习，例如，判断名字是褒义的还是贬义的，具有男性色彩还是女性色彩。由人工判断耗时、低效，而AI可以更加高效且准确地做出判断。

第四章将专门分析常用的起名流派和方法，并讨论其维度数值的产生方式。

3.4 输入：参数化多元的起名需求

在前面几节中，我们将起名的目标和过程进行了AI化，现在聚焦最后一个重要环节：输入。

生成式AI的输入是一串自然语言文字，它包罗万象，可以提出任何问题，也可以是不完整的句子，等待AI补齐。例如，你在DeepSeek中输入"我带狗出去……"时，大模型首先对输入进行处理，通过预先训练的参数，将输入的自然语言用词嵌套"翻译"成一串多维度向量，然后通过某种神经网络的深度学习方法，计算出下一个最可能出现的词的概率。在这个案例中，"溜溜"或"走走"的概率最高。

3.4.1 通用AI难以担当起名重任

起名的输入，通常是一段对名字的具体要求，例如："名字要悦耳顺口，易写易记，大气、文雅且富有内涵，并且必须独特，不能随大流。"

如果我们直接将这个要求输入通用AI（如ChatGPT或DeepSeek），虽然它能够生成一些名字，但结果往往不尽如人意，仅能勉强算作起了个名字，谈不上优秀，甚至可能存在隐患。原因有以下几点。

第一，名字的雷同性较高，且受名人名字影响大。

通用AI的工作原理是通过学习人类的知识，尽量输出接近人类习惯的词句。在它的训练数据中，名人名字出现的频率较高，AI往往会认为名人的名字更符合人类习惯。因此，AI生成的名字往往存在雷同性，且受名人名字的影响较大，容易生搬硬套、千篇一律，缺乏优秀名字应具备的独特性与艺术创造力。

需要强调的是，我们在第一章讨论起好名的难度时，提到过，名字的价值和作用与拥有者的条件成反比。相对而言，名字的好坏对名人并不那么重要，对普通人来说却至关重要，因为普通人更需要用一个好名字来帮助自己取得成功。名人的名字价值由于幸存者偏差往往被过分夸大，因此大模型生成的带有名人印记的名字并不可取。此外，许多人在起名时使用通用大模型，这进一步增加了重名的可能性。

第二，产生的名字受通用AI弊端影响，且难以修正。

由于起名需求相对模糊和主观，通用AI在处理时较为复杂，其被诟病的可能性更高。

例如，通用AI在面对复杂问题时容易出现AI幻觉。所谓的AI幻觉，指的是AI会无中生有、胡乱编造、信口开河，虽然内容荒谬却说得头头是道。用户如果不仔细，没有时刻警惕大模型的弱点，就很容易被其迷惑和误导。由于名字的重要性和其对人的一生的影响，如果不警惕AI幻觉，很可能导致终身遗憾。

举个我亲身经历的例子。我曾使用ChatGPT，要求它在古诗词中找出带有"鸣"字的句子，作为引用并根据名字的其他特殊要求，组合带有"鸣"字的两个字人名，且要求这两个字同时出现在同一句或同一段诗句中。ChatGPT确实找出了10个名字，部分名字如图3-5所示。

4. **鸣笛**
   - 来源："长笛一声人倚楼，平林新月人倚楼。悠悠笛声传，流传千里。"《古乐府·幽州胡马客歌》

5. **鸣鹤**
   - 来源："鸣鹤在阴，其子和之。"《诗经·小雅·鹤鸣》

6. **鸣溪**
   - 来源："漠漠水田飞白鹭，阴阴夏木啭黄鹂。鸣泉落涧后，流水归溪。"陶渊明《归去来兮辞》

图 3-5　ChatGPT 的回答

其中有几个似乎符合我的要求，但我隐隐觉得有些不对劲，比如图中的4和6。出于对AI幻觉的警惕，我逐一详细查证，惊讶地发现10个诗句中有7个诗句都是ChatGPT为了凑出名字而编造的，全是子虚乌有，极具迷惑性。

我愤怒地"质问"ChatGPT："这些引用确实是真实出处吗？请仔细检查！重新生成！"它还信誓旦旦地回答："经查证，引用无误"，并将那10条引用重复了一遍。即使我重新修改指令，要求ChatGPT严格执行我的指令，出处只能从限定范围查找，禁止创造诗句，它仍然经常出现幻觉。不仅是ChatGPT，DeepSeek的情况也不容乐观。我在震惊之余，也暗自庆幸自己发现得早，否则用这些虚构的诗句给孩子起名，岂不是贻笑大方。

除此之外，通用AI由于其参数规模达到数百亿甚至上万亿，任何问题一旦出现都难以追查其根源，更无从解决，因此通用AI也常被称为黑盒子。例如，我察觉到通用AI引用的出处有误，令其纠正，但它依然无法纠正。这么简单的操作为什么会出错？无人能够解答这个问题，甚至连ChatGPT的开发者也难以给出确切的答案。

除了幻觉和黑盒子问题，通用AI还存在偏见。机器深度学习的数据中固有的偏见会传导到生成的结果中。例如，由于名人的名字在训练数据中出现频率较高，AI可能会偏向生成相似的名字，导致雷同。还可能存在性别、种族等方面的偏见。这些通用AI的弊端会严重影响起名结果，鉴于名字的重要性，起名者必须格外警惕。

第三，通用AI无法找到绝佳名。

绝佳名，指的是在所有可能的名字组合中，最符合要求的名字。产生绝佳名有两个前提：穷尽搜索与比较挑选。即使通用AI能够克服幻觉、偏见等弊端，生成符合条件的一系列名字，但它仍然无法通过简单指令进行全方位的名字组合穷尽搜索，也很难比较名字的优劣。

例如，你向ChatGPT提出具体的起名要求，它为你列出10个符合条件的名字，假设没有雷同、幻觉、偏见等问题，这10个名字看起来不错，都是好名字。但你无法确定是否只有这10个名字，说不定还有10个，甚至100个类似的好名字，ChatGPT并未告诉你。如果你继续追问ChatGPT，它还会继续生成名字，但你永远无法知道ChatGPT是否遗漏了更好的名字。唯一的方法是对大模型进行编程改造，但这需要专业知识，一般人难以掌握。

即便大模型经过编程改造，能够穷尽名字的所有可能并产生100个好名字，通用AI仍然无法从中挑选出最好的名字。因为筛选的标准非常主观，因人而异，通用AI无法替代人类做出此类判断。

总之，通用AI无法承担起名的重任，更不可能找出最好的名字。要完成这一艰巨任务，我们只能另辟蹊径。

前文我们已经对起名的目标和过程进行了全面的AI化。接下来，我们要完成对输入的AI化，打造一个完整的AI起名体系，能够接收起名需求，并通过中间的流程生成符合要求的佳名。

那么，如何让AI起名体系理解起名需求？我们需要借鉴AI神经网络的感知机（Perceptron）基本原理及生成式AI爆发的关键：注意力机制。

3.4.2 起名需求应用神经网络感知机原理

AI正处于第四波浪潮的高速发展阶段，其发展的动力源于深度学习，尤其是神经网络学习的突破。神经网络是机器学习的一个分支，也是目前最重要的机器学习和深度学习方法之一。

神经网络模仿了人类大脑的工作模式。神经网络的基础源于弗兰克·罗森布拉特（Frank Rosenblatt）在1957年提出的感知机。它的功能类似于人类大脑中的一个神经元（见图3-6），神经元从其他神经元或外部接收信号，经过处理后，再将信号发送给其他神经元。

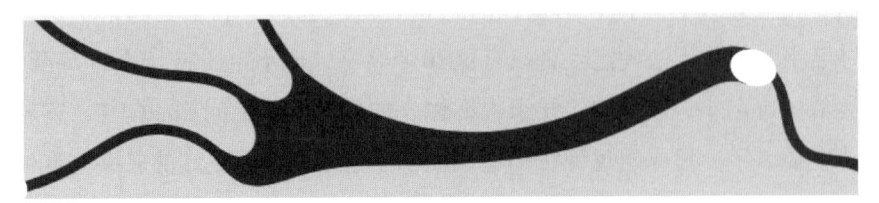

图 3-6　人类大脑中的一个神经元

x_1，x_2，x_m 为输入，w_1，w_2，w_m 为权重（参数），中间经过输入和权重相乘，$x_1 \times w_1 + x_2 \times w_2 + x_m \times w_m$，经过求和计算∑和函数变换∫，最后输出结果为 $\hat{y}$，m 为输入的参数个数（见图 3-7）。通用数学公式如下：

$$\hat{y} = f\left(\sum_{i=1}^{m} x_i * w_i\right)$$

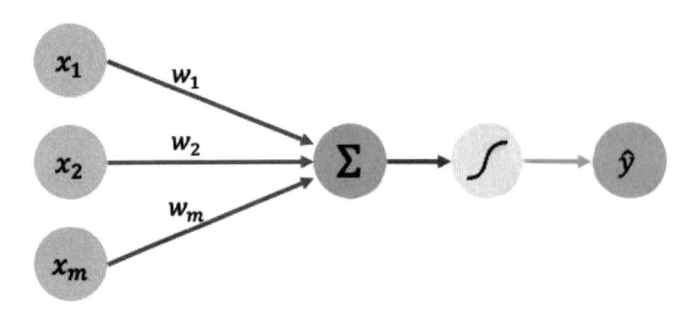

图 3-7　单个感知机的原理示意图

感知机原理看似十分简单，组合后能力却极其强大。就像一个大脑神经元的功能虽然简单，但 860 亿多个神经元组成的复杂神经网络造就了人类的智慧，让人类成为万物之灵。感知机看似简单，但通过排列组合，尤其是经过数据学习训练后，它就能成为强大的 AI。图 3-8 展示的简单神经网络仅有 4 层，输入为 8 个词，输出为 4 个单元，但其权重参数已达到 23328 个。

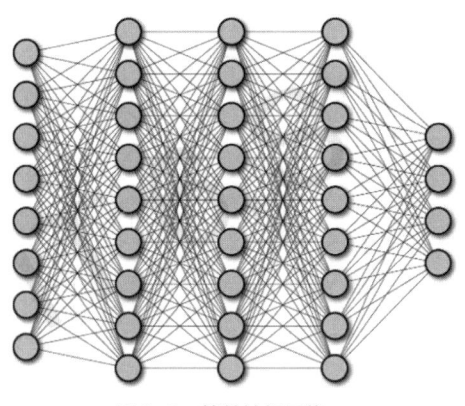

图 3-8 简单神经网络

如今，通用大模型，如GPT-3可以达到96层甚至更多，参数高达1750亿个。

神经网络由无数感知机构成，它之所以能够模仿人类的智慧，关键在于通过学习大量数据，计算数以亿计的参数值，来模拟人类的思考方式。

AI起名体系，也可以模仿神经网络的感知机原理，产生关键的参数或权重。唯一的区别是，通用大模型通过深度学习大量数据生成多层参数来理解输入的问题，而AI起名体系的输入需求已明确了各类起名要求，我们的目的就是从这些输入需求中生成每一类参数（见图3-9）。

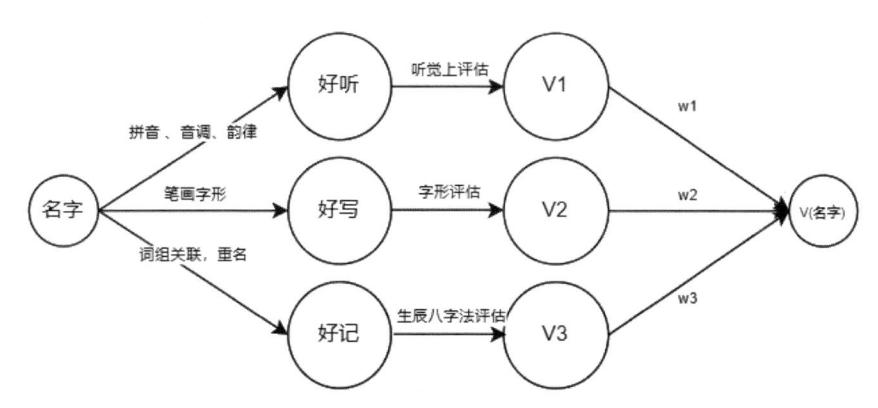

图 3-9 AI起名体系模仿感知机原理

假设输入的起名需求有三个，例如"名字要好听、好写、好记"。正如我们在前文中提到的，根据起名流派，为每个名字保存一个多维数字，相关数据进入每一类需求，经过计算，得到这个名字在该需求上的价值函数V1、V2、V3。为了方便计算和比较，这些价值函数均以0～100为标度，最大值为100，最小值为0，分别对应名字的好听度、好写度和好记度的价值。

然后从每一类起名需求中生成一个参数（权重），w1、w2、w3。最终，借用感知机原理，将各类价值与权重相乘并求和，即V1×w1+V2×w2+V3×w3，得到这个名字的总价值V。这样做的目的是，让我们拥有客观的标准来评价名字的好坏，价值大的名字优于价值小的名字。

关键问题在于，如何设定参数和权重？答案就在于注意力机制。

3.4.3 起名需求排序借鉴注意力机制

Transformer 和注意力机制

你也许不是计算机专业人士或AI专家，可能没听说过Transformer和注意力机制。但你一定听说过ChatGPT，其中的T代表的正是Transformer。GPT（Generative Pre-trained Transformer）代表当今最先进的AI大模型之一，Transformer包含在GPT的名称中，充分体现了其重要性。

事实上，Transformer的出现意义非凡。它攻克了自然语言处理的难关，推动了大语言模型的发展，促成了生成式AI的繁荣。Transformer由Ashish Vaswani领导的谷歌大脑团队在2017年发布的论文*Attention is All You Need*中被提出，其特点在于采用注意力机制来理解信息。

注意力机制其实非常容易理解。在Transformer出现之前，AI处理自然语言时，将输入的文本信息视为一串有序的文字，主要使用循环神经网络进行处理。例如，我们输入"今天工作很累，我想出去＿＿＿"，循环神经网络将文字视为有序的输入，其对每一个词的特征分析都依赖于前一个词的分析结果，所以必须逐步推进（见图3-10）。

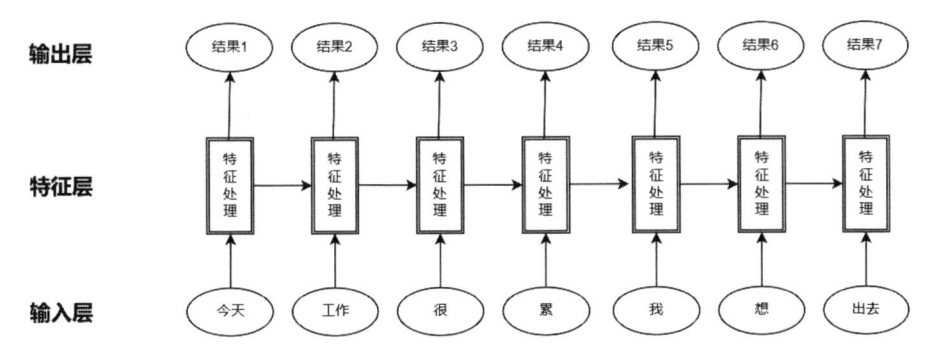

图 3-10　循环神经网络处理文字示意图

这样的串行处理方式最突出的问题是，当某个特征处理时间较长或由于某种原因出现问题停止时，整个过程就会中断。串行处理的另一个问题是，不具备长距离记忆能力。前面的关键信息如果距离太长，会因为间隔的信息过多而减弱对后续输出的影响。还有一个问题是，耗时的计算无法利用强大的并行计算芯片，只能局限于串行处理，因此算力难以提高。

Transformer的核心思想是，人类接受信息的高效方式并非串行，而是并行，注意力会首先聚焦于信息的重点。例如，给你展示我大女儿蔡茗语Lindy的《背影》（见图3-11），你不会逐行从左到右、从上到下地看。你会先有一个整体感知，然后将目光聚焦于主要人物、雨伞和衣着。如果你仔细观察，可能还会注意到远处的人、天空的颜色等细节。

图 3-11　《背影》

尽管文字和自然语言的输入、输出都以串行的形式存在，但在人类思维中，理解其内涵是有注意力分布的。例如，上面的句子"今天工作很累，我想出去____"，虽然我们阅读时是从左到右依次进行，但读完后我们对每个词的注意力分布是不一样的。按照大多数人的思维方式，"累"这个词的注意力权重较高，其次是"出去"。因此，通过对注意力的计算，模型可以推测出下一个词很可能是"走走"，而"学习"的概率较低，因为"累"具有较高的注意力权重。"做饭"的出现概率几乎为零，因为"出去"也具有较高的注意力权重。

Transformer通过注意力机制将信息处理从串行变为并行，既高效又稳定，避免了长距离记忆问题，并利用并行计算芯片进行大规模运算，大幅提升了深度学习的能力。正因如此，Transformer成为AI中最具影响力的技术之一（见图3-12）。

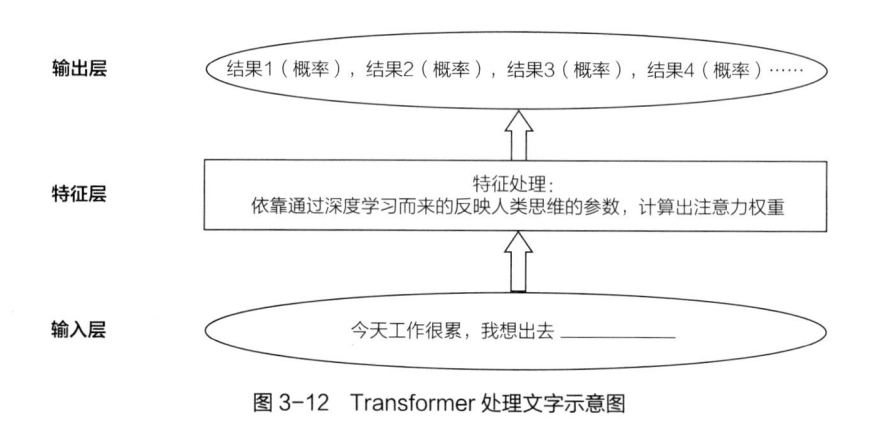

图3-12 Transformer处理文字示意图

起名需求借鉴注意力机制

注意力机制可以用于对起名需求的理解。前文展示了如何将神经网络的感知机原理应用于起名需求，每一项具体需求对应一个起名方法，通过赋予权重进行加权，从而得到名字的总价值。

如何赋予每一项需求具体权重呢？我们可以借鉴注意力机制，根据注意力的大小为每一项需求分配相应的权重。虽然我们可以通过机器深度学习来研究优秀名字的注意力分布，作为给起名者的参考。但是，起名的判断是非常主观的，用户对起名的需求有最终决定权，起名专家或系统只是起到辅助作用。因此，我们不必像通用大模型那样，通过深度学习大量数据来掌握人类思维并计算注意力权重。AI起名系统可以跳过深度学习，直接通过询问起名者来获取其对各项需求的注意力分布数据。

假设父母提出以下给孩子起名的需求并将其进行分类。

A. 字数：字数为2个

B. 含义：不能有歧义（包括发音）

C. 书写：好写，不要过于复杂

D. 生肖派：孩子属龙，名字要与龙相匹配

E. 发音：悦耳、朗朗上口

F. 期望：期望孩子身体健康，快乐成长

G. 高雅：富有诗意，显示文采

H. 性别：男性

I. 独特性：要有明显特征，不重名，容易被记住

J. 关联性：和姐姐名字有关联

K. 生辰五行八字派：生辰八字和五行要合

排序法

给每项起名需求赋予权重，最简单的方法是排序。在这个例子中，父母根据需求的重要性从高到低排列上述起名需求。当然，起名专家可以在此过程中提供建议，但最终决定权还是在父母手中。假设最终排序重要性从高到

低依次为：H、I、J、B、F、A、K、E、C、D、G，总共11项。那么，每项的编号从大到小依次为11、10、…、2、1。编号总和为66。每项需求的权重为编号数字除以编号总和。H编号为11，权重为11/66 = 0.1667；I编号为10，权重为10/66 = 0.1515；依此类推，G编号为1，权重为1/66 = 0.0152。

分组法

在实践中，起名者往往什么都想要，有时候很难对每一个需求项进行排序。一个比较容易接受的方法是分组法。把起名需求分为三类：第一类为"非要不可类"，这类需求必须满足，否则起名就会失败。第二类为"重要类"，满足这类需求对名字加分很多，不能满足则会大幅减分。第三类为"可有可无类"，这类需求满足更好，不能满足也无妨。通常，这三类的权重分别为60%、30%和10%，每项的权重可以通过该类权重除以该类的需求项数来确定。

例如，父母将需求按类别分为如下几类。

第一类（非要不可类，占60%）：H、I、J、B，每项权重为60%/4 = 0.15

第二类（重要类，占30%）：F、A、K、E，每项权重为30%/4 = 0.075

第三类（可有可无类，占10%）：C、D、G，每项权重为10%/3 = 0.033

需要注意的是，分组法中不能出现某一类包含的项数过少或过多的情况，三组应保持大致平衡。极端情况下，第一类有9项，第二类和第三类各只有1项，那么计算出的第一类的每一项权重为60%/9 = 0.067，权重反而小于第二类单项0.3和第三类单项0.1。

混合法

起名需求的参数主要根据起名者的要求重点生成，也可以不限于上述方法，采用排序中分组或分组中排序的混合法，甚至自创一种方法。不论采用何种方法，都必须满足以下两个条件。

第一，所有需求项的权重加起来等于1；

第二，重要需求项的权重不能小于相对不重要的需求项权重。

在本节中，我们通过应用AI原理，将起名需求进行了参数化。下一步，我们将把AI化目标、过程和输入连接起来，构建完整的AI起名体系。

3.5　AI起名体系：主观结合客观，艺术融合科学

AI起名体系结合了起名专家的专业知识与经验，利用AI原理智能化起名流程，将主观与客观、艺术与科学融合，最终找到佳名。

3.5.1　流程步骤

将AI化的起名输入、过程和目标系统联系起来，形成AI起名体系原理图（见图3-13）。

AI起名分为以下几个步骤。

第一步，名字全空间的构建。

AI起名体系的独特之处在于，不仅要找到好名字，还要找到最好的名字，即绝佳名。因此，输入的名字不应局限于一个或几个，而应包括所有可能的名字，即最大范围的名字全空间。

理论上，一个人的名字，中文名字通常不超过3个字，英文名从4万多个常用英文名中选取。根据公安部发布的《二〇二〇年全国姓名报告》，在用的姓氏有6000多个。根据教育部和国家语言文字工作委员会组织制定的《通用规范汉字表》，通用汉字有8105个。表3-3为名字全空间表。

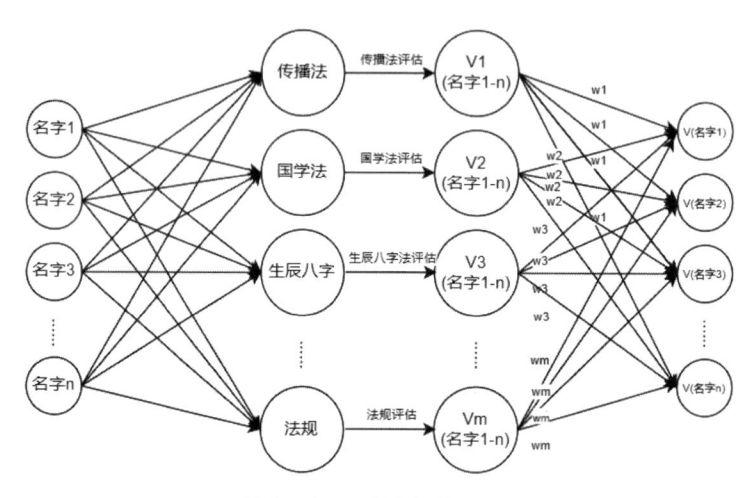

图 3-13 AI 起名体系原理图

表 3-3 名字全空间表

个数	一个字	二个字	三个字	总和
中文名	8,105	65,691,025	5.32426E+11	5.32491E+11
中文名＋英文	324,200,000	2.62764E+12	2.12970E+16	2.12997E+16
中文姓名＋英文	1.94520E+12	1.57658E+16	1.27782E+20	1.27798E+20

以常见的父母起名需求为例，通常姓氏取父姓，固定不变，孩子的名字一般为两个字，因此两个字的中文名字约六千五百万种可能。如果父母还想给小孩起个相配的英文名，则总计约2.6千亿个可能。如果姓氏不想随父姓，则需要再乘以6000个可能的姓氏组合，得到中文姓氏加两个字的名字与英文名组合，约1.5百万亿种可能。

横向看表，3个字以内的中文名字共有约500亿种可能，加入英文名后总计约2.1万亿个可能，再加上姓氏，理论上全球所有可能的中文姓名与英文名组合为1.2万万亿种可能。假设每个人每秒能处理10个名字，那么全人类需要用80年的时间，每秒处理10个名字，才能从名字全空间中找到最好的名字。

AI起名体系的任务，就是在这1.2万万亿种可能的名字组合中，抽丝剥茧、层层筛选，帮你找到最好的名字。这并非易事，难点不在于名字的数量，即使再庞大的数据量，在如今算力和芯片技术的突飞猛进下，AI也可以应对。难点在于每个名字的判断，不仅包括笔画数、是否为生僻字等简单计算，还涉及专家知识和经验的复杂判断。例如，判断名字是否文雅，是否能表达某种情感。这些判断费时费力，因此需要更具创造性的解决办法。

第二步，需求分析。

对于起名需求，需进行细化、分类和参数化，为后续步骤做好准备工作。

1. 起名需求的细化

越详细具体的起名需求，越容易被AI起名体系理解，越能减少潜在好名字的数量，直至缩小至专家知识系统或起名专家能够处理的范围。例如，若有需求表示名字要容易书写，不如明确为"名字范围取自通用汉字第一级字库"或"名字总笔画数不超过15画"。

例如，我为小孩起名时的需求：姓蔡、两个字、使用一级常用字、第一个字的发音与姐姐或哥哥名字的发音相近（为Ming）、英文名与中文名在发音或意义上相近。这几个限制，可以将可能的名字数从1.2万万亿个迅速缩减到800万个。加上其他特殊要求，便可进一步缩小范围，使得专家介入或使用专家知识系统成为可能，逐步接近目标，找出佳名（详细过程见第五章）。

2. 起名需求的分类

可以根据起名方法、起名的实现难度、处理方式及影响对象等进行分类。

根据起名方法分类。例如，要求名字发音顺畅、朗朗上口，属于传播类的发音项；名字容易书写且没有生僻字，属于传播类的书写项；英文名字不超过3个音节，属于英文类的传播项；名字源于古诗词，属于风格类的国风项。

根据起名的实现难度，可以分为简单、中等和复杂三类。例如，名字为两个字，属于简单难度；名字独特且不重名，属于中等难度；名字要表达父母对孩子"万事如意、心想事成"的期望，属于复杂难度。

根据处理方式，可以分为简单判断、需要专家知识库自动判断、需要通用AI判断、需要专家与AI共同判断几种。例如，名字总笔画不超过16画，可以通过简单相加每个字的笔画来计算；名字符合三才五格，则需要编写三才五格的规则，并利用相应的知识库进行判断；名字的性别特征可以通过专家判断，或利用通用AI实现更高效的判断；名字要求文雅，且出自古文以显示文学素养，这就需要专家与AI共同判断。

根据影响对象，可以分为创造者（一般指父母）、拥有者本人和社会大众。例如，名字包含父母的期望，影响对象为创造者；名字悦耳易记，影响对象为社会大众。有些影响对象是混合的，例如，名字容易书写，主要影响对象是社会大众，同时拥有者本人也是影响对象之一。名字不重名，主要影响对象为社会大众和名字使用者。

起名需求的分类将在第四章中进行更系统、详细的介绍。

3. 起名需求的参数化

依据前述方法，给每项起名需求赋予一个参数值，即权重。可以采用排序法、分组法、混合法，或自创的其他方法。权重应体现起名者在综合考虑多种因素，尤其是拥有者和社会大众的因素后，对起名要求的重要性分布情况。

第三步，名字空间的压缩和名字维度的内嵌。

在起名需求已细化的基础上，我们可以根据简单且易于执行的起名要求，缩减可能的名字。例如，姓氏、名字字数、拼音、笔画、包含特殊字等。

然后，在缩减后的备选名字中，根据起名需求的分类，对名字的内涵进行维度化处理（参考3.3.3节）。每个备选的名字都应包含与每项起名需求或方法相对应的数据。例如，起名需求中要求发音顺口，对应传播类的发音项，因此每个备选名字都要内嵌一个拼音维度，包含该名字的完整拼音。再如，如果起名需求要求名字出自古诗词，则每个备选名字都应有一个古诗词维度，包含含有该名字的诗句。

第四步，是最为艰难的一步，名字评估。

依据已细化的每一项起名需求，确定相应的名字评估流程。评估流程可以是简单运算与逻辑判断，或基于专家知识库的规则进行自动判断，也可以调用通用AI，甚至由专家与AI协作完成。

每个输入的姓名在每个起名方法和流派的评估中，最终都会得到一个数字在-100到+100之间的评分，用于评估该姓名与该方法和流派的契合度。关于如何根据起名方法和流派评估名字，在第四章会进行系统说明。

根据第二步生成的参数，对每个名字的需求项和方法进行加权，得出每个名字在需求中的总分值。从众多备选名字中选出分值最高的一个。如果有多个名字分值相同，则加入新的需求，重新回到第二步，直到得出唯一的最高分值，即最能满足需求的佳名。

3.5.2 作用和优点

AI起名体系的最大特点是，完美结合主观与客观、艺术与技术，找到佳名，具有以下几个优势。

第一，找出最好的名字。

AI起名体系通过对名字空间的极限搜索，囊括理论上最大可能的名字全集，绝不遗漏任何一个有可能成为最佳名字的选项。

第二，灵活满足对名字的多元化需求。

AI起名体系先将起名需求细化、分类并参数化，然后将相应的起名方法与技巧维度化和流程化，因此能够满足各种起名需求。

第三，量化起名结果，精准衡量名字好坏及其对不同使用者的影响。

AI起名最后的结果是一个加权后的数字。通过这个数字，我们可以轻松比较名字的优劣，解决了名字的判断过于主观、没有标准的问题。同时，也解决了名字对不同使用者的影响难以衡量的问题。在AI起名体系的第二步中，我们根据需求的影响对象对需求进行分类，并赋予每项需求权重。通过权重的分布，就可以量化名字对不同使用者的影响。

第四，避免雷同与名人对起名的影响。

AI起名是完全定制化的，只针对特定的起名需求。在搜索和筛选名字的过程中，不完全依赖通用AI，避免因依赖通用AI而受到其局限性的影响，产生大量雷同或与名人相似的名字。

总之，AI起名解决了在第一章中提到的关于起好名的种种难题，不仅使普通人学会起佳名，还让找到最好的名字成为可能。

3.6　AI起名Copilot模式：给你还是帮你起名

特斯拉之所以能够在电动汽车行业领先，很大程度上是因为其自动驾驶技术Autopilot。在Autopilot项目规划初期，特斯拉曾与Google联合开发一套高速公路自动驾驶系统。但在2013年，Google很快叫停了与特斯拉的合作。当时，Google邀请了一批每天通过高速公路长途通勤的员工参与系统测试，几周后，一名员工在自动驾驶汽车上睡着了。现任Google Waymo CEO约翰·克拉夫奇克（John Krafcik）后来阐述了团队的内部想法：团队认为，半自动驾驶系统是不可靠的，因为系统开发得越好，人们就越容易过度依赖它。然而，全自动驾驶还需应对极端长尾事件，且实现成本巨大、耗时过长，所以Google叫停了该项目。

后续的发展也印证了团队的预言。2016年1月20日，京港澳高速河北邯郸段发生了一起追尾事故，一辆Model S直接撞上一辆正在作业的道路清扫车，司机不幸身亡。经交警认定，这起追尾事故中，驾驶Model S的司机在开启Autopilot后未注意前方路况，导致车祸发生。司机家属将特斯拉经销商告上法庭，理由是营销过程中存在误导，将Autopilot翻译为"自动驾驶"，致使车主放松警惕。事后，特斯拉在官网删除了"自动驾驶""无人驾驶"等字眼，改为"Autopilot自动辅助驾驶"，并要求销售人员将这一系统严格表述为驾驶辅助系统。此外，特斯拉也对这一系统进行了更新，试图让用户在使用该系统时集中注意力。同时，特斯拉在官方Autopilot说明书中强调："尽管有Autopilot，驾驶员依然是车辆行驶过程中最终的控制方和责任方。"

这个案例凸显了一个关键问题，即我们该如何使用AI。AI诞生以来，人类如何使用AI便一直是讨论的焦点。我们离不开AI，但也不能完全依赖AI，因为AI终究存在其力所不及之处。例如，在极端环境中，深度学习领域称之为极端特殊案例（Corner Case），AI在此类情况下瞬间变成无能为力的"人工智障"，无法做出普通人应有的反应。特别是在自动驾驶这样的场景下，环境千变万化，即使AI自动驾驶能够达到99.9999999%的准确率，但只要发生一次错误，就可能导致灾难性后果。

因此，目前流行的使用AI的模式是副驾辅助模式。正如特斯拉所提出的，驾驶员是最终控制方，人类应始终掌握主动权，而不是将全部责任交给AI，AI仅作为辅助提供各种帮助。

AI起名与自动驾驶非常相似，输入和输出都很少，但输出结果意义重大。自动驾驶的输入是当时的路况，输出是加速、刹车、打方向盘这三个动作，这三个动作可能决定生死存亡。AI起名的输入是一段起名需求，输出则是一至三个字，这几个字将伴随人的一生，影响深远。

AI起名体系可以全自动生成佳名吗？答案是：技术上不可能，且不建议。

一方面，技术上并不可能。我们在前面的章节中讨论过，许多起名标准非常主观且模糊，AI起名无法胜任，需要人类主导。AI起名无法完全替代人类的审美与价值判断。

另一方面，即使技术上可以实现全自动化起名，但不建议完全依赖AI。因为姓名是父母给子女的第一个，也是使用频率最高、伴随子女一生的重要礼物。这份贵重的礼物，承载了父母的期望。它的意义与价值，与父母为此付出的心血是成正比的。比如我从小到大，最珍贵的礼物是父亲亲手制作的一盏塑料台灯，而不是花钱买的玩具。通过学习本书的AI起名原理，深度参与AI起名过程并精挑细选出一个名字，其意义重大。

在AI起名体系中，最佳的模式是Copilot模式。AI起名是帮助你起名，而非替你起名。父母不能把为孩子起名这件大事交给AI就撒手不管。AI起名体系不会像其他网站那样轻松生成名字供你选择，而是帮助你成为起名的主导。AI起名体系融合了起名的专业知识与经验，帮助你了解各种起名流派，确定起名需求，并在必要时增加你的知识储备，协助生成好名字，提供名字价值评估体系，筛选出佳名。

如果好名是一幅精美的画，那么父母就是这幅画的创作者，AI起名体系提供了一个画室，内有所需的颜料、画笔及专业、科学的指导。父母通过与AI起名体系的Copilot模式合作，生成的名字是他们用心创作的艺术品，这样的名字是值得孩子一生拥有的，是具有真正意义和价值的礼物。

采用Copilot模式使用AI起名体系，能平衡起名难度与价值的关系，既不喧宾夺主取代父母成为主角，又能帮助父母应对起名的众多难题，这才是 AI 起名体系的价值所在。

第五章将展示我如何以 Copilot 模式使用 AI 起名体系，为我的孩子起名的详细过程。在此之前，我们先通过第四章深入了解各种起名学派与方法。

Chapter 4

第四章

起名学派与方法

在 AI 起名系统中，起名学派与方法是整个体系的核心。它决定了起名需求如何分类、名字空间如何压缩、名字维度如何嵌入，以及如何评估名字这一最具挑战的环节。

本章将先简单列举并介绍所有常见的起名方法和学派，随后深入地分析其特点，并根据评估方法、分值范围、影响对象、评估难度、风险程度及评分实现方式进行归类、整理和阐述。

4.1 起名学派与方法的分类

按照名字的主要功能，起名学派与方法可以分为如下几类。

4.1.1 传播类

名字最重要的作用是身份的标志，其核心功能是在沟通交流中作为符号代表特定的人。这类起名方法研究如何起名，使人与人之间的沟通交流更加顺畅，因此归为传播类。传播类可以进行细分。

1. 发音。要求姓名发音顺口、具有音律，且无难读字或多音字，当地发音不会产生困难。

2. 书写。要求姓名的汉字简体字与繁体字都易于书写，无生僻字，笔画不宜过多，整体结构平稳，布局均衡。

3. 记忆。要求姓名容易被陌生人记住，可以是有好的谐音，与某类积极事物相联系，或者从大家熟知的诗句、词语中产生，名字与姓产生良好的关联。

4.1.2 寓意类

名字不仅是身份的象征，还承载着文化，蕴含父母的期望，体现父母的品位，具有很强的时代特征。以追求名字寓意为主的起名方法，统称为寓意类，常见的如下。

1. 名字含义。名字的原本意义是否符合父母期望，如名字是否体现美德或吉祥；从名字构成衡量名字整体的褒贬程度，不应过度褒贬。

2. 性别倾向。避免名字出现性别混淆。

3. 姓名协同。让姓参与到名的意义表达之中。

4. 宗教信仰。名字中包含特定宗教信仰的价值和含义。

5. 方言表达。确保名字的方言发音没有不吉利的谐音和歧义。

4.1.3 个性类

名字作为每个人独一无二的身份标志，需避免与别人重名，体现个性特点。以追求避免重名、体现个体独特性为主的起名方法，统称为个性类，常见的如下。

1. 与众不同，减少重名，结合姓氏特点选择名字的字数，尽量避开常用名和常用字，以彰显独特性，降低重名概率。

2. 避开名人等专有名词，避免名字与领导人、明星、商业领袖等名人雷同。常见的地名、机构名、品牌名、作品名、节日名等专有名词，也应尽量避开。

3. 体现家族特色，兄弟姐妹的名字可以采用同一个字、同音字、近义词，或通过对仗方式，体现兄弟姐妹之间的关联。遵从族谱规定的字，避免名字中的其他字与长辈或亲戚相同。

4.1.4 风格类

一个好名字是一首诗、一幅画、一首歌，是艺术创造的结晶，体现独特的艺术风格。追求名字在风格上的独特性，归为风格类，常见的如下。

1. 国风派。名字取自优美诗词和经典古文中的句子，引经据典，展现深厚的文化底蕴。如"浩然"，出自《孟子》的"我善养吾浩然之气"。

2. 清新派。名字常常蕴含自然元素，如清风、明月、小溪等，给人清新脱俗、心旷神怡的感觉。像"沐风""清月""溪语"，让人仿佛置身于美好的自然之中。

3. 文雅派。名字多选用富有内涵与深度的字，展现出高雅气质和深厚修养。例如，"子轩""墨涵""梓涵"，充满文化的韵味与艺术气息。

4. 浪漫派。名字充满梦幻与诗意，常与爱情、幻想等元素相关。像"梦汐""幻羽"，让人沉浸在浪漫的想象里。

5. 温暖派。名字传递温馨、亲切、和善的感觉，多使用阳、暖、柔等字眼。例如，"嘉柔""悦宁""婉如"，让人感受到温暖与舒适。

6. 活泼派。名字充满活力与动感，常运用欢快的词。如"悦动""飞扬"，传达积极向上的态度。

7. 潮流派。名字紧跟时尚潮流，融合热门元素与流行文化。如"荣耀""幂糖""酷跑"，展现出时尚前沿的个性魅力。

8. 简约派。名字简洁明了，无过多修饰，却能精准传达独特含义。如"明轩""素心""逸尘"，以简洁之美展现独特魅力。

9. 力量派。名字充满强大与有力的气息，多采用强、雄、刚、勇等字眼。如"志强""振雄""浩勇"，让人感受到坚韧与果敢。

4.1.5 英文类

在当今中西方文化交流日益频繁的时代，中国人拥有英文名字已经越来越普遍，外国人取中文名字也越来越常见。对于中国人来说，取一个好的英文名字极具挑战性。西方独特的文化，造就了英文名字的特殊命名方式。研究如何取一个好的英文名字的方法，归为英文类，具体如下。

1. 传播项。英文名字的音节和书写要简洁，发音音节不宜过多，名字不宜过长或过于生僻，避免难念、难写、难记。英文名有按字母顺序排序的习惯，应避免名字排在字母表后面。

2. 寓意项。需特别注意英文名字的含义、起源、种族、宗教和性别。尤其要注意英文名字与姓氏的组合或缩写字母是否会让人产生负面联想。

3. 个性项。要避开常用英文名，减少重名，寻找不常用但不生僻的名字，也可以使用中间名或用拼音作为英文名，最好使中英文名字产生联动。

接下来，我们将挑选重点和常见的起名学派与方法，逐项进行详细分析。每一项我们将分析其内容、特点、目标和流程，最后总结出该起名学派与方法在AI起名体系中的以下几个特征。

评估法：定值，即根据一定标准打分；扣分，即根据标准从特定分值中扣除；选项，此项非必选，可选择采用或忽略；双面，表明分值可正可负。此外，还包括多种评估法的组合。

分值范围：该起名学派与方法在AI起名体系中的最终数值范围。

影响对象：父母、本人、社会大众，或三者混合。

风险程度：指若该项未满足，是否会对名字价值产生重大负面影响，风险分为高、中、低三类。

实现方式：对于一个名字，根据该起名学派与方法，通过何种方法得出一个特定的打分值。从易到难的方式依次为：简单判断、人工判断、专家知识库、通用AI，以及多种方式的混合。

实现难度：名字若要达到该起名学派与方法的高分值，其难易程度可分为容易、中等和困难。

4.2 传播类

从第一性原理来看，人名是人在语言和文字上的体现，其最基本的功能就是进行交流与传播。因此，传播类的起名方法与学派，主要研究如何通过名字的音、形、义，来提升沟通的顺畅性。

4.2.1 发音

名字在日常生活中的主要用途是口头交流，因此发音尤为重要。

4.2.1.1 无难读字或多音字

一个易于发音的名字能让他人轻松、准确地称呼与记忆。如果名字中包含难读字或多音字，可能会造成交流障碍。例如，别人可能因为不确定发音而不敢开口称呼，或是读错造成尴尬与误解。

难读的字如"焱（yàn）""淼（miǎo）""垚（yáo）"等，这些字较为少见，许多人可能不熟悉它们的发音。

多音字的情况，以"茜"为例，读作"qiàn"时多指一种植物，而读作"xī"时多用于人名。如果名字叫"王茜"，别人可能就不确定该读哪个音。再如"柏"字，读作"bǎi"时表示柏树，而读作"bó"时多用于"柏林"。像"刘柏"这样的名字，也容易让人在发音上产生迟疑。

因此，在AI起名体系中，"传播类-发音-无难读字或多音字"对应特征如下。

影响对象：社会大众。

风险程度：高风险，意味着若未能避免难读字或多音字，将对名字的价值产生较大影响。

实现方式：简单判断、专家知识库、通用AI。

难读字通常为生僻字，是否难读可以通过字库级别进行简单判断。例如，通用汉字一级字库的3500个字大多数不难读，而二级字库的3000个字中大部分为生僻字。三级字库的汉字都属于难读字。[①]

在评分时，若名字中的汉字都属于一级字库，则得100分；若含有二级字库字，则为50分；若有三级字库字，则为0分。若需更精确，含有二级字库中的209个不生僻、不难读的汉字，也可得100分。

若名字中包含多音字，则一律评分为30分。多音字的判断可通过人工查字典、上网搜索、使用程序字典数据库、通用AI查询。[②]在使用通用AI判断多音字时，应注意结果的验证，避免AI幻觉。例如，若向ChatGPT、DeepSeek或Kimi（另一个中国常用的大模型）询问"判断以下是否是多音字：柏、茜、凯、龙"，ChatGPT和DeepSeek给出正确答案，而Kimi可能会给出错误答案（见图4-1）。

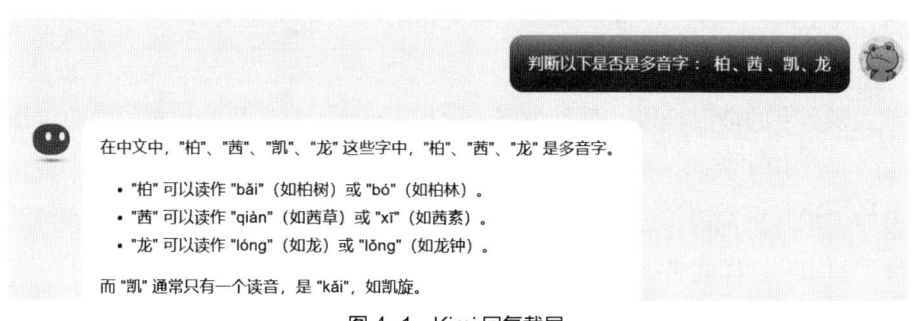

图4-1 Kimi回复截屏

[①] 本书附赠的电子资料（见封底勒口处，扫码领取）内含有通用规范汉字一级和二级表，包含6500个汉字的笔画、发音、语调、褒贬的数据库。
[②] 参考本书附录二"常见多音字"和随书附赠的电子资料（见封底勒口处，扫码领取）中的起名专用一级汉字字典。

当名字中既包含难读字又包含多音字时，取二者的最低分值。

评估法：定值。

分值范围：0到100。

实现难度：容易，难读字和多音字相对容易判断。

4.2.1.2 音律美

一个发音朗朗上口、富有音律美感的名字，能让人在称呼时感到轻松愉快，留下深刻而美好的印象。例如，"江晨""苏悦"，发音简单清晰，声调和谐；"林婉儿""李逸飞"读起来富有旋律感。这要求名字的读音流畅自然，避免拗口或不协调，涉及声母、韵母和音调的合理搭配。

声母：应避免同类或相近的声母。使用不同声母能够提升听感的清晰度和语音区分度。例如，"何候华"，三个字的声母均为h，读起来显得拗口；相近的声母（如"b"和"p"）同样容易让名字显得不顺畅。也应避免连续出现送气音或非送气音。例如，"郦易吉"中的"l、y、j"都属于小口形，嘴唇几乎不用张开，导致读起来较为拗口。相比之下，发音口形应有反差，开合有度。例如，"马如飞"中，m是开口音，r是闭口音，f是半开音，读起来更加顺畅。

需特别注意少用无声母字，例如，"阿""安""昂""欧"等，以及以半元音w、y开头的字，如"威""文""影""瑜"等，因为这些字容易在连读时与其他字混淆。例如，"沈西英"容易被误读为"沈星"；"李欧"容易被读成"刘"；"张延安"常被读成"张烟"；"李西安"不仅容易被误读为"李先"，而且仅通过拼音（Li Xian）难以确定其名字。

韵母：应避免相同或相近韵母的重复。不同韵母的搭配能增强节奏感，使名字更顺口，听感更清晰，区分度更高。如果名字中连续出现相同或相近韵母，如"孙存春"中的"un"或"蔡亚爱"中的"a、ai"，发音可能会不清晰或显得拗口。名字的韵母应尽量选择开口度不同的字，如"华海"中的"ua"和"ai"全为开口韵母；"李玉"中的"i"和"ü"都是闭口韵母，读起来不如"华玉"或"李海"这类韵母反差大的名字顺口。

名字中带有鼻音韵母的字，如"昂""良""光""鹏""东"，发音尤为响亮；而在非鼻音韵母的字中，开口度较大的韵腹（如"达""帅""瑶""宝"）响亮程度也较高。

音调：汉字分为平声（阴平为一声，阳平为二声）和仄声（上声为三声，去声为四声）。名字的音律应注意平仄搭配，平仄相间能使名字听起来抑扬顿挫，富有音乐美感。例如，"仄平平""仄仄平""平仄平""平平仄""平仄仄"等声调组合，读起来跌宕起伏、富有节奏感，"徐霞客"就具备这种旋律感。名字的尾音应尽量避免上声，因为上声字的响亮程度较低。

因此，在AI起名体系里，"传播类-发音-音律美"对应特征如下。

影响对象：社会大众、本人和父母。

风险程度：高风险，意味着如果音律有重大缺陷，会对名字价值造成很大的伤害。

实现方式：简单判断、专家知识库。

在音律方面，声母比韵母重要，韵母比音调更为重要，声母、韵母、音调的权重分别为50%、30%和20%。

声母可以通过人工发音进行评分，也可以制定规则，列出所有相近的声母及零声母音节（见表4-1）。

表4-1 汉字相近声母

	双唇音	b、p、m
	舌尖前和后音	z、c、s和zh、ch、sh
按发音部位	舌尖中音	d、t、n、l
	舌面音	j、q、x
	舌根音	g、k、h

续表

	塞音	b、p、d、t、g、k
按发音方法	擦音	f、h、x、sh、r、s
	塞擦音	j、q、zh、ch、z、c
	鼻音	m、n
按清浊音	浊音	m、n、l、r

零声母音节,是以元音(a、o、e、i、u、ü)开头的音节。现代汉语中,虽然规定以i、u、ü开头的音节书写时要加上y或w,但它们的本质不变,仍属于零声母音节,因此零声母音节就是以a、o、e、y、w开头的音节。

因此对声母的打分可以以100分为起点,姓名中如果声母全部相同,则扣100分至0分;若连续两个声母相同,扣50分;存在相近声母,则减40分;使用零声母的扣20分,扣至0分为止。比如"何候华"0分,"蔡厚华"50分,"蔡博平"60分,"沈西英"40分。

韵母可以通过人工发音进行评分,也可以制定规则,列出所有相近的韵母(见表4-2)。

表4-2 汉字相近韵母

按构成	鼻韵母	an、en、in、ün、ang、eng、ing、ong、ian、uan、üan、uen、iang、uang、ueng、iong
按开口	开口度大	a、o、e
	半开口	ai、ei、ao、ou、ua
	闭口	i、u、ü
按元音	a系列	a、ai、an、ang
	e系列	e、ei、ie、er、en、eng
	o系列	o、ao、ou、ong
	i系列	i、ei、ie、in、ing
	uü系列	u、ü、un、üe、ün

因此对韵母的打分可以以100分为起点,姓名中如果韵母全部相同,则为0分;连续两个韵母相同,扣50分;韵母相近扣30分,扣至0分为止。比

如"孙存春"0分,"蔡爱雅"50分,"蔡亚爱"70分,"李玉"30分,"华玉"100分。

音调方面,如果声调全部相同,如都是第一声,则为0分。符合仄平平、仄仄平、平仄平、平平仄、平仄仄等声调的得100分,其余情况得50分。最后一个字如果为上声,扣20分,最低为0分。

然后通过加权计算:

$$音律评分 = 声母分 \times 50\% + 韵母分 \times 30\% + 音调分 \times 20\%$$

不建议使用通用AI进行评分,因为规则明确且易于判断,人工反复读几遍即可得出结果。相比之下,通用AI的判断不够稳定,容易出现AI幻觉,而且有黑盒子特性,出问题后难以溯源。

评估法:扣分。

分值范围:100到0。

实现难度:容易,分别对声母、韵母和音调评分。

4.2.1.3 当地发音陷阱

选择名字时,需要谨慎对待方言发音的问题。小孩在出生地的活动更为频繁,名字使用的场景也更多。在当地除了普通话还流行方言时,就必须留意当地人在普通话发音上的独特之处。

取名要尽量避开容易让当地人犯错的发音。譬如,在福建方言中,f和h的发音不分,名字如"胡芳"在当地方言中可能会发音不清;在湖南和湖北方言中,n和l的发音不分,因此名字如"蓝宁"可能会在发音上让人困扰。

总之,在方言盛行的地区,给孩子取名时应充分考虑方言的发音特点,避免名字在日常使用中出现发音错误或尴尬情况,要使孩子的名字能够在当地被清晰、准确地称呼。以下是常见发音问题和地区对照表(见表4-3)。

表4-3 常见发音问题和地区对照表

发音问题	说　明	常见地区
n/l不分	n和l做声母分不清	湖南、湖北、江西、四川、福建
f/h不分	f和h做声母分不清	福建、海南
j/q不分	j和q做声母分不清	湖南、湖北、江西
平翘舌音混淆	难以区分"z/c/s"与"zh/ch/sh"	湖南、湖北、江西、四川、重庆、云南、贵州、福建、广东、广西
前后鼻音不分	难以区分"an/ang""en/eng""in/ing"	广东、广西、福建、江西、湖南
韵母"ü"的发音	误读为"i"	广东、广西、福建
浊音混淆	b、d、g等浊音会与普通话中的清音混淆	上海、江苏等
"ou"和"ao"混淆	例如"楼"（lóu）读成"劳"（láo）	广东及使用粤语区

因此，在AI起名体系里，"传播类-发音-当地发音陷阱"对应特征如下。

影响对象：社会大众。

风险程度：低风险，随着普通话的普及和教育水平的提高，许多方言区的普通话发音逐渐趋于标准化。

实现方式：简单判断、专家知识库。

首先父母需要根据实际情况确认是否有必要提出此项需求。并非所有人名都需要考虑方言发音，方言盛行的地区，如湖南、湖北、广东、广西、福建、四川、江西、贵州、上海、江苏等地应予以重视，而北京等地则无需特别考虑。

对于这类需要父母选择是否有必要的需求，为了更好地比较分值，我们引入负分值概念。也就是说，这项起名需求是一个扣分项，最高是0分，最低是-100分。在此项需求中，如果存在方言发音问题，则会被扣分。若不存在发音需求，或有需求但姓名完美避开当地发音陷阱，则为0分。

具体步骤：先确定属于哪个地区，根据表4-3，找出需要避免的发音问题。比如我所在的福建闽南地区属于发音问题重灾区，那么就要避免n/l、f/h、平翘舌、前后鼻音、ü音。

若姓名中的所有字都存在发音问题，则得分为-60分；若部分字存在发音问题，则得分为-20分；若无发音问题，则得分为0分。

评估法：选项、扣分。

分值范围：-100到0。

实现难度：容易。

4.2.2 书写

在为孩子取名时，书写方面的考虑也非常重要。

首先，姓名的汉字要容易书写。一个书写简便的名字，无论孩子自己书写还是他人记录，都能更加便捷高效。比如"王宁""李丽"，这些名字的汉字书写起来轻松流畅。

需要特别注意的是，除了简体字，繁体字在一些地区仍然被广泛使用。如果孩子未来要经常使用繁体字，需特别注意那些简体字易写但繁体字复杂的字，并尽量避开。例如，简体字"龙、凤、飞、灵、卫、厂、击、丽、齐、严、厌、义、艺"书写简便，而它们的繁体字则十分复杂，书写起来令人头疼。我在取名时曾误用"灵"作为名字而忽视了其繁体字的复杂度，差点犯下大错。

名字中不应使用生僻字，因为生僻字不仅难以辨认，书写时也容易出错，在户籍登记、学籍、社保、医保等信息录入时，会带来无穷无尽的麻烦。像"龘""靐"这样的字，不仅书写复杂，大多数人也不认识。

此外，笔画不宜过多。例如"赢""曦"这样的字，笔画繁多，书写费时费力。设想孩子在未来的成千上万次考试中，每次都要耗费时间去书写如此复杂的字，父母怎能忍心？

结构平衡、布局均匀的名字，往往会给人一种舒适和谐的感觉。例如"刘畅"，左右结构对称；"林平"，上下结构规整。

总之，一个在书写上具备上述特点的名字，能够为孩子在学习、生活和工作中带来便利，减少不必要的烦恼。

在AI起名体系里，"传播类－书写"对应特征如下。

影响对象：社会大众、本人。

风险程度：高风险，名字难书写，会对名字的价值造成长久伤害。

实现方式：简单判断、人工判断。

字的书写可以直接参照《通用规范汉字表》，一级汉字通常较易书写，二级汉字中笔画少的相对容易书写，笔画大于14画的汉字书写难度增加。三级字都较难书写。[①]

相应地，姓名中若全为一级汉字则得100分，若含有二级汉字且笔画大于14画，每出现一个字扣30分，有任何三级汉字则直接计为0分。

若考虑繁体字，则简体字易写但繁体字复杂的字，需扣除30分。

字形整体结构的判断，如果依靠AI，还需将字形转换为点阵图，并且判断标准不易界定，因此由起名者主观判断更为简单易行。字形不佳则扣10分，分值最低为0。

评估法：扣分。

分值范围：100到0。

实现难度：容易。

---

① 本书附赠的电子资料（见封底勒口处，扫码领取）内含有通用规范汉字一级和二级表，包含6500个汉字的笔画、发音、语调、褒贬的数据库。

4.2.3 记忆

一个容易被陌生人记住的名字有着不少好处。容易被记住的名字通常具备以下几个特点。

其一，使用常见词语可以让名字显得通俗易懂，如"明月""朝阳"，这些词语为人熟悉，便于理解和记忆。需要注意的是，这里我们仅讨论记忆维度，不涉及独特性。许多常见字作为名字虽然易记，但也容易流于俗套，导致重名。独特性将在后文中详细展开。

其二，谐音也是让名字令人难忘的方式之一，如"吴悠"谐音"无忧"，寓意没有忧愁，给人留下积极的印象。

其三，联想可以使名字更具画面感和感染力，如"叶舞"，让人想到树叶随风飘舞的景象。

其四，名字与姓氏的巧妙关联也能让人轻易记住，如"方圆""周全""许愿成"，具有独特的意义。

此外，单字名相比双字名更易记，但单字名存在独特性不足的问题，容易重名，在后面的讨论中将对此做详细说明。

总之，一个容易被记住的名字能够在人际交往中为个人带来更多的机会，而缺乏特点的名字可能就不那么容易给人留下深刻的印象，很容易就被遗忘。

在AI起名体系里，"传播类-记忆"对应特征如下。

影响对象：社会大众。

风险程度：低风险，名字不易被记住是常见现象，虽然其对名字的价值影响较小，但容易记住的名字会为名字的整体价值带来积极作用。

实现方式：简单判断、人工判断、通用AI。

评估一个名字是否容易记住，最简单的办法是问别人，看看名字是否给他们留下了深刻印象，并根据反馈给名字评分（0~100）。但当名字数量过多时，这种操作方式不太现实。

根据规则对名字的记忆度进行评分，优点是大部分规则易于执行。规则如下。

- 如果源于常用词组，可打100分。
- 单字名可打100分。
- 属于不生僻成语的一部分，可打80分。
- 来自广为传诵的古诗词或古籍，可打60分。
- 属于古代著名文人墨客诗词中的部分词，可打50分。
- 谐音能让人联想到常用词，可打80分。
- 词义能够引发联想，可打60分。
- 其他情况均为0分。

上述判断标准中，除了倒数第二项需要通过人工主观判断或借助通用AI，其余均可通过自动化方式实现。[1]

评估法：定值。

分值范围：0到100。

实现难度：中等。

4.3 寓意类

名字不仅仅是一个简单的身份标识，更承载着丰富的内涵。一个寓意美

---

[1] 常用词组、成语都收录在随书附赠的电子资料（见封底勒口处，扫码领取）中的起名专用一级汉字字典中。

好的名字能够给人带来积极的心理暗示和美好的联想，而一个寓意不佳的名字则可能给孩子带来不必要的困扰。寓意类起名方法注重挖掘名字背后所蕴含的深远意义和美好愿景。比如"瑞祥"，寓意着吉祥如意；"嘉懿"，表示美好和品德高尚。

名字由一个个具有独特含义的汉字组成，这些汉字组合成名字后，所表达的含义往往会在人们心中留下特定且深刻的印象，能体现父母对孩子的期望。如果姓氏本身具有特殊含义，名字可以通过与姓氏的协同组合，表达更加丰富的寓意。

在起名时要注意名字的褒贬度、性别特征，以及避免缩写带来的歧义。若有特殊的宗教信仰或所在地区有使用方言的习惯，还需根据实际情况对名字进行相应调整。

4.3.1　名字含义

名字可以先声夺人。陌生人还没见到真人之前，通过名字的含义，就会在脑海中呈现出这个人的大概特征。比如一个人叫"静雅"，未谋面之人脑海里呈现的可能是一个安静、沉稳、高雅的女性轮廓。一个人叫"俊逸"，未谋面之人脑海里呈现的可能是一个英俊、洒脱的男性轮廓。

所以名字的含义至关重要，它不仅表达了父母对小孩未来的期望和憧憬，还是一张社会名片，关系到个人的特征和形象气质。名字通过长期的使用，对个体、父母和社会大众产生强烈的心理暗示，潜移默化地影响个体的发展。

古人起名大多希望名字能含有光宗耀祖、祈福、消灾等寓意。现代人起名的寓意更加丰富，以下是部分常用寓意。

表示强壮阳刚的：刚、强、壮、勇、毅、豪、雄

表示美丽容貌的：美、丽、俏、颜、秀、婷、姿、俊、帅

表示才华出众的：艺、能、贤、杰

表示优雅气质的：雅、优、悠、逸、娴、韵

表示温柔美好的：柔、婉、淑、静、怡、萱

表示活泼开朗的：朗、明、灿、耀、阳

表示品德的：忠、孝、良、勤、任、义、礼、智、信、贤、端、庄、贞、淑

表示志向抱负的：伟、博、宏、志、远

表示事业成功的：成、功、业、盛、昌、荣、达

表示快乐幸福的：乐、悦、欣、欢、怡、畅

表示平安富贵的：吉、瑞、安、祥、康、福、寿、财、贵、禄

表示珍贵独特的：珍、宝、玉、琼、瑶、瑾、琦、金、琳、珊

表示自然美好的：风、花、雪、月、云、霞、虹、山、河、湖、海

用花鸟表示柔美活泼：兰、菊、莲、梅、莉、薇、樱、凤、燕、雁、鹃

用芳香表示美感：香、芬、芳、馨

用闺物表示秀雅：锦、钗、环、绣、黛

用季节表示美好：春、夏、秋、冬

用乐器表示高雅：琴、笛、萧、笙、瑟、筝、琵、琶、磬

用色彩表示美感：彩、艳、秀、美、丽、倩、红、绛、绿、紫、青、翠

……

现代人起名一般都会注重寓意。没有寓意的名字就像无源之水、无本之木，失去了名字应有的生命力。另外要避免两个极端，一个是负面寓意，另一个是过于夸张。

避免名字含有负面寓意的最简单方法是少用贬义字词。很少有人会主观选择含有不良寓意的名字，但由于汉字博大精深、意义多样，许多词一词多义，且有时在与其他字组合时，可能产生意想不到的负面含义。比如"黄"在颜色中代表尊贵之色，"梁"代表重要，有栋梁之材之义。但是"黄梁"却因为"黄粱美梦"的成语而带有贬义。

还有一种极端是过于夸张。名字寓意好是没错，但是过于狂妄就容易引起反感，比如"永胜""独尊""无敌"。

在AI起名体系里，"寓意类-名字含义"对应特征如下。

影响对象：父母、社会大众、本人。

风险程度：高风险，名字的含义是名字的重要特征，含义对名字的价值有重要影响。

实现方式：人工判断、通用AI。（通用AI为主，人工判断为辅）

对名字含义的打分非常主观且模糊，名字含义的好坏难以通过明确的规则进行评估。

人工打分可以采取模糊的评分规则，如完全符合寓意要求得100分，部分符合得80分，与寓意相关得60分，勉强相关得40分，不相关得20分，完全相反得0分。然而，人工打分效率较低，难以应对大量名字的评估。

通用AI的强大功能，尤其在评估名字含义时表现得淋漓尽致。市面上以ChatGPT和DeepSeek为代表的大语言模型，经过人类语言文字的深度训练，利用词嵌套和注意力机制，能够轻松掌握字词的内涵及字词之间的微妙关系。

以DeepSeek为例，父母若想给子女取一个富有优雅气质的名字，可以直接询问DeepSeek，让其找出表示优雅气质的汉字和词组，作为起名参考。DeepSeek通常能给出令人满意的答复。

不仅如此，DeepSeek还能够根据要求，高效地评估众多名字的寓意是否符合要求。要实现这一点，需要使用高级提示词技巧（Prompt Engineering），给DeepSeek设定特定角色、限定条件，并提供几个判断案例和标准。比如下面的提示词。

角色：你是个优秀的起名大师。
特点：你擅长字和词的意义分析。
技能：拥有很高的文化素养，了解多种文化背景，拥有细致的观察力和扎实的基础及很高的语言敏感度。
目的：能根据要求，对字词给出精确专业的判断和评估数字（即打分）。
流程：
我提供给你一个要求，要求名字要含有某种寓意。
我提供给你一系列词，这些词是可能的备选名。
你要判断如果用这些词作为人名，是否能表达所要求的寓意。用数字表示，0表示不能表达，100表示能精准表达。同时简短解释打分的根据和逻辑。
案例：
寓意：优雅气质
输入：逸、刚、静雅、毅智、秀丽
输出：
逸：100，因为逸的字义为飘逸，符合优雅气质。
刚：0，因为刚表示强壮阳刚，完全不符合优雅气质。
静雅：100，安静文雅，完全符合优雅气质。
毅智：30，表示毅力和智慧，跟优雅不相关，但也不冲突。
秀丽：60，表示秀美亮丽，跟优雅相容，但并不直接表示优雅。

```
## 限制：
不允许自由发挥，字义词义要言之有物，言之有据。
如果无法评分，不要牵强附会、生搬硬套，直接回答"不知道"。
```

通过以上提示词，可以"教会"DeepSeek对大量名字进行打分，虽然结果通常令人满意，但仍需注意通用AI的幻觉问题。尽管提示词从多方面尽量避免AI幻觉，但由于黑盒子问题，这种现象难以完全杜绝，因此生成的结果仍需要人工检验。

评估法：定值。

分值范围：0到100。

实现难度：困难。

4.3.2 性别倾向

名字符合性别具有重要意义。在许多社会情境中，人们往往会依据名字所呈现的性别倾向来初步判断一个人的性别。如果名字的性别倾向与实际性别不符，可能会带来诸多生活上的不便。

例如，当旅游团的导游收到旅客名单时，如果没有特别注明性别，导游通常会根据名字的性别倾向进行安排，比如分配不同强度的旅游路线或安排男女旅客同住一间房等。一个名叫"杰雄"的女性可能会误导导游，从而引发尴尬和不便。

在学校、职场中，老师、同事及初次认识的人，可能会因为名字的性别误导产生误会，影响正常的学习、工作和社交。

理想的情况是，名字的性别倾向与实际性别相符。如果不希望名字体现性别特征，可以选择无性别倾向的名字，但应避免名字性别倾向与实际性别相反。

在AI起名体系里，"寓意类–性别倾向"对应特征如下。

影响对象：社会大众、本人。

风险程度：高风险，名字性别倾向和性别不符对名字的价值伤害极大。

实现方式：人工判断、通用AI。

由于大多数人的名字性别倾向与实际性别一致，因此此项评分采用我们之前提到的负分值方式。如果名字的性别倾向与实际性别完全相反，则评分为–100分；如果性别倾向略有差异，评分为–40分；中性或无性别倾向的名字评分为–20分，其他则为0分。

判断一个字在作为人名时是男性、女性还是中性，人工判断虽然相对容易，但无法高效处理大量名字，而这恰恰是通用AI的优势。可以参考上一节中提到的高级提示词技巧，通过设计精巧的问题，利用通用AI快速评估字词的性别倾向，并根据实际性别进行简单评分。①

评估法：扣分。

分值范围：0到–100。

实现难度：容易。

4.3.3 姓名协同

姓，又称姓氏，是血缘关系的标志，代表家族系统的称号。古语云："女生为姓，谓子也。"

---

① 常用字的性别属性都收录在随书附赠的电子资料（见封底勒口处，扫码领取）中的起名专用一级汉字字典中。

陌生人之间打招呼时，习惯问"您贵姓"；英雄好汉常言"大丈夫行不更名，坐不改姓"。每个人都有唯一的姓氏。

姓名是个人的标志，但在为孩子起名时，人们往往忽略姓氏，而更注重名字。因为姓氏通常随父姓，少数情况下随母姓，极个别情况下随其他姓。

《中华人民共和国民法典》第一千零一十五条规定，自然人应当随父姓或母姓，但是有下列情形之一的，可以在父姓和母姓之外选取姓氏：（一）选取其他直系长辈血亲的姓氏；（二）因由法定扶养人以外的人扶养而选取扶养人姓氏；（三）有不违背公序良俗的其他正当理由。少数民族自然人的姓氏可以遵从本民族的文化传统和风俗习惯。小孩出生如果想顺利登记户口，必须严格遵守《中华人民共和国民法典》关于姓氏的规定。

虽然姓氏的选择有限，但其历史源远流长。

中国的姓氏源于上古时代，彼时人们群居狩猎，姓氏是区分族群的标志，通常源自族群的图腾或族名。随着社会发展，族群间通婚，姓氏逐渐增加了区别血缘和确定财产继承权的功能。早期姓氏以女性为核心，因当时母系氏族占主导地位，小孩通常随母姓。

西周青铜器铭文中记载的古老姓氏如姬、姜、嬴、妊、姚等，多数含有"女"字旁。

姓氏逐渐分化出不同的氏。随着阶级的出现和母系氏族的瓦解，姓氏逐渐转为以男性为核心，子女随父姓，姓与氏也逐渐合一。

随着时间的推移，姓氏不断演变，形成了今天丰富多样的姓氏文化。公安部统计数据显示，全国有3000多个姓氏（见表4-4）。《百家姓》收录了438个常见姓氏。

表 4-4　常见姓氏来源

姓氏来源	举例
图腾崇拜	龙、牛、马、熊
祖先名或字	牧、尧、孔、孟、曹
封地名或国名	赵、吴、郑、鲁、晋、王、钱
职业或官名	上官、司徒
自然地理	乔、姜等山川河流的名称
居处地名	东郭、西门
帝王或贵族的谥号	穆、文、康
皇帝赐姓	金、刘

这些姓氏本身富有内涵，因此在起名时，虽然通常无法选择姓氏，但不能忽略姓与名的搭配。

姓与名搭配的原则是：搭配和谐为上，毫无关联为中，相互矛盾为下。

姓名搭配和谐案例：白如冰、周而复、林静雅、苏婉怡

姓名无关联：赵晓峰

姓名相互矛盾：贾坚强、吴吉瑞、冷炎焱

在起名时可以遵循一个规律：如果姓氏本身富有含义，如白、周、林，或与富有含义的字谐音，如贾、吴、冷，则需特别注意姓与名的协调。

以下列出姓氏及相应的起名思路和案例（见表4-5）[1]：

表 4-5　姓氏及相应的起名思路和案例

类别	代表姓氏	推荐思路	范例
静物姓	石、林、叶	呼应姓氏，融入意境，营造画面感	石清坚、林风眠、叶连松
动物姓	牛、马、熊	发挥姓氏优秀特质，提升格调，避免与食物、器官谐音谦者	牛天宿、马逐溪、熊碧梧
人为姓	钱、商、楼	优先考虑雅致有格调的名字，避免功利市侩意象	钱钟书、商羽姿、楼衍影

[1]　源自"新周刊"公众号《00后起名哲学，五个字》。

续表

类别	代表姓氏	推荐思路	范例
时间姓空间姓	夏、南、古	融入意境，虚实结合，丰富层次感	夏知秋、南雁初、古陌云
国名姓地名姓	邹、邓、薛	根据气质自然发挥，切忌直接用姓氏寻求典故寓意关联	邹半夏、邓修竹、薛念陶
动作姓	顾、戴、游	优先采用书面语，融入浪漫气息，兼顾格调与表现力	顾笑辞、戴望舒、游若龙
意愿姓	许、信、祝	优先考虑清新明快、活泼开朗的意象，展现积极乐观风貌	许灿微、信开韵、祝言恢
状态姓	高、冷、徐	融入其他要素，巧妙起承转折，丰富层次感	高胜寒、冷渚秋、徐引默
感觉姓	严、康、盛	融入其他元素，弥补姓氏不足，令名字更加全面	严济慈、康述安、盛宣怀
色彩姓	黄、白、朱	融入情景，保持画面感和谐自然，彰显意境	黄庭坚、白敬亭、朱隐青
修饰姓	于、向、由	彰显内涵，增强表现力，避免空洞无味、不知所云	于右任、向晚澄、由芳沁
疑问姓否定姓	何、安、莫	灵活表达，正反自如，展现良好风貌	何羨卿、安与争、莫据秋
多义姓	谢、余、饶	发挥优势，巧妙转折，可以追求一词多义的复合关联	谢含希、余恋海、饶宗颐
歧义姓	操、苟、刁	采用精准、鲜明的表达修饰手法，冲击杂念	操正弦、苟晋威、刁镇浮
大姓	李、王、张	考虑清新脱俗、重名少、与众不同的名字	李商隐、王知确、张居正
简笔姓	丁、卜、门	多加考虑字形，尽量外观匀称，笔势顺畅	丁济川、卜照尘、门依山
古字姓	瞿、缪、罩	优先考虑笔画少、识别度高、简单好记的名字	瞿秋白、缪知玄、罩听雨
异音姓	曾、解、单	结合气质、谐音发挥，不宜涉及同字不同音的寓意、典故、词组	曾晏如、解倾润、单居和

在为姓名搭配时，尤其是两个字的名字，需要特别注意姓和名分开后的意思。例如"吴忧愁"，组合起来尚可，但一般朋友称呼时只呼名字"忧愁"，显得不吉利。这种情况下，可以考虑两个字的组合，如"吴忧"。一般而言，单字名字的称呼习惯是连名带姓一起使用。

在AI起名体系中，"寓意类-姓名协同"对应特征如下。

影响对象：社会大众、本人。

风险程度：高风险，姓名不协同，会严重影响名字的价值。

实现方式：人工判断、通用AI。

姓名协同具有双重性，协同好的可加分，协同不好的则扣分，大部分姓名为无关联的中性，因此打分应有正负：姓名协同好的加100分，中性为0分，协同不好的扣100分。

人工判断姓与名是否协调进而打分并不难，但效率较低，无法大规模处理。AI在此方面具有优势，只要利用提示词技巧，明确指示通用AI，即可快速、批量且准确地得出分值。

评估法：双面。

分值范围：–100到100。

实现难度：容易。

4.3.4 宗教信仰

父母有宗教信仰并希望孩子的名字体现特殊宗教感情，需要慎重考虑宗教信仰因素。

一方面，从积极的角度来看，这样的名字可以传承家庭的宗教信仰，给孩子带来一种精神上的寄托。比如在基督教文化中，有的父母可能会给孩子取名为"以诺""雅歌"等具有宗教寓意的名字。在佛教文化里，可能会有"慧心""静悟"之类的名字，体现出对佛法智慧的感悟。在道教文化中，父母给孩子取名时可能会选择如"道明""清玄"等名字，体现了追求自然和谐、内省修行和超越世俗的精神。

另一方面，也需要注意一些潜在问题。首先，在多元化的社会中，宗教色彩过于强烈的名字可能会给孩子的成长带来困扰。例如，在学校，可能引发他人的好奇或误解。其次，如果孩子长大后对宗教的理解发生变化，这样的名字可能让他们感到不适。即便可以改名，改名的过程中也会有诸多不便。

此外，不同宗教信仰有各自的命名规则。父母在为孩子取名时，需深入了解并遵循相关传统，综合权衡，做出明智选择，既要确保名字符合要求，又要为孩子的未来发展带来积极影响。

在AI起名体系里，"寓意类-宗教信仰"对应特征如下。

影响对象：父母、本人、社会大众。

风险程度：中风险，与宗教信仰相关的名字对整体价值的影响有限。

实现方式：人工判断、通用AI。

关于宗教信仰的起名需求是个选择项，父母首先需确认是否在起名中融入宗教信仰，若选择融入，还需决定采用何种宗教含义。

判断一个名字是否满足宗教信仰需求，并评估其满足程度，需要评估者对宗教信仰有深入的了解，建议咨询相关专家。当然，通用AI可以提供有用的提示，但必须注意，AI生成的内容需要逐一验证。

原则上，宗教信仰具有两面性，既有积极影响，也可能带来消极影响。用得好有助于提升名字价值，用得不好则适得其反。所以该项打分为+100、0、-100，分别表示宗教信仰对名字正面、中性、负面的影响。

评估法：双面。

分值范围：-100到100。

实现难度：容易。

4.3.5 方言表达

如果一个地方方言盛行，在给孩子起名字时必须充分考虑名字的方言发音，避免出现不吉利的谐音和歧义。这与传播类的"当地发音陷阱"类似，区别在于这里更注重名字的意义，而传播类更关注发音的问题。

不吉利的谐音可能会给孩子带来困扰和心理压力。比如在上海话中，"西"和"熙"等类似的发音与"死"相近，容易引起他人的不当联想或嘲笑。

为避免这种情况，父母在为孩子起名时，应多向当地长辈请教，了解方言中的特殊发音和词汇，确保名字在方言中无不吉利的谐音和歧义。还可请熟悉当地方言的朋友协助，对拟定的名字进行方言发音的检验。这样可以为孩子取一个既富有意义又不会在方言环境中产生不良影响的好名字。

在AI起名体系里，"寓意类-方言表达"对应特征如下。

影响对象：社会大众、本人。

风险程度：低风险。

实现方式：人工判断。

首先父母要根据实际情况确认是否有必要提出该项需求，并不是每个人的名字都需要考虑方言表达。对于方言盛行的地区，如湖南、湖北、广东、广西、福建、四川、江西、贵州、上海、江苏等，建议特别注意，而在北京等以普通话为主的地区，这类需求则不太必要。

方言表达需求和传播类的"当地发音陷阱"需求一样，属于可选需求。如果需要考虑该需求，则应尽量避免方言表达的问题，因此采用负分制，也即扣分项。最高0分，最低-100分。如果需要考虑方言表达，且选的名字和姓配合起来，在当地方言表达中没有谐音或歧义，则不用扣分，分值为0分；如果歧义明显且负面，则为-100分。

在实际操作中，熟练掌握当地方言尤为重要，而通用AI在这方面的知识和训练可能不足，最好还是请当地长辈把关。

评估法：扣分。

分值范围：0到-100。

实现难度：容易。

4.4 个性类

为何我们每个人既有代表身份标志的姓名，又需要身份证呢？因为姓名并非独一无二，而身份证号却具有唯一性。在一个想象中的国家，若规定每个人的姓名都不重名，那么身份证便失去了存在的必要。

现代人崇尚个性的展现，名字作为给予他人最直接的记忆符号，更应体现个性，尽量避免与他人重名。

一个独特的名字能让他人更容易记住。在社交场合中，拥有独特名字的人往往能够脱颖而出。例如"逸尘"这个名字，给人一种超脱尘世、与众不同之感，相较于一些常见名字，更易引起他人关注。

彰显个性特点的名字还能反映出个人的独特气质。比如"睿思"，体现了一个人睿智、善于思考的特点；"灵韵"则展现出灵动的气质。这样的名字不仅独特，还能传达个人的内在品质。

避免重名有助于减少混淆，有利于传播。如果名字过于常见，很容易出现与他人重名的情况，这可能会造成诸多不便。例如在学校里，老师叫一声"张伟"，可能会有多个同学回应，容易引起混乱。

重名还常常导致办证、档案、户籍管理、邮件投递及姓名权等方面的麻烦，甚至引发纠纷。曾经有一起引发全国关注的事件，南昌市一名出租车司机，因为和犯罪嫌疑人同名，结果被错列为逃犯，遭到派出所两次错捕。上海一位女大学生到毕业时才知道，她就读学校的学籍不是她本人，原因是入学通知书错寄到了重名的人那里。

值得注意的是，有个性的名字通常不会重名，但也有例外。比如"欣怡"，尽管看起来很有个性，却在2023年成为重名率极高的名字，仅这一年就有17623名新生女孩使用了这个名字。当使用这一类名字的人多了后，该名字也就丧失了本身具有的个性特点。

为了取一个避免重名且体现个性特点的名字，父母可以从多方面入手。父母可以结合姓氏特点选择名字字数；尽量避开常用名和常用字，譬如参考典故，选取富有寓意且不常见的字；同时还可以考虑孩子的兄姐名字、家族文化、个人爱好等因素，创造出独特的名字组合。此外，还可以多参考一些新颖的起名方式。

父母应避免过于依赖起名网站和软件，因为它们通常运行相同的数据和程序，导致推荐的名字高度相似。如果父母盲目依赖这些平台，缺乏辨识能力，便可能出现近年来让幼儿园老师哭笑不得的事。

"子轩对紫萱说，紫轩拿了子萱的钱给梓萱买梓轩的玩具。大家抢玩具过程中，浩然、昊然、皓宇和雨豪打起架来。可馨、可欣和可歆跑过来劝架，撞倒了若曦、若溪和若熙。梓睿和子睿跑过去告诉班干部雨涵、语晗、宇涵和宇晗，班干部无法处理只能叫来老师。老师过来一看，两眼一黑，分不清谁是谁，控制不住自己，先哭了。"

最终的重名查询结果应以官方数据为准。建议父母在确定姓名前，使用公安部推出的"全国人口同名查询"服务，以避免重名。以全国14多亿人口为基数，若同名人数少于100，可认为名字独特不重名。同名人数100到10000属于有重名情况，同名人数超过10000则属于严重重名，应尽量避免。

4.4.1 与众不同，减少重名

常见的减少重名的方法有两种：一是结合姓氏特点选择名字字数；二是尽量避开常用名和常用字。

名字的字数一定程度上决定了重名的概率。只有一个字的名字，假定从通用汉字一二级字库中选取，可选的汉字有6500个，理论上6500个人至少有一个重名（不考虑姓氏）。而有两个字的名字，也同样假设从通用汉字一二级字库中选取，可选的名字组合有4200万个，理论上4200万个至少有一个重名（不考虑姓氏）。二字名的重名率比一字名的重名率低，三字名的重名率比二字名的重名率低。

考虑到姓氏分布，根据公安部《二〇二〇年全国姓名报告》中的姓氏表，"王""李""张""刘""陈"五大姓氏人口总数占全国户籍总人口的30.8%，"杨""黄""赵""吴""周"紧随其后（见表4-6）。

表4-6 姓氏排行表

1	王	2	李	3	张	4	刘	5	陈	6	杨	7	黄	8	赵	9	吴	10	周
11	徐	12	孙	13	马	14	朱	15	胡	16	郭	17	何	18	林	19	罗	20	高
21	郑	22	梁	23	谢	24	宋	25	唐	26	许	27	韩	28	邓	29	冯	30	曹
31	彭	32	曾	33	肖	34	田	35	董	36	潘	37	袁	38	蔡	39	蒋	40	余
41	于	42	杜	43	叶	44	程	45	魏	46	苏	47	吕	48	丁	49	任	50	卢
51	姚	52	沈	53	钟	54	姜	55	崔	56	谭	57	陆	58	范	59	汪	60	廖
61	石	62	金	63	韦	64	贾	65	夏	66	付	67	方	68	邹	69	熊	70	白
71	孟	72	秦	73	邱	74	侯	75	江	76	尹	77	薛	78	闫	79	段	80	雷
81	龙	82	黎	83	史	84	陶	85	贺	86	毛	87	郝	88	顾	89	龚	90	邵
91	方	92	覃	93	武	94	钱	95	戴	96	严	97	莫	98	孔	99	向	100	常

所以，原则上，排名靠前的大姓不宜取单字名，至少应取双字名；排名靠后的小姓取单字名相对重名率低（见图4-2）。

不同年代姓名字数长度变化

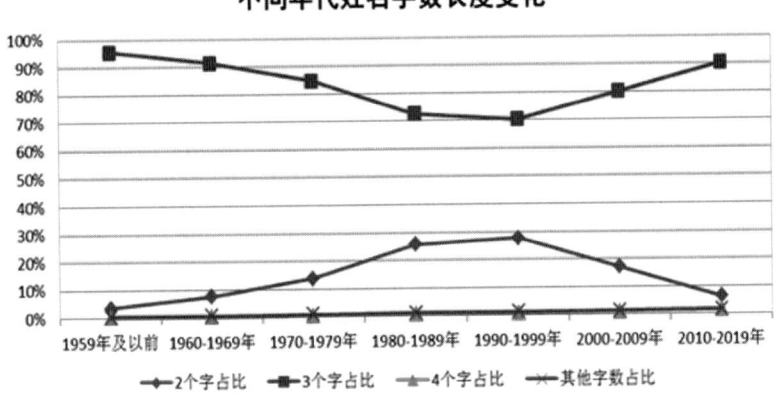

图 4-2　不同年代姓名字数长度变化

不同年代姓名字数长度具有不同的特点，如今命名的趋势是以三字姓名为主，且字数有越来越长的趋势。

纵观历史，三字姓名在中国姓名文化中始终占据核心地位。在20世纪60年代之前，宗族和家族的命名传统深深影响着人们，辈分的标识在姓名中扮演重要角色，导致二字姓名并不常见。然而，随着改革开放的推进，命名习惯被重塑，辈分的重要性逐渐减弱，人们开始倾向于选择更为简洁和易于记忆的二字姓名，其在人口中的占比从7.6%上升至27.6%。

随着21世纪的到来，人口的快速增长和流动性的增强带来了更多重名问题。为了降低重名率，三字姓名的使用重新受到青睐，其在姓名中的占比已超过90%，而二字姓名的占比相应减少至6.3%。

四字姓名在独特性、传播性和寓意性等方面具有很强的优势，其被使用的比例稳步增长，预计这一趋势将持续下去。

但是也要注意四字姓名在书写、记忆和效率上的缺陷。起四字姓名需要综合更多因素，各项要求也更高，更加具有挑战性。

除了考虑名字的字数，还需注意避开常用名和常用字。根据公安部的数据,以下为不同年代男、女使用最多的十个名字(见表4-7)。

表4-7 不同年代男、女使用最多的十个名字

1959年及以前		1960—1969年		1970—1979年		1980—1989年		1990—1999年		2000—2009年		2010—2019年	
男	女	男	女	男	女	男	女	男	女	男	女	男	女
建国	秀英	军	秀英	勇	丽	伟	静	伟	静	涛	婷	浩宇	欣怡
建华	桂英	勇	桂英	军	艳	磊	丽	超	婷	浩	欣怡	浩然	梓涵
国华	秀兰	伟	英	伟	敏	勇	娟	涛	敏	杰	婷婷	宇轩	诗涵
和平	玉兰	建国	玉兰	强	芳	涛	艳	杰	婷婷	鑫	静	子轩	梓萱
明	桂兰	建华	萍	刚	静	超	燕	鹏	丹	俊杰	悦	宇航	子涵
建平	秀珍	建军	秀兰	建军	霞	强	敏	磊	雪	磊	敏	浩轩	紫涵
军	凤英	平	玉梅	涛	红梅	鹏	娜	强	丽	帅	佳怡	子豪	佳怡
平	玉珍	建平	红	斌	燕	军	芳	浩	倩	宇	雪	浩轩	雨涵
志明	玉英	强	丽	波	红	波	丹	鑫	艳	浩然	颖	俊杰	雨欣
德明	兰英	斌	敏	辉	英	杰	玲	帅	娟	鹏	雨欣	子涵	一诺

姓名的变化犹如一面镜子,映照着经济、社会、文化的发展及人们生活水平的提高和思想观念的更新。新中国成立之际,许多家庭为了纪念这一历史性时刻,纷纷为男孩取名为"建国""建华",而女孩则多以"英""兰"为名,以此表达对未来的期待。

进入二十世纪六七十年代,人名中"军""勇""英""丽"等字眼变得普遍,体现了时代精神的延续。到了二十世纪八十年代,随着社会风气的转变,人们开始倾向于选择"伟""磊""静""丽"等简洁、朴素的字眼,反映出一种追求简单生活的心态。

二十世纪九十年代,随着文化的复兴和审美的多元化,人名中开始融入更多的文化元素,"杰""浩""婷""雪"等字眼成为新的热门。而到了二十一世纪,"涛""浩宇""浩然""婷""欣怡""梓涵"等富有文艺气息的名字越发受到青睐。它们不仅承载着父母对孩子美好未来的祝愿,也反映了当代社会对个性和文化内涵的重视。

如果不区分时代，看看表4-8列出的全国人口使用最多的十个名字，相信每个人身边都有那么一两个人，他们的名字就在这张表中，可见用高频名字导致的重名率有多高。

表4-8　全国人口使用最多的十个名字

排名	名字	人数	男性	女性
1	张伟	294282	252224	42058
2	王伟	287101	244958	42143
3	李娜	273074	318	272756
4	王芳	271550	3213	268337
5	李伟	266037	227077	38960
6	王静	249416	13642	235774
7	李静	248898	19211	229687
8	张敏	247151	40224	206927
9	刘伟	237853	200368	37485
10	张静	237713	14374	223339

除了高频名字，公安部还统计出了全国人口名字中的高频字（见表4-9）。

表4-9　全国人口名字中的高频字

1	英	2	华	3	文	4	玉	5	秀
6	明	7	丽	8	斗	9	红	10	金
11	国	12	春	13	小	14	海	15	梅
16	平	17	云	18	志	19	建	20	芳
21	宋	22	林	23	珍	24	凤	25	军
26	晓	27	永	28	伟	29	艳	30	桂
31	宇	32	玲	33	俊	34	杰	35	美
36	霞	37	成	38	德	39	子	40	佳
41	香	42	龙	43	新	44	花	45	清
46	燕	47	淑	48	强	49	娟	50	辉

父母在为小孩起名时，难免会受到社会风气、时代潮流和文化变迁的影响。然而，要尽量避开高频名和高频字，尤其是排名靠前的名和字。同时，

需特别注意高频名和高频字的年代特征，同一年代的重名所带来的烦恼比不同年代重名的烦恼更多，对名字的价值伤害也更大。例如，虽然"张伟"稳居全国使用最多姓名的榜首，但现代小孩很少起这样的名字。相反，最近十多年"欣怡"的重名率极高，叫"张欣怡"会有更多同龄人，所造成的烦恼比"张伟"还多。

所以，在为小孩起名时，还需避免使用近几年来新生儿名字中的高频字。以下是2019—2021年按频次从高到低排列的前50个高频字。①

2019年：梓、子、宇、泽、涵、晨、佳、一、欣、雨、嘉、思、轩、睿、浩、铭、宸、辰、文、博、诗、奕、妍、语、诺、然、俊、怡、沐、熙、依、钰、悦、锦、阳、艺、琪、皓、鑫、彤、雅、萱、瑶、乐、煜、航、馨、安、桐、若。

2020年：梓、子、宇、辰、一、宸、泽、嘉、欣、佳、奕、轩、晨、涵、思、诺、雨、语、睿、文、妍、安、博、怡、依、浩、沐、铭、诗、玥、俊、然、彤、乐、皓、琪、瑶、悦、艺、桐、熙、煜、阳、锦、伊、昕、恩、可、若、萱。

2021年：泽、梓、子、宇、沐、一、宸、涵、辰、奕、艺、嘉、雨、欣、佳、浩、轩、晨、语、汐、诺、思、妍、博、文、安、睿、若、萱、乐、诗、阳、依、熙、俊、然、伊、桐、芮、怡、霖、航、锦、煜、铭、可、瑶、悦、皓、彤。

将2019—2021这三年的高频字进行合并去重，可得到如下高频字。

梓、子、宇、泽、涵、晨、佳、一、欣、雨、嘉、思、轩、睿、浩、铭、宸、辰、文、博、诗、奕、妍、语、诺、然、俊、怡、沐、熙、依、钰、悦、锦、阳、艺、琪、皓、鑫、彤、雅、萱、瑶、乐、煜、航、馨、

---

① 随书附赠的电子资料（见封底勒口处，扫码领取）中包含近年中文高频名字。

安、桐、若、玥、昕、恩、可、芮、霖。

在为新生儿起名时，应尽量避免使用上面的高频字，尤其是排在前20的高频字。

在AI起名体系中，"个性类-与众不同，减少重名"对应特征如下。

影响对象：社会大众、本人。

风险程度：中风险，重名会在一定程度上降低名字的价值。

实现方式：简单判断、专家知识库。

手动使用公安部的查重名服务是最为简便的办法：重名个数低于100，该项得100分；重名个数介于100—999，该项得80分；重名个数介于1000—9999，该项得60分；重名个数介于10000—99999，该项得40分；重名个数100000以上，该项得20分。

然而，我们找到最好的名字，需要对大量名字进行打分，公安部的查重名服务不支持程序批量调用，所以我们必须使用另外的办法。

可以利用重名统计并配合适当的规则来为大量姓名打分，规则如下。

每个名字从100分逐渐扣至0分。

如果是姓氏排名前30且用单字名，扣20分，如果单字是历年排在前十的字，或者2019—2021年高频字排在前20，再扣60分。譬如"王伟""张梓"在此项得20分，"王律"得80分。

如果是姓氏排名前30且用双字名，其中双字是历年排在前十的字，扣60分。否则，检查每个字是否属于2019—2021年高频字前20，若是，则扣20分，如"张建平"扣40分，"张浩奇"扣80分。

姓氏排在30后且用单字名，扣10分，如果单字是历年排在前十的字，或者2019—2021年高频字排在前20，再扣30分，如"蔡睿"扣90分，"蒋婷"扣60分。

姓氏排在30后且用双字名，其中双字是历年排在前十的字，扣30分。否则，检查每个字是否属于2019—2021年高频字前20，若是，则扣10分，如"薛桂兰"扣70分，"陶然欣"扣90分。

其余为100分保持不变。

评估法：扣分。

分值范围：100到0。

实现难度：容易。

4.4.2 避开名人等专有名词

名人，主要指当代领导人、明星、商业领袖及著名历史人物。

和名人同名虽可以令人印象深刻、容易被记住，但是难以确切反映该个体的特点。主要是因为名人光环耀眼，与名人同名的个体其本身的特征有可能被掩盖。并且，与名人同名的个体在其一生中，会承受许多压力。例如，一个人叫"李白"，大家可能想到唐代大诗人李白，而非这个人本身的特质，也许他是个运动健将，却没有多少人记得。

除了特定人物的名字，专有名词还包括特定地名、独特的机构名、众所周知的品牌名、家喻户晓的作品名、广为人知的节日名、历史重大事件名等。若取名借用这类专有名词，容易令人产生特定联想，不但容易混淆，还会显得缺乏特点。例如，有人名为"武汉""黄河"，就会显得非常突兀、不和谐。

除此以外，发音也要尽量避免和专有名词谐音。

在AI起名体系中，"个性类-避开名人等专有名词"对应特征如下。

影响对象：社会大众、本人。

风险程度：中风险。

实现方式：人工判断、通用AI。

判断姓名是否和专有名词相同，只要手动在搜索引擎中搜索就能得到结果。此选项是负分项，分值范围为0到-100。若完全雷同，则得-100分；如果只有谐音雷同，产生不良歧义，得-50分。如果有重复的其他专用词，或者和一小部分不太被人熟悉的名人重名，得-20分，其余情况皆为0分。

若要判断一批名字是否与专有名词雷同，可以提问通用AI，或者通过编程调用通用AI。只要设计好提示词，并严格要求通用AI给出判断的理由，对于这种简单问题，通用AI的准确率还是较高的。

评估法：扣分。

分值范围：0到-100。

实现难度：容易。

4.4.3 体现家族特色

前文中解释过，姓是血缘关系的标志，是家族系统的称号。在古代，既有姓又有细分的氏，且人口不多，故而用姓氏能较容易地识别一个人的家族。然而，随着社会的发展，姓氏合一为姓，同时人口数量剧增，姓愈发集中。例如，"王""李""张""刘""陈"五大姓氏人口总数占全国户籍总人口的30.8%，接近4亿人。排在前面的100个姓氏人口占总人口的85.9%，接近12亿人。因此，姓氏逐渐失去体现家庭和血缘关系的功能。

许多父母转而通过名字之间的关联来增强家族凝聚力和认同感。常见的用名字体现家族特色关系的有兄弟姐妹关系和辈分关系。

兄弟姐妹关系通常通过名字的同字、近义、对仗、对应来体现。

同字：例如，父母喜得一对女双胞胎，给姐妹分别取名为嘉怡、嘉悦。

近义：宋朝文学家苏轼，其弟弟叫苏辙，也是一位才华横溢的文人，"轼"和"辙"意义相近。"慧"与"敏"都有聪慧之意，姐妹可取名为慧颖、敏萱。

对仗、对应：姐妹可取名为静雅、动悦，体现一动一静；兄弟可取名为柔宇、刚泽，体现一刚一柔。姐弟可叫锦绣、河山；兄弟可叫万象、更新。

辈分关系通常体现在族谱中，族谱会规定每一代子孙的名字中包含的特定字。一般而言，这些特定的字取自对家族具有重要意义的祖训，可能是一段话或一首诗。

例如，福州著名的三坊七巷古街中有名的刘家大院，正厅悬挂着龙山刘氏家训，即"国治家齐，学崇业广，著谟彰绩，逢吉迪康，中正为本，宽厚宜遵，咸尚笃诚，聿昭矩法"。这体现了刘氏家族的辈分用字，反映了家族对于国家治理、家庭和谐、学业追求、事业发展、道德修养等方面的期望。根据族谱辈分，如今刘家后人大多到了"著"字辈。我的大女儿和大儿子跟我姓蔡，若跟母姓，那就需要遵循刘家族谱辈分，名字中要带"著"字。

无论用名字表示兄弟姐妹关系，还是体现辈分关系，晚辈的名字不应与长辈重复，这是一种传统礼仪，也是起名的忌讳。例如，长辈叫李明，晚辈就不宜再取李明这个名字，或者名字中带有"明"字。对于亲戚的名字，也应尽量避免重复，以免引起混淆，导致辈分不清。

总之，在为孩子取名字时，考虑家族特色能够让名字更具意义与价值，同时也能传承家族文化，增强家族的凝聚力。

在AI起名体系中，"个性类-体现家族特色"对应特征如下。

影响对象：父母、本人。

风险程度：中风险，若有很强的家庭关系却没有在名字中体现，虽不会造成名字价值大幅降低，却白白浪费了一次为名字增值的机会。

实现方式：简单判断、通用AI。

名字体现家族特色是起名的一个加分选项，分值为0或100。父母在起名时需确定是否要体现家族特色，并详细说明家族关系及如何体现。判断名字是否体现家族关系相对简单，若是兄弟姐妹关系，则评估名字是否符合父母强调的体现方式，如同字、近义、对仗、对应，是，则得100分，否，则得0分。若是辈分关系，检查名字是否包含特定的辈分字，有，则得100分，无，则得0分。检查该名字与长辈和亲戚是否有重名、重字情况，有，则扣80分，最小值为0。

如果是大批量处理名字，只要提供数据，写好提示词，通用AI就能产生相对可靠的结果。

评估法：选项。

分值范围：0到100。

实现难度：容易。

4.5 风格类

好的名字不仅是身份的标志，还是一件具有欣赏性的艺术品。一个佳名犹如一首脍炙人口的诗、一幅色彩缤纷的画、一首令人陶醉的歌，充满魅力。

如"静澜"这个名字，宛如一首静谧的诗。"静"字让人联想到宁静的夜晚，繁星点点，万籁俱寂；"澜"字则似湖水泛起的微微波澜，充满灵动，整体营造出一种宁静而不失活泼的氛围。

"映雪"这个名字犹如一幅美丽的画。想象在冬日里，白雪皑皑，阳光映照在雪地上，闪烁着晶莹的光芒。这个名字如同一幅淡雅的雪景图，清新、纯洁，令人感受到大自然的美妙与宁静。

这些名字皆体现出独特的艺术风格，或清新淡雅，或大气磅礴，或婉约细腻，或活泼灵动，或温软亲切，或自然淳朴，或浪漫梦幻。它们不单单是一个符号，更是艺术创造的结晶，承载着父母对孩子的美好期望与祝福。在起名过程中，父母可从诗词、绘画、音乐等艺术形式中汲取灵感，创造出具有特定艺术风格的名字，为孩子的人生增添一抹绚丽的艺术色彩。

4.5.1 国风派

近年来，随着中国综合国力的不断提升，人们对中华传统文化的认识不断加深，文化自信和自豪感也随之增强。国风潮逐渐席卷音乐、服饰等领域，国风派起名成为一种独特的文化现象。

越来越多的人在起名时选择国风派，汲取经典古文中的灵感。国风派名字犹如从历史长河中打捞出的珍宝，带着岁月痕迹和历史沉淀，不但内涵丰富，而且蕴含深刻哲理。

例如，朱自清的名字"自清"源自《楚辞·卜居》中屈原的诗句："宁廉洁正直以自清乎"，表达坚守廉洁与正直，以保持纯净、高洁的境界。同时，这个名字音韵优美，读起来朗朗上口，给人一种简洁而又大气的感觉。

又譬如"致远"，出自诸葛亮《诫子书》中的"非宁静无以致远"，寓意追求高远目标，拥有远大的理想与抱负。这个名字给人沉稳、睿智之感，仿佛一位胸怀大志的学者，在知识的海洋中不断探索，朝着远方前行。

从《诗经》中"桃之夭夭，灼灼其华"取出的"灼华"之名充满诗意与浪漫；从《论语》"君子博学于文，约之以礼"中能得到"博礼"之名，体现对学识与品德的追求。

这些名字不但富有文化内涵，还能在日常生活中时刻提醒人们传承和弘扬传统文化。

"吟安一个字，捻断数茎须。"古代文人在创作时字斟句酌，用字极为凝练，每一个字、每一句话都蕴含着千年的智慧，流传下来的作品是起名的极佳参考。

国风派起名通常参考的作品包括：四书，即《大学》《中庸》《论语》《孟子》；五经，即《诗经》《尚书》《礼记》《周易》《春秋》；《楚辞》及唐诗、宋词、元曲等。[①]

成语大多源于历史典故或古代文学作品，具有朗朗上口、简洁精炼的特点，也成为国风派起名的又一来源。

总之，国风派名字将古典艺术美感和传统文化魅力凝聚于字句之间，使人们在使用名字的过程中跨越时空，与古代的智慧和情感产生共鸣，宛如一把钥匙，打开历史的大门。同时，它也为现代生活增添了优雅与宁静，让人们在喧嚣的世界中寻得心灵的寄托。

在AI起名体系中，"风格类-国风派"对应特征如下。

影响对象：父母、本人、社会大众。

风险程度：低风险，若用国风派起名，则会大幅提升名字价值；若没用，虽不会造成名字价值降低，却白白浪费了一次为名字增值的机会。

实现方式：人工判断、专家知识库、通用AI（以人为主导，以通用AI为辅）。

国风派起名属于起名风格中难度最高的一派。首先，国风派起名要求起名者具备深厚的文学功底，至少对古文和成语有一定的鉴赏能力。其次，国

---

① 随书附赠的电子资料（见封底勒口处，扫码领取）中包含《诗经》《楚辞》完整原文和精选的150个出自《诗经》《楚辞》的名字及其释义。

风派起名不能完全依赖通用AI，因为古文和成语的艺术性及文学性很强，用字非常凝练，通用AI处理古文和成语容易产生幻觉、出现偏差。最后，人工判断国风派名字的好坏并打分，需要庞大的古文文库和完整的成语词典，并配合通用AI，才能做到准确高效。

该项的分值范围为0～100。单纯判断一个名字是否出自古文或成语较为简单，只需简单搜索，或使用通用AI。判断大批量名字是否出自古文或成语，则需要用程序自动化搜索古文文库或成语词典，或循环调用通用AI，但要对通用AI的结果进行进一步验证。若出自古文或成语则为100分，否则为0分。

如果不仅要判断一个名字是否出自古文或者成语，还要求该名字在古文或成语中表达的意义与起名者想要传达的意境相符，那么不仅需要手动进行搜索，还要求起名者具备相当的文学素养和古文理解能力。这时也可以求助于通用AI，但要注意AI幻觉的问题。这类评分较为主观，不是简单的0或100。当然，通过高级提示词技巧，可以训练通用AI掌握相应的打分能力。如果要批量判断名字在古文中的意境，则需自动化编程搜索古文文库和成语字典，同时调用通用AI，并在调用过程中使用高级提示词技巧。

还有一种常见的国风派起名需求是反过来的：父母已确定要在名字中包含某类字，要求在古文中找出含有这些字的段落，然后从相应段落中找出另一个字，组成符合意境的名字。

例如，父母希望女儿的名字包含"静"字，希望能在古文中找到包含"静"的段落，并从中找出另一个字，组合起来表达宁静、沉稳和内敛的感觉，同时要求引用的段落具有与之相符的意境。

简单方法是询问通用AI，它能提供一些值得参考的诗句及名字，然后起名者根据自己的判断，给这些名字从0～100分进行打分。

但这种方法存在两个问题：第一，通用AI的幻觉问题需要时刻警惕，它有时为了完成任务，会胡编乱造，且极具迷惑性。第二，通用AI不会提供最佳选择，它只能根据训练时的资料和参数分布选出一部分可能满足要求的诗句，合成可能的名字。它无法全面遍历全部的古文和成语数据库，因此无法保证不遗漏最佳字句和名字。

还有一种方法是通过数据库进行人工搜索，在古文数据库和成语词典中找出所有相关词句。例如，在古文数据库和成语词典中，搜出带有"静"的古文13655篇，成语21个。若在数百篇左右，可进行人工筛选，找出符合条件的候选名字，并根据满足需求的情况从0到100进行打分。但如果数量过多，人工筛选会耗费较多精力，此时可以使用高级提示词技巧，借助通用AI的归纳总结能力，以快速缩减候选词句。

以"静"为例，你可以对ChatGPT提出以下要求。

我给你提供13655篇含有"静"的古诗词的附件，你要搜索每一篇古诗词，找出有"静"的上下句，筛选出表达宁静、沉稳和内敛意境的上下句，考虑如何从经过筛选的上下句中的字里挑出一个字和静组成两个字，作为人名，且这个人名给人一种宁静、沉稳和内敛的感觉。

要求：1.不准自己发挥，严格限定在提供的附件范围内。2.组合出的含有静的两个字会出现重复，统计并归类。3.输出格式如下：

静闲，出现125次。

沙静，出现20次。

静怡，出现98次。

静初，出现64次。

……

由于限定输入范围，能够确保通用AI搜索的完整性并减少AI幻觉。在利用其强大的搜索能力后，起名者可以根据喜好，从中选出几个备选名，深入研究，找出最合适的名字。

以"静"为例，最终选择"静初"作为名字，在64个出处中，挑选出宋代文学家苏轼的《卜算子·黄州定慧院寓居作》中的"缺月挂疏桐，漏断人初静"，因为这句能营造出一种静谧的氛围。"静初"给人一种沉稳、内敛之感，仿佛一个在喧嚣世界中依然能保持内心宁静的人。最后根据满足要求的程度对挑出来的名字和古文出处打分。

国风派起名方法由于难度较高，在AI起名体系中，综合运用了人工判断、专家知识库、通用AI，以及以人为主导、以通用AI为辅等多种实现方式，集中体现了在高难度文化艺术创作中如何以人为本、以AI为辅的理念。第五章将会用具体案例进行说明。

评估法：选项。

分值范围：0到100。

实现难度：困难。

4.5.2 清新派

现代人面临着各种压力，父母期望子女的名字能有清新自然、美好宁静的意境，以舒缓压力、放松心情。因此，清新派名字通常包含自然元素，如清风、明月、小溪。"沐风""清月""溪语"等名字，让人仿佛置身于宁静美好的自然之中，带来清新脱俗、心旷神怡的感觉。

同时，清新派名字通常较为独特，不易与他人重名。清新派名字能体现一个人的个性和品位，使其在众多名字中脱颖而出。而且，自然元素也能传达一个人对大自然的热爱与敬畏之情，展现积极向上的生活态度。

以下举几个典型名字。

"雨昕"：其中"雨"代表清新的雨水，为大地带来滋润和生机。"昕"

意为黎明、明亮，象征新的开始与希望。这个名字让人联想到雨后初晴的景象，空气清新、阳光明媚，带来清新爽朗之感。

"星语"：其中"星"代表夜空中闪烁的星星，给人神秘之感。"语"表示言语与表达。这个名字让人联想到宁静的夜晚，星星仿佛在诉说什么，带来宁静而诗意的感觉。

在AI起名体系中，"风格类-清新派"对应特征如下。

影响对象：父母、本人、社会大众。

风险程度：低风险。

实现方式：人工判断，通用AI。

对一个或多个名字，可通过人工判断，主观根据符合要求的情况给出0到100分的评分，也可通过设计提示词，指导通用AI进行评分。

评估法：选项。

分值范围：0到100。

实现难度：中等。

注意：在风格类各派中，只有国风派因涉及古文引用较为复杂，其他各派的影响对象、风险程度、实现方式、评估法、分值范围及实现难度均一致，以下不再重复。

4.5.3 文雅派

文雅派名字以其独特的魅力展现了人们对高雅气质和深厚修养的追求，通常选用富有内涵和深度的字，是当代较为流行的取名风格之一。例如，近10年的新生儿高频名"子轩""墨涵""梓涵"，充满了文化韵味与艺术气息，给人一种高雅、精致、有品位和有修养的感觉。

文雅派与国风派的共同点在于均能体现文化气质。文雅派的取字往往源自古代诗词，但对字的要求不如国风派严格。国风派要求名字必须完整源于同一篇中的一句或上下句，且字与字组成的名字意境要与引申来源的诗句一致。文雅派则更加灵活，可以自由组合字。例如，"子轩"中的"轩"字属于高雅、有内涵的字，在古代诗词中出现频率较高，共有7907篇含有"轩"字，但"子轩"少有出处，且其语义不同，因此"子轩"不属于国风派，而属于文雅派。

以下是几个文雅派名字的例子。

"舒雅"：其中"舒"意指舒展、舒适，代表从容自在的状态；"雅"表示高雅、文雅。这个名字寓意一个人生活得舒适优雅，具有高尚品位。

"语墨"：其中"语"意为言语、表达，代表一个人良好的沟通能力；"墨"象征文化与知识，寓意有内涵和深度。这个名字给人一种文雅且知性的感觉。

由于文雅派的流行及名字选择的趋同，近10年来重名度较高，使用时必须谨慎。关于如何减少重名，详见4.4.1节。

在AI起名体系中，"风格类-文雅派"的特征和处理方式与"风格类-清新派"相同。

4.5.4 浪漫派

浪漫派风格的名字常常通过富有诗意和梦幻色彩的词，唤起人们内心深处的浪漫情感与幻想。这些名字能让人联想美好的爱情、奇幻的世界与无尽的梦想。

"忆雪"：其中"忆"带有回忆的浪漫情怀，而"雪"则纯洁美丽，让人想起雪花飘落的浪漫场景。

"绯月"：其中"绯"意为红色，给人一种热烈的感觉；"月"乃是浪漫的象征，绯月的结合充满梦幻色彩。

"悠梦"：其中"悠"体现悠然自在之态，而"梦"充满幻想，这个名字让人沉浸在浪漫的梦境之中。

浪漫派名字一般带有女性色彩，需谨慎用于男性。

在AI起名体系中，"风格类-浪漫派"的特征和处理方式与"风格类-清新派"相同。

4.5.5 温暖派

温暖派风格的名字通过特定字眼传递温馨、亲切与和善之感。这些名字常常能让人感受到温暖，仿佛被阳光照耀，多使用如"阳""暖""柔"等字。例如"嘉柔""悦宁""婉如"，给人带来温暖舒适的感受。

温暖派名字有助于塑造亲切、和善的形象，容易使人产生亲近感，有助于建立良好的人际关系，给人留下易于相处且富有爱心的印象。

温暖派风格比较适合女性，举几个典型例子。

"馨悦"：其中"馨"有温馨、芳香之意，"悦"则表示快乐、愉悦，这个名字给人一种温馨快乐的感觉。

"柔熙"：其中"柔"展现温柔，"熙"则有光明、和乐之意，这个名字传递出温柔且充满活力的气息。

"温宁"：其中"温"突出温暖，"宁"则表示安宁、平静，寓意在温暖中享受宁静与祥和。

在AI起名体系中，"风格类-温暖派"的特征和处理方式与"风格类-清新派"相同。

4.5.6 活泼派

活泼派风格的名字借助欢快的字词传达热情奔放、积极向上、充满活力的生活态度。这些名字常常能激励人们保持乐观的心态，勇敢地直面生活中的挑战。例如，"悦动"这个名字中的"悦"代表愉悦、快乐，"动"则体现活力和动感，让人感受到积极向上的能量。"飞扬"这个名字，给人一种自由、奔放的感觉，展现出个性张扬的魅力。

活泼派名字通常具有明快的音韵和富有节奏感的发音，能让人感到欢快。例如，"朗跃"有明亮、开朗之意，代表积极向上的心态与乐观的性格，"跃"体现活力和动感，象征不断进取、勇于挑战。这个名字给人阳光开朗、充满活力的感觉，寓意拥有这个名字的人能以乐观的态度面对生活，积极追求自己的梦想，充满活力地迎接各种挑战。

在AI起名体系中，"风格类－活泼派"的特征和处理方式与"风格类－清新派"相同。

4.5.7 潮流派

潮流派名字紧跟时尚，反映当下时代特色和社会文化。这些名字融合最新的网络流行语等元素，体现人们对时尚的追求，彰显个性魅力。

例如，"荣耀"这个名字与当下热门的电子竞技游戏、科技产品相关，展现追求卓越的精神。"酷跑"这个名字来自流行手机游戏，传达勇敢、自信、积极向上的态度，让人感受到运动的魅力。

但需要注意，潮流和时尚容易过时，而名字的使用周期是一辈子。因此，在使用潮流风格时，必须警惕在给孩子起名的时候，名字很时尚，但当孩子长大后，其名字却可能成为落伍陈旧的代名词，即要考虑名字的时间价值。在这一点上，国风派与潮流派形成鲜明对比，国风派名字源于经典，经过千年沉淀，不会轻易过时。

在AI起名体系中，"风格类-潮流派"的特征和处理方式与"风格类-清新派"相同。评分时需考虑此类名字是否会过时，可适当调整分值。

4.5.8 简约派

现代人越发越追求返璞归真，简约派应运而生。简约派名字以简洁明了为特色，没有过多复杂的修饰，却能传达简洁、大气、自然之感。这种简洁之美不仅体现在名字的字形和发音上，还体现在名字所传达的含义上。简约派名字往往以低调内敛的方式表达深刻的人生哲理、美好品质、独特个性。以下举几个例子。

"明轩"："明"意为明亮、清晰，"轩"意为高远、轩昂，两个字组合在一起，简洁而富有内涵，传达明亮高远的感觉。

"素心"："素"意为朴素、纯真，"心"代表内心、心灵，传达保持朴素的含义，让人感受到宁静、淡泊。

"清逸"："清"意为清澈、纯净，"逸"意为逸群之才、超脱，体现清澈纯净、超脱世俗的气质。

在AI起名体系中，"风格类-简约派"的特征和处理方式与"风格类-清新派"相同。

4.5.9 力量派

力量派名字通过运用强、雄、刚、勇等字眼，直接传达强大、有力的感觉。这些名字能让人在瞬间感受到坚韧不拔、果敢无畏，激励人们勇敢迎接困难和挑战。以下举几个例子。

"志强"："志"代表志向和决心，"强"表示强大、有力，传达出坚定志向的感觉。

"振雄"："振"意为振奋、崛起，"雄"代表雄伟、强大，寓意在困境中崛起，展现雄伟气魄和强大力量。

"浩勇"："浩"意为浩大、广阔，"勇"表示勇敢，给人胸怀广阔、勇敢无畏的感觉，激励人们追求理想。

在AI起名体系中，"风格类-力量派"的特征和处理方式与"风格类-清新派"相同。

4.6 英文类

将英文类作为单独的起名学派和类别之一，是因为英文名具有独特性。

除了中文名，越来越多中国人拥有英文名，主要有以下几个原因。

其一，全球化交流。在当今时代，人们在商务、旅游、学术研究等领域与世界各地的人频繁交流。拥有一个英文名字可以使交流更加顺畅便捷，减少因发音或理解上的困难导致的误解。例如，在国际商务会议中，一个简单易记的英文名字能让合作伙伴更容易记住你，促进业务的开展。

其二，教育与学术。对于学生而言，参与国际学术交流时，拥有英文名字可以更好地融入学术环境，与国外的老师和同学建立良好关系。例如，在国外留学时，老师和同学可能更习惯用英文名字称呼对方。

其三，互联网与社交媒体。随着互联网的普及，人们在各种社交平台和国际网络社区中进行互动。英文名字在这些平台上更具通用性和可识别性，方便与不同国家和文化背景的人建立联系与交流。在一些国际社交软件上，使用英文名字能让更多人容易理解和接受。

其四，文化融合。英文名字的使用是一种文化融合的体现，展示了对多元文化的开放态度。例如，在跨文化的工作团队中，使用英文名字有助于营造包容的工作氛围。

其五，职业发展。在一些国际化的公司或行业中，拥有英文名字可能会给人留下更具国际化视野和适应能力的印象，有助于职业晋升和增加发展机会。例如，在跨国企业中，拥有一个合适的英文名字可能会在竞争中更具优势。

如今，英文名的使用越来越广泛，但它的重要性往往被起名者所忽视。许多人在需要使用英文名时，会很随意地挑选一个英文名。最常见的情况是在第一次上英文课时，老师要求学生起一个英文名，很多人凭印象随意挑选，甚至直接用汉语拼音作为英文名。

随意起的英文名，有可能导致别人根本无法正确发音，或者不是标准英文名而难以记忆和书写，甚至误用种族名或宗教名，混淆性别，混淆姓与名，从而造成沟通上的诸多麻烦。

英文名与中文名一样，是一个人的身份标志和个性的体现，能够产生心理认同。不过，英文名和中文名的表达语言不同。由于英文和中文的区别，以及背后所代表的文化习俗的差异，英文名字有着截然不同的取名方式。

相比中文名字是被创造出的，起英文名字的独特之处在于，要从英文名字库中挑选。在大约4万个英文名字中，每个名字都有特定的历史、性别、种族和宗教等固定信息。这样做使得起英文名相对简便，但也丧失了创造空间，增加了重名概率，减少了名字的独特性。因此，英文名除了必须有的"First Name（名）"，还广泛使用"Middle Name（中间名）"来减少重名率。

中国人已经有一个中文名，想要起一个好的英文名，要做好以下几方面。

4.6.1 传播项

英文名同样是名字，其最基本的功能是传播。与中文的表意文字不同，英文是表音文字，字母的长度和组合决定了其发音与书写。为了便于书写、发音和记忆，不宜选择音节或字母过多，过于生僻且需猜测发音的英文名字。例如，Persephone 由 10 个字母组成，不仅过长且生僻，大多数人也不知道如何发音，难以记忆和拼写。

统计数据显示，英文名的平均音节为 2.5 个，最少为 1 个，最多为 7 个。因此，英文名的音节最好不要超过 3 个。英文名的平均长度为 6.4 个字母，最少为 2 个，最多为 18 个，长度最好不要超过 10 个。

判断英文名的生僻程度较为复杂。英文名是从名字数据库中选出的，但没有类似于汉字的统一通用汉字库，也没有按通用程度分级的系统。名字的使用频率可以通过官方和私人数据获得。例如，美国社会保障局每年会发布新生婴儿姓名数据，并根据其通用程度进行排序。一些专注于婴儿名字的私人公司，如 BabyCenter 和 Nameberry，提供英文名的通用性分析数据。例如，在 BabyCenter 官网上查询"Persephone"，可以获得该名字在新生儿中使用频率的历史数据图（见图 4-3）。

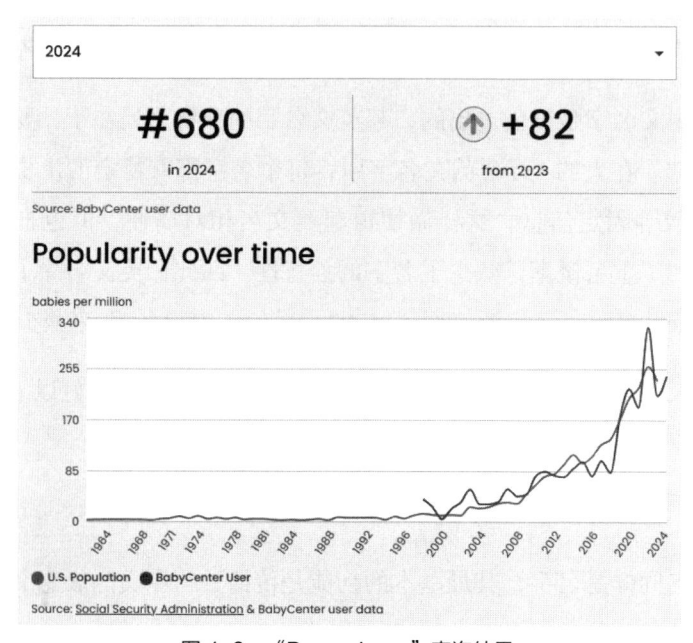

图 4-3 "Persephone"查询结果

从中可以看出,"Persephone"在2000年前几乎无人使用,每年每百万新生婴儿中仅有个位数婴儿采用这个名字,但2000年后,尤其是近几年,使用这个名字的人数逐渐增加,预计在2024年每百万新生婴儿中约有250人使用该名字。"Persephone"依然属于生僻名字,但其受欢迎程度不断上升。

特别提醒,由于英文名字是从名字库中选取的,重名率本身就较高,因此"Persephone"每年在每百万新生婴儿中约有250人使用,若参照中文名的重名率,看起来其英文重名率高。然而,放在英文名本身就高重名率的背景下,"Persephone"仍然属于冷门名字,这一点可从其受欢迎程度排名第680位看出。相比之下,如图4-4所示,近20年来流行的女婴儿名字"Emma"年年排名进入前3名,每百万新生婴儿中约10000人使用此名。

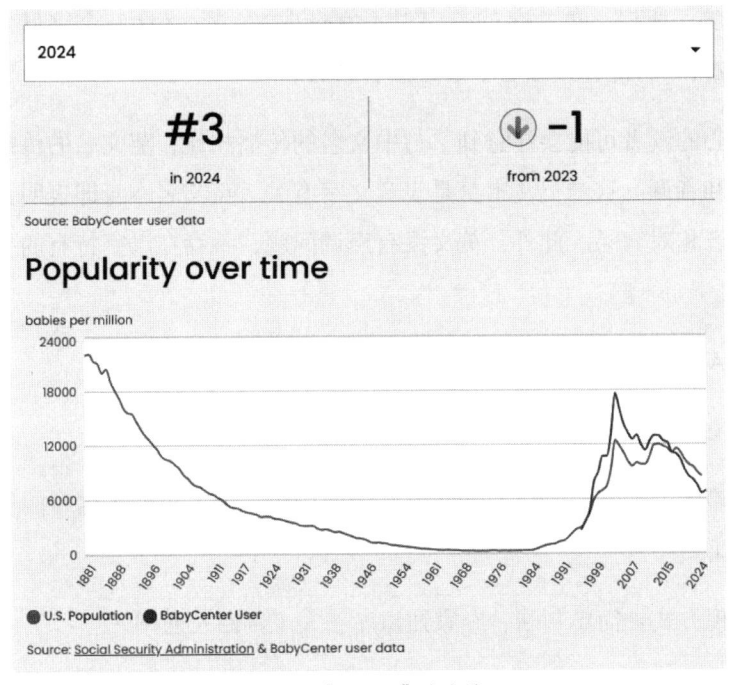

图4-4 "Emma"查询结果

因此,在评估英文名的通用性时,要使用每年每百万新生婴儿的频次数据,不宜与中文名的使用频次进行横向对比,而应在英文名体系内部进行纵向比较，特别是关注使用频次及其年际变化。一般来说，若排名在500名之外，则通常属于不常用名字。

同时需注意，英文名的生僻程度和不通用程度之间仅为间接关系，而非等同。例如，有些英文名字虽然不常用，但由于字母较少、发音简单，易于读写和记忆，因此尽管不通用，但并不算生僻。例如，"Lindy"这个名字每年平均排名在3000名之外，每年每百万新生婴儿中使用约30次。相比之下，"Persephone"排名第650名，每年约使用250次。"Lindy"尽管不常用，但因字母较少、发音简单，容易读写和记忆，因此不属于生僻名。

还要注意，英文名由26个拉丁字母（A到Z）组成，且在列出英文名字时，通常按照字母顺序排列。因此，首字母靠前的名字在传播中具有不可小觑的优势。所以，英文名的首字母不宜选取X、Y、Z这三个字母，例如，选择"Zoe"可能导致该名字始终排名靠后。

细心的读者可能会注意到，与中文名的传播相比，英文名的传播并不涉及发音和音调。这与英文本身是表音文字有关，英文名本身即表明其发音，因此发音相对容易。此外，英文没有声调问题，不存在汉字特有的平仄韵律困扰。

在AI起名体系中，"英文类－传播项"对应特征如下。

影响对象：社会大众。

风险程度：高，难以发音或书写的生僻英文名，可能对名字的价值造成长期损害。

实现方式：简单判断、专家知识库、人工判断及通用AI。

评分从100分开始扣分，最低为0分。

评估英文名的音节和长度相对简单，只需制定明确的评分规则：

- 长度超过10个字母（不含10），扣20分。

- 音节超过3个（不含3），扣20分。

然而，评估英文名是否生僻需要参考名字的受欢迎程度，这需要专门的数据库，或通过网站查询历年数据。[①]根据排名数据，可以采用以下评分规则：

- 名字通用性近10年平均排名在5000以上，扣20分。

然而，名字的生僻度与通用性并不相同，生僻名字有可能变得通用，不生僻的名字可能无人使用（这样的名字称为宝藏名字，既独特又不生僻）。因此，在传播项中还需增加对名字生僻度的评分：

- 名字生僻扣40分。

这项评分只能通过主观判断或借助通用AI完成。综合以上内容，可以得出该项的总评分。

评估方法：扣分。

分值范围：100至0。

实现难度：容易。

4.6.2 寓意项

英文名的寓意相较于中文名更为复杂，涉及含义、起源、种族、宗教、性别、名与姓的组合及其缩写等。

4.6.2.1 含义

中文是表意文字，汉字本身体现其含义。英文是表音文字，由字母组合

[①] 随书附赠的电子资料（见封底勒口处，扫码领取）中包含2014—2024年每年新生儿最常见的10个英文名字。

而成，无法直接从名字本身看出寓意，需要通过其历史背景来理解。例如：

Elizabeth，来自希伯来语，意为"上帝是我的誓约"。

John，来自希伯来语，意为"上帝是仁慈的"。

William，来自日耳曼语，意为"坚定的保护者"。

Sophia，来自希腊语，意为"智慧"。

Emma，来自日耳曼语，意为"全宇宙"。

在AI起名体系中，"英文类-寓意项-含义"对应的特征如下。

影响对象：父母、本人及社会大众。

风险程度：中等，大部分英文名的含义都是正面、积极的。

实现方式：人工判断、专家知识库及通用AI。

英文名的含义具有双面性，评分范围为–100到+100。符合父母期望及社会大众观感的，得+100分；中性或无关的，得0分；负面或不合适的，得–100分。英文的含义可从名字库中查询，一些起名网站提供按意义搜索名字的服务。名字库中的名字寓意大多是美好积极的，这些名字是历史上使用的传统名字。但也有特例，如"Romeo"，源自莎士比亚著名戏剧《罗密欧与朱丽叶》，这个英文名字本身源自具有悲剧色彩的爱情故事且广为传颂，取这个英文名就不太合适。

选择英文名字的意义，重点在于是否符合父母的意愿，同时兼顾社会大众的感受。这属于仁者见仁、智者见智的事情，需要主观判断，或借助通用AI找出匹配的名字。

评估方法：双面。

分值范围：–100至+100。

实现难度：中等。

4.6.2.2 起源、种族、宗教

每个英文名除了表达不同的意义，还有特殊且明确的起源、种族和宗教特色，这是汉字名较少具备的。例如，Ekon源于非洲，Hussein源于阿拉伯世界。

如今，英文成为世界上最通用、最开放的一种语言。英文人名库不断从各个民族中融入新的名字。因此，在英文人名库中，每个名字都有其独特的起源、种族和宗教特色，这一点在取英文名时要特别注意。

中国人在取英文名时，一般会选择比较大众化的英文名。例如，表4-10所示的前四个起源，合计占所有名字的约40%。

表4-10 常见英文名起源统计表

排名	Origin	起源	名字个数
1	English	英语	6,705
2	Biblical	《圣经》	3,893
3	Latin	拉丁语	3,159
4	Greek	希腊	2,548
5	Muslim	穆斯林	2,276
6	Hebrew	希伯来	2,139
7	French	法语	1,994
8	Irish	爱尔兰	1,786
9	German	德语	1,583
10	Spanish	西班牙	1,215
11	Teutonic	日耳曼	1,209
12	Welsh	威尔士	935
13	Norse	诺尔斯	906
14	Scottish	苏格兰	893
15	Gaelic	盖尔语	871
16	Celtic	凯尔特	710

续表

排名	Origin	起源	名字个数
17	Anglo-Saxon	盎格鲁－撒克逊	650
18	Shakespearean	莎士比亚	644
19	Arabic	阿拉伯	601
20	Native American	美洲原住民	567
21	Italian	意大利	564

显而易见，英文名大多源于英语语系。

英文名的第二来源是《圣经》，这是因为基督教在西方国家普遍流行。正因为源于《圣经》的英文名广为流传，一个人的名字若源于《圣经》，并不一定意味着此人就是基督教徒。比如常见的"Jason"，源于《圣经》，但因为其太过通用，大部分人不会因为这个名字而认为其主人是基督教徒。也就是说，名字源于《圣经》的宗教色彩很淡。

英文名的第三来源是拉丁语。英语属于日耳曼语族语言，拉丁语则是一种意大利语族语言，两者都属于印欧语系。由于基督教的传播，罗马帝国的扩张及文艺复兴，英语受拉丁语影响极为深远。现代英语中约有50%以上的词直接或间接源于拉丁语。例如：aquatic（来自拉丁语的"aqua"）、annual（来自拉丁语的"annus"）、audio（来自拉丁语的"audire"）。大量英文名来自拉丁语，例如常见的"Angel""Victoria""Eva""Justin""Amy"等。英文名源于拉丁语并没有地域、民族或者宗教色彩，相反，由于古罗马在西方文明中的作用，特别是文艺复兴时期拉丁语在科学领域的主导地位，源于拉丁语的英文名自带古典色彩。

英文名的第四来源是希腊。希腊是西方文明的摇篮，希腊的文化和思想至今仍然影响着西方文明。尤其是希腊文学作品广为传颂，如宙斯（Zeus）、赫拉（Hera）、雅典娜（Athena）、阿波罗（Apollo）等，这些名字及其变体在英语中被广泛使用。希腊史诗如《伊利亚特》和《奥德赛》中的人物名字也常被后人所采用。希腊语和英语本同属印欧语系，希腊文明的繁荣，加上文艺复兴的传播，使得英文中大量词语借用希腊语，因此有大量英文名来自希腊。所以，一个人的英文名字源于希腊，并不意味着这个人是希腊人。英文名源于希腊并没有地域色彩，反而显得古典高雅。

特别需要注意的是，排名第五的穆斯林、第十九的阿拉伯及未在列表中显示的非洲起源，都具有很强的地域色彩，在取名时要谨慎使用，避免误用。

英文名中还有一个和中国人起英文名字密切相关的起源，即中文起源。名字数在30个左右，都是常见中文名的拼音，如 Li、An、Jun、Fa、Fang、Lian 等（见表4-11）。

表4-11 中文起源的英文名

姓名	起源	性别	意义
Bao	Chinese	M	Treasure
Bo	Chinese	F	Precious
Chang	Chinese	M	Smooth
Chen	Chinese	M	Great
Cheng-Gong	Chinese	M	Success
Cong	Chinese	M	Intelligent
De	Chinese	M	Virtue
Deshi	Chinese	M	Moral
Dewei	Chinese	M	Highly noble
Dingbang	Chinese	M	Protects the country
Dishi	Chinese	M	Man of virtue
Enlai	Chinese	M	Appreciation
Fa	Chinese	M	Beginning
Fang	Chinese	M	Wind
Kuan-yin	Chinese	M	Buddhist deity of mercy
Lian	Chinese	F	Daughter of the sun
Lin	Chinese	F	Family name

中国人是否可以选用源于中文的英文名？这个问题需要从主观和客观两个方面进行分析。主观上，如果命名者希望在名字中突出中国特色；客观上，如果命名者中文名字的拼音在英文名库里有对应的英文名，且表达的含义可接受且不影响传播（尤其是中文名拼音发音上符合英语发音习惯），则可以选用源于中文的英文名。但若主客观条件中有任何一点不满足，便不建议选用源于中文的英文名。

以"Fa"为例，源于中文，代表财富，应该是"发"的拼音。如果一个人希望在英文名中突出自己的中国人身份，其中文名字是"发"或同音字"法"，且"Fa"表达财富的意思也可接受，其发音在英语中也存在，那么选择"Fa"作为英文名是合适的。

另一个例子是"Cong"，源于中文，代表聪明，应该是"聪"的拼音。如果一个人希望在英文名中突出自己的中国人身份，且其中文名字是"聪"或同音字"重"，同时"Cong"表达聪明的意思也可以接受，就可以使用该名字。但需要注意的是，"Cong"的中文声母 C 在英文体系中并不存在，英语为母语的外国人看到"Cong"时，可能会默认发音为"空"，因为他们无法发出中文声母 C 的摩擦音。在这种情况下，使用这个英文名可能会造成尴尬，必须不断纠正别人的发音，强迫他们学习不熟悉的发音，最后不仅别人很累，自己也累了，然后默认接受别人的错误发音。这种英文名违背了名字的本意，不利于沟通交流，也无助于成为身份的标志。

如果命名者自己有主观意愿在名字中突出中文来源和中国特色，但客观上自己的中文名字的拼音在英文名库中没有对应的英文名，可以自己创造新的英文名吗？可以，这个问题留在下一部分回答。

在 AI 起名体系里，"英文类-寓意项-起源、种族、宗教"相对应的特征如下。

影响对象：父母、本人和社会大众。

风险程度：高。

实现方式：专家知识库。

英文名的起源、种族和宗教的评分具有双重性，分值从-100到+100。起源、种族和宗教都可以从英文名库中查询，有些英文起名网站提供根据起源、种族和宗教搜索名字的服务。中国人起英文名时，起源、种族和宗教合适意味着最好遵循主流，如英语、《圣经》、拉丁语，以及一些欧洲国家的语言，如德语、日耳曼语等。在特殊情况下，只有当起源、种族和宗教在主观和客观上都符合实际时，才可选用中文起源。要避开地域、种族和宗教色彩浓厚的起源。满足以上条件，则得分为+100，违反以上任何条件，则得分为-100，介于两者之间或无法判断，则得分为0。

评估法：双面。

分值范围：-100到+100。

实现难度：容易。

4.6.2.3 性别

英文名大多数都有特定的性别区分，只有少数为男女通用的中性名字。因此，在以英语为母语的社会，人们通常会通过名字来判断一个人的性别，因此取英文名时需避免性别混淆，以免产生尴尬。例如，全球巨星Taylor Swift的名字Taylor曾是一个传统姓氏，现在常用作中性名，适合男女。Charles适用于男性，Charlotte适用于女性，Charlie则为男女通用名字。Harper现在多用于女性。

在AI起名体系中，"英文类-寓意项-性别"相对应的特征如下。

影响对象：本人和社会大众。

风险程度：高风险。

实现方式：专家知识库。

这一项同样具有双重性。英文名的性别不能混淆，可以使用中性词，但应尽量避免混淆。与性别匹配，则得分为+100，中性，则得分为0，不匹配，则得分为-100。

评估法：双面。

分值范围：-100到+100。

实现难度：容易。

4.6.2.4　名与姓的组合及其缩写

在英文中，姓通常排在名后面，例如，Donald John Trump，名字是Donald，中间名是John，姓是Trump。中间名经常简写为J，因此常见为Donald J. Trump。名字和姓通常没有直接关联，且一般没有其他字面意义。然而，有些名字和姓除了人名还有其他通用意义，这时需要考虑名和姓的组合及其缩写是否会产生不好的联想。例如，在英文姓中常见的Fox（狐狸）、White（白色），若搭配名字Sidon（有打猎、狩猎的意义），或者与Black（黑色，与白色相反）组合，可能就不太合适。

中国人起英文名时，连带使用的姓通常为中文汉字拼音，通常没有其他英文含义。但有几个姓比较特殊：方（拼音Fang，在英文中意为犬齿和毒牙）；何（拼音He，为男性的指代词）；宋（拼音Song，英文意思为歌曲）；孙（拼音Sun，英文意思为太阳）。有以上这些姓的人在取英文名时，要注意名和姓组合可能产生的联系。

在生活中，要注意英文姓名常用姓和名的首字母缩写，例如，美国总统肯尼迪，全称John Fitzgerald Kennedy，常用JFK缩写来指代。纽约最大的国际机场之一，就叫JFK机场。因此，在起英文名时，也需考虑缩写字母是否会产生不好的意义。例如，Arron Smile Song看起来不错，但其缩写为ASS（屁股），就会让人尴尬。

在AI起名体系中，"英文类–寓意项–名与姓的组合及其缩写"相对应的特征如下。

影响对象：本人和社会大众。

风险程度：低风险。

实现方式：简单判断。

该项同样具有双重性，分值范围为–100到+100。如果英文名和姓组合产生正面联动效应，则为+70分；如果姓和名缩写有积极意义，则为+30分；两者皆有，则可达到最高分100分。如果姓名组合和缩写没有任何意义，则为0分。如果姓名缩写有负面意义，则为–30分；如果姓名组合有负面意义，则为–70分；两者皆有，则可达到最低分–100分。

评估法：双面。

分值范围：–100到+100。

实现难度：容易。

英文名的寓意虽然复杂，但是由于英文名从名库中挑选，个数有限，每个英文名都有固定历史、起源、宗教、民族和性别特征，只要起英文名时仔细鉴别，找到合适的寓意也不难。比如上网查"Persephone"可得到如下结果。

历史：希腊时期从其词源看，表示杀戮、摧毁的意思；在希腊神话中成为春天女神的名字，是墨忒耳和宙斯的女儿。

意义：To destroy；To kill（杀戮；摧毁）

性别：女

宗教：犹太教

起源：希腊

4.6.3 个性项

西方文明崇尚个性，但在起名上却因循守旧，习惯从历史沿袭下来的名字库中进行挑选。尽管名字库中有超过4万个名字，但取名时却集中使用前1000个名字，因此英文名重名率较高，更难彰显个性。例如，在以英语为母语的街道上，喊一声"Tom"可能会有好几个人回头，这类似于中文中，班里可能有好几个姓"王"的。那么，中国人如何取一个凸显独特魅力的英文名呢？可以考虑以下几种办法。

4.6.3.1 通用名

应避开通用名，尤其是近5年排名一直在前十的热门名。本来英文名的重名率就相对较高，如果选择非常热门的英文名，确实会出现"满大街都是同样名字"的情况。

例如，流行英文名"Emma"虽然寓意和传播度都很不错，但实在是太通用了。如图4-5所示，其从2001年排名第13跃升至2002年排名第4，此后22年一直保持在前3名。根据每年约15000名新生女童使用这个名字估算，2000年以来，已经有约36万名女性叫Emma，这还不包括25岁以上的女性，而且按照这样发展下去，叫Emma的女性还会持续增加。在人口密度和总量都不大的英语国家，Emma就如同中文里"梓涵"一般的存在。

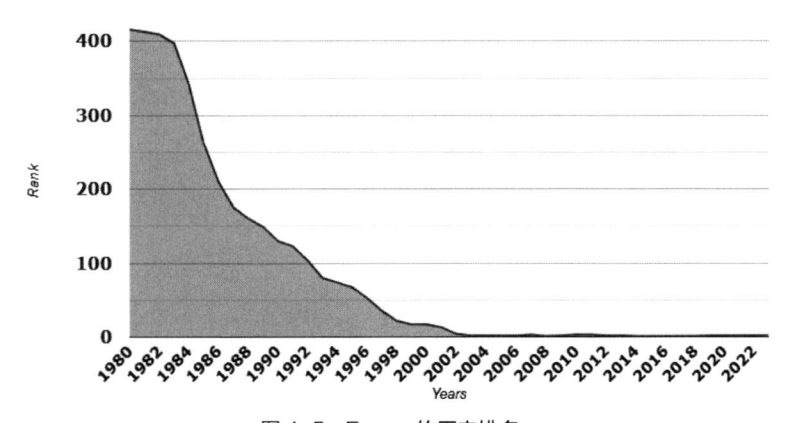

图 4-5 Emma 的历史排名

无论中文名还是英文名，重名率高都会产生诸多弊端，所以应尽量避免。

在AI起名体系中，"英文类-个性项-通用名"相对应的特征如下。

影响对象：本人和社会大众。

风险程度：中风险。

实现方式：简单判断。

通用名的评分比较简单，可以根据该名字最近5年的平均排名来判断。排名在前100或5000名之后，得-100分；排名在100至200名或3000至5000名，得0分；排名在200至3000名，得+100分。

评估法：双面。

分值范围：-100到+100。

实现难度：容易。

4.6.3.2　宝藏名

找出既不通用又不生僻的宝藏名。前文曾特别提到，英文名的生僻度和不通用并非等同关系。为了便于传播，我们不能选择生僻名字，但有些名字既不生僻，也不常用，这便是我们想要找的宝藏名。这些名字通常分布在每年新生儿名字排名100以外、3000以内。例如，"Bonnie""Chelsea""Clarence""Sloan"都是具有个性但又不生僻的宝藏名。

在AI起名体系中，"英文类-个性项-宝藏名"相对应的特征如下。

影响对象：本人和社会大众。

风险程度：低风险。

实现方式：人工判断、通用AI。

宝藏名的分值范围在0至100之间。宝藏名的评分相对通用名复杂一些，因为涉及判断英文名是否既不通用又不生僻。宝藏名的不通用，可以通过检查其排名范围来判断，一般在100到3000之间。宝藏名是否生僻，可以通过名字长度、音节数及是否容易读写来判断，这可以通过主观判断或咨询通用AI实现。若某个英文名被判断为宝藏名，则得100分；若不是宝藏名，则得0分。

评估法：定值。

分值范围：0到100。

实现难度：中等。

4.6.3.3 中间名

中间名可以进行自由创作，不必严格从名字库中挑选。因此，增加中间名能大幅降低重名率，提高名字的独特性。对已有中文名字的中国人而言，中间名可以使用中文名的拼音，既能减少重名，又能将英文名和中文名联系起来，起到一举两得的效果。例如，有人的中文名字为宋雯丽，其特别喜欢Winnie这个英文名，但该名字属于通用名，因此可以使用英文姓名 Winnie Wenli Song，简写为 Winnie W. Song。

在AI起名体系中，"英文类-个性项-中间名"相对应的特征如下。

影响对象：本人、父母及社会大众。

风险程度：低风险。

实现方式：简单判断。

中间名是一个选择项，分值范围在0至100之间。中间名的使用主要是为了减少重名率，通常在选择的英文名过于通用时才考虑这一项。因此，对中间名的评分可使用如下规则：若英文名排名前100（在个性-通用名上评分为-100分），则中间名的使用可减少重名率，得50分。若中间名使用中文名字的拼音，产生中英联动，则加50分。若没有中间名或使用的中间名不满足上述两种情况，则得0分。

评估法：选项。

分值范围：0到100。

实现难度：容易。

4.6.3.4　拼音名

英语是个开放性很强的语种，英语人名库不断吸收外来语系，因此用中文名的拼音作为英文名也未尝不可。但要注意以下三点：第一，汉语拼音的英文名很小众，凸显其地域、种族特色。第二，汉语拼音的英文名对于以英语为母语的人来说，大多比较难发音，特别是英语里没有的声母和韵母，要尽量避免使用。比如Qu（曲），在英语里发不出Q的声母，所以Qu发成Cue。第三，最好拼音名本身在英文名库中存在，而且起源、种族、宗教和性别特色都合适。如果不存在，就需要自己创造一个新英文名，在传播上，不管发音、拼写、记忆都不方便，而且意义也不为人知，所以要尽量避免自创。

以我的英文名为例，我和大家一样，第一次上英文课时开始选择自己的英文名，懵懂中挑了Charlie。后来随着对英语的学习和西方文化的了解，我逐渐不喜欢Charlie这个名字，其意义一般，太过普通，性别中性。后来出国留学、工作，我抛弃这个英文名，改为凯龙的拼音，英文名为Kai Long，发音符合英语母语者的习惯，而且Kai的起源为夏威夷语（我曾经在2016年在夏威夷拍到以Kai为名的街道）和古希腊，在夏威夷语中意为"大海"，在古希腊中意为"钥匙的掌管者"，为男性名字。Long作为中间名，在英语里是长的意思。以Kai Long为名，既保持中文拼音，也符合英文发音，同时还能在英文名字库中找到可以接受的起源、种族和性别。所以我的英文名全称就是Kai Long Cai，简写为Kai L. Cai。

在AI起名体系中，"英文类-个性项-拼音名"相对应的特征如下。

影响对象：本人和社会大众。

风险程度：高风险，将拼音当成英语名有很大的风险。

实现方式：人工判断、专家知识库、通用AI。

拼音名是一个选择项，具有双面性，分值范围在-100到+100之间。拼音名使用得当则为+100分，前提是拼音名要同时满足下面三个条件。第一，拼音名在英文名库中已经存在，不是新创英文名；第二，拼音名的拼写和发音符合英语习惯，不会难拼、难念或者难记；第三，拼音名在英文名库中的起源、含义、种族、宗教和性别没有造成不适。若使用拼音名，不能同时满足上面三个条件，则为-100分。没有使用拼音名，则分值不变。以上三个条件的判断需要利用英文名库，或进行主观判断、借助通用AI。

4.6.3.5 中英联动名

要让英文名有个性，最简单的方法是创造一个新的英文名，但这也是难度最大的。如果大家不接受、不喜欢，后人很少会再次使用它，或者名字的主人不是名人，那么这个名字通常就没有太强的生命力。因此，大家最好不要自创英文名，还是按照习俗从英文名库中挑选。

普通人在选择英文名时，可以赋予其特定的含义，提升个性价值。特别是对于已经有中文名字的国人，在选择英文名时可以使其与中文名相互关联，寻找与中文名发音相同或相近、意义相同或相近的英文名，从而实现中英文名的联动，使两者完美结合，互相辉映。

中英文意思相近的有：名字为单字"阳"的，可以选择Apollo（太阳神）或Sunny（晴天，阳光充沛）；含有"珍珠"之义的，可用Pearl；含有"茉莉花"之义的，可用Jasmine。

中英文发音相近的有：若中文名为海伦，可以用Helen；姓艾、名玫丽的可以叫Emily；姓戴、名安娜的可以叫Diana。以下是常见中英文发音相近名（见表4-12）。

表4-12 常见中英文发音相近名

Anna	安娜	Mira	米拉	Lara	拉拉
Emma	艾玛	Cindy	辛迪	Lena	莉娜
Ella	艾拉	Nancy	南茜	Lulu	露露
Lily	莉莉	Betty	贝蒂	Maggie	玛吉
Sally	莎莉	Tina	蒂娜	Sandy	桑迪
Dora	朵拉	Helen	海伦	Vicky	维奇
Hana	哈娜	Judy	朱迪	Hannah	汉娜
Lola	洛拉	Heidi	海蒂	Amber	安柏
Nora	诺拉	Ellen	艾伦	Sunny	桑妮
Rosa	罗莎	Sherry	雪莉	Bonnie	邦妮
Wendy	温迪	Cathy	凯西	Linda	琳达
Ruby	鲁比	Nina	妮娜	Heather	赫瑟
Cora	柯拉	Lucy	露西	Rosie	罗茜
Tara	塔拉	Nicole	妮可	Shirley	雪莉
Jenny	珍妮	Karen	凯伦	Winnie	温妮
Mona	莫娜	Holly	荷莉	Eve	伊芙
Rita	丽妲	Daisy	黛西	Debbie	黛比
Gina	吉娜	Zara	扎拉		

在AI起名体系中，"英文类-个性项-中英联动名"对应的特征如下。

影响对象：父母、本人与社会大众。

风险程度：低风险。

实现方式：人工判断、专家知识库、通用AI。

该项为选择项，分值范围为0到100。找到中英联动的名字较为困难，但若联动得当,不仅能为英文名增添魅力,也能提升中文名的价值。如果中英文名在意义或发音上相似,则可实现联动,得分为+100;否则为0分。寻找并评估中英联动名主要依靠主观判断,辅以通用AI。

评估法:选项。

分值范围:0到100。

实现难度:困难。

4.7 起名学派方法总结

以上便是对常用起名学派方法在不同维度上的详细展开与深入探讨。依据AI起名体系的实践需求,总结为起名学派方法总结表(见表4-13),这张表将成为我们AI起名实践的重要参考表。

表4-13 起名学派方法总结表

分类	学派方法	细项	评估法	分值范围	影响对象 本人	影响对象 父母	影响对象 社会大众	风险程度	实现方式	实现难度
传播类										
	发音		多种	-100到+100	×	×	×	高	简单判断、专家知识库、通用AI	容易
		无难读字或多音字	定值	0到100			×	高	简单判断、专家知识库、通用AI	容易
		音律美	扣分	100到0	×	×	×	高	简单判断、专家知识库	容易
		当地发音陷阱	选项扣分	-100到0			×	低	简单判断、专家知识库	容易
	书写		定值	100到0	×			高	简单判断、人工判断	容易
	记忆		定值	0到100			×	低	简单判断、人工判断、通用AI	中等
寓意类										
	名字含义		定值	0到100	×	×	×	高	人工判断、通用AI	困难
	性别倾向		扣分	0到-100	×		×	高	人工判断、通用AI	容易
	姓名协同		双面	-100到+100	×		×	高	人工判断、通用AI	容易

续表

分类	学派方法	细项	评估法	分值范围	影响对象 本人	影响对象 父母	影响对象 社会大众	风险程度	实现方式	实现难度
	宗教信仰		选项双面	−100到+100	×	×	×	中	人工判断、通用AI	容易
	方言表达		选项扣分	−100到0	×		×	低	人工判断	容易
个性类										
	与众不同，减少重名		扣分	100到0	×		×	中	简单判断、专家知识库	容易
	避开名人等专有名词		扣分	0到−100	×		×	中	人工判断、通用AI	容易
	体现家族特色		选项	0到100	×	×		中	简单判断、通用AI	容易
风格类										
	国风派		选项	0到100	×	×	×	低	人工判断、专家知识库、通用AI，以人为主导，以通用AI为辅	困难
	清新派		选项	0到100	×		×	低	人工判断、通用AI	中等
	文雅派		选项	0到100	×		×	低	人工判断、通用AI	中等
	浪漫派		选项	0到100	×		×	低	人工判断、通用AI	中等
	温暖派		选项	0到100	×		×	低	人工判断、通用AI	中等
	活泼派		选项	0到100	×		×	低	人工判断、通用AI	中等
	潮流派		选项	0到100	×		×	低	人工判断、通用AI	中等
	简约派		选项	0到100	×		×	低	人工判断、通用AI	中等
	力量派		选项	0到100	×		×	低	人工判断、通用AI	中等
英文类										
	传播项		扣分	100到0			×	高	简单判断、专家知识库、人工判断、通用AI	容易
	寓意项		双面	−100到+100	×	×	×	高	简单判断、专家知识库、人工判断、通用AI	中等
		含义	双面	−100到+100	×	×	×	中	人工判断、专家知识库、通用AI	中等
		起源、种族、宗教	双面	−100到+100	×	×	×	高	专家知识库	容易
		性别	双面	−100到+100	×		×	高	专家知识库	容易
		名与姓组合及其缩写	双面	−100到+100	×		×	低	简单判断	容易
	个性项		多种	−100到+100	×	×	×	中	简单判断、人工判断、专家知识库、通用AI	困难
		通用名	双面	−100到+100	×		×	中	简单判断	容易
		宝藏名	定值	0到100	×		×	低	人工判断、通用AI	中等
		中间名	选项	0到100	×		×	低	简单判断	容易
		拼音名	选项双面	−100到+100	×		×	高	人工判断、专家知识库、通用AI	中等
		中英联动名	选项	0到100	×	×	×	低	人工判断、专家知识库、通用AI	困难

Chapter 5

第五章

AI起名实践：
我的起名历程

实践是检验真理的唯一标准。

倘若第一章、第二章探讨起名和AI是整本书的灵魂，那么第三章的AI起名体系构建起这本书的骨架，第四章的起名方法学派则恰似书的血肉。有了它们，AI起名的整体已然初步显现出"人形"轮廓。如今，需要让整个"人"鲜活地动起来。本章将详细介绍AI起名体系的运行实践，阐述如何应用AI起名，力求起出佳名。

5.1 我的四段起名历程

AI起名体系是我30年来起名经验的结晶和成果。在介绍具体案例前，有必要回顾我经历的入门、精进、低谷和升华四个起名阶段。

5.1.1 入门：初尝帮人起名的喜悦

1994年我参加高考，在福建省闽南一个市获得全市总分第三名，我在小县城被广为宣传为"高考状元"，于是便有很多亲戚朋友慕名而来，找我帮忙给小孩起名字。

殊不知，高考成绩优异只因擅长读书，并不代表会起名，我对起名更是一无所知。然而，架不住亲戚朋友对"状元"的高度期待，我便买了几本起名的书，临时抱佛脚通读一番，依葫芦画瓢。当时的人对起名要求不高，半路出家的我也算勉强蒙混过关。

后来，我大学毕业后出国留学，然后工作，在美国认识了一些华人朋友。一类是和我一样赴美留学后工作的受到良好教育的朋友，他们一般在美国生小孩后都自己给孩子起了英文名，在交流时得知我以前还帮人起中文名，便咨询我如何给小孩起个中文名。另一类不是通过留学而是其他方式到美国，书读得不多的朋友，他们生小孩后也会请我帮忙起名。有时候有了中文名，他们想请我帮忙取个英文名，好给小孩申请社会安全号（相当于国内的身份证），有时候中英文名字都需要。

凭借国内几次起中文名字的经验，再加上我花了大量时间研究英文起名，形成了中英合璧、东西融合的优势，无论起中文名还是英文名，都能让朋友满意。因此，我的起名特长在朋友中广为传开，我在国外已为朋友起了不下十个名字。

每当我回老家过春节或返回美国老朋友聚会，碰到当初请我起名的亲戚朋友，他们都会热情地拉着小孩，感谢我当初给他们的小孩起的好名字。每当这时候，我都感到无比愉悦和满足。能用自己的知识帮助有需要的人，还能影响朋友的下一代并被人铭记一辈子，这是多么大的善举。这段经历便是我起名的入门阶段，也让我初尝了帮人起名的乐趣。

5.1.2 精进：深入系统学习起名方法

给女儿起名是我深入系统研究起名方法的最大动力。2008年9月，我即将第一次当父亲，兴奋与紧张交织之际，我开始筹划如何为我的第一个小孩起名。那时，我已有一定的起名经验，也深知名字的重要性，明白取一个好名字并非易事，取一个佳名更是难上加难。但是我愿意投入大量时间和精力，为即将出生的女儿，准备一份一辈子最珍贵的礼物，以体现我对她的爱。

我对女儿名字的重视程度一般人难以想象。为此我专门设立起名项目，并进行项目的时间管理。从项目启动到完成，我花费了整整6个月的时间，这段时间的投入足以完成一篇研究生水平的毕业论文。

在前两个月，我的重点放在系统、全面且深入地掌握古今中外所有的命名方法和学派上。虽然我以前对起名方法和学派有所耳闻，但仅仅是略知皮毛。如今轮到给自己孩子起名，我的要求更加严格，必须对所有起名方法和学派了如指掌。这些方法和学派，有古代常见的起名学派也有现代的起名方法。

除了中文起名，我还研究了大量的英文起名，系统了解英文起名习惯，理解英文名的历史、含义、起源、种族、宗教和性别特征。

通过大范围、高强度学习，我的最终目标是对每一个起名方法和学派的特点了如指掌。每一个起名方法和学派就像兵器库里陈列的武器，我需要掌握每件武器的特性，如此才能十八般武艺样样精通，才能在起名时得心应手，收放自如。

在第3和第4个月，确定起名需求，并储备相应的知识。每个孩子都是独一无二的，性别、种族、国籍、宗教、家庭背景和父母愿望等差异，使得父母的起名需求千变万化。起一个好名字的前提是确认父母对孩子名字的要求，并对这些要求进行排序。

提出各种起名要求并非难事。大多数父母都会意识到名字的重要性，因此会对孩子的名字提出各种要求。然而，好名不易，佳名难得。在实际起名中，由于各种条件的限制，很难满足所有要求，尤其是在2008年，AI刚处于机器学习的早期阶段，还未展现出其强大功能。许多起名要求本质上相互冲突，因此对要求的排序和取舍比确认要求更难。

以我女儿的名字为例，经过筛选和排序，我最终聚焦于以下几个要求：传播上要音、形、意完美结合，寓意丰富且个性独特，便于记忆；风格上要体现国风，展现女性的文雅与清新；尽量实现中英联动。

特别说明，最后一个中英联动是较为特殊的要求。之前为国内亲戚朋友起名时，他们只需中文名。在美国，我为朋友的孩子起名时，虽然也有中英双名的需求，但他们通常以英文名作为官方登记名，以中文名为辅。如今我女儿出生在美国，还计划随她母亲回中国台湾入籍，因此中文名和英文名同等重要。此外，由于中国台湾地区使用繁体字，增加了我为女儿起名的难度。

要求确定后，就要根据要求去收集整理资料，进行知识储备。例如在国学法起名中，要求对《诗经》《楚辞》《论语》《庄子》和唐诗宋词等有一定的了解。虽然以前我对这些古文或多或少有所涉猎，但是为了起名时得心应手，必须重读一遍。起英文名要使用英文名库，为了方便查询和统计，我花了大量时间收集整理4万多个英文名字的含义、起源、种族和性别，并加上音节、长度、发音等数据，形成一个实用的英文名数据库。譬如，为了让名字有个性而不流于世俗，还要收集中美近十几年高频名字。诸如此类，不胜枚举。

起名需求是菜谱，知识储备是食材，起名方法是厨艺，前面四个月仅仅了解菜谱、准备食材、学习厨艺，都属于耗时耗力的准备阶段。但是磨刀不误砍柴工，有了充分的准备工作，后面的起名实操才能顺利进行。

后面两个月的起名实践工作，就是将食材按照菜谱，通过厨师的手艺做出最美味的菜肴。起名和厨艺不同的是，起名需要不断重复做出不同的菜，不断品尝、比较、抛弃，然后重来，直到满意。

具体而言，当时我按照既定需求和自己的知识储备，运用选定的取名法创造出中英文名各50多个。然后进行一轮又一轮的测试、评价、筛选、删除和补充。不仅仅是自己做，还请亲人、朋友和论坛上的起名爱好者、专家提出不同建议，最终精选出3组名字。然后在这3组名字中，进行更加严格、彻底和全面的综合评估，确保万无一失。给女儿起名字毕竟是一辈子一次的事，我丝毫不敢大意。最终，在女儿出生之前，我选出一组满意的中英文名字。

这个过程颇为熬人，投入的时间和精力巨大，涉猎范围极广，涵盖历史、文学、社会、传播、心理、统计等领域，但我获得的回报十分惊人。

最直接的回报在于，在我女儿还没降临的时候，我已经给她准备了可以用一辈子的佳名，其独特性、寓意、品位和传播等各方面都达到让我满意的最佳平衡。间接的成果则是，我的起名技能经历了一次全面、系统、深入的实践，从此脱胎换骨。虽不敢妄称起名水平顶尖，但至少当别人夸赞我为"起名专家"时，我不会再像以前那样心虚了。

当时我在纽约的华尔街投行工作，我的起名技能在公司内部传播开来，大家都很惊讶我拥有这样的取名技能和数据资料。我们部门的同事生小孩时，都会来找我咨询。当时的世界经济在2008—2009年华尔街金融风暴的冲击下摇摇欲坠，我在的利率和信用衍生品相关部门，正处于风暴眼中心。包括我在内的同事都人心惶惶，生怕有一天失去工作。一位怀孕的韩国女同事请我帮她给即将诞生的儿子起英文名字。她安慰我："别怕，你还有起名的特殊技能，失业了大不了开个起名咨询业务。如果嫌麻烦，就卖你收集的起名数据库或软件，或者出本起名书。"我把她的话当作安慰，笑了笑，没想到多年前她关于我"出本起名书"的预言，如今竟一语成谶。

5.1.3　低谷：一头撞上起名的厚墙

2011年，我的儿子出生。那时的我在起名上已经小有所成，不论理论还是技巧都达到专业水平，并且积累了多年的实践经验。因此，我给儿子取名时显得颇为得心应手，所耗费的时间也从之前给女儿取名的六个月缩短至三个月。凭借之前给女儿起名所打下的扎实基础，在给儿子起名时，前两个月的系统学习起名方法便可以省略，毕竟我对各种起名学派的理论和实践技巧已经了然于胸。确认起名需求和储备相应知识与数据阶段所需时间，也从两个月缩减到一个月。

对儿子的起名需求与对女儿的起名需求大同小异：在传播方面，依然要求音、形、意的完美结合，要有寓意、有个性、不通俗且便于记忆，风格上要以国风为底蕴，兼顾男性的温文儒雅。最大的区别在于：儿子的名字更加注重实用性和传播性，需要体现与姐姐及家庭的关系，同时尽量做到中英文名联动。在女儿的名字中，中英文名联动不是非常完美，留下些遗憾，因此我希望儿子的名字能做到完美。然而，随着这几条限制性很强的需求的出现，给儿子起名的难度急剧增加。

在确定需求和储备知识与数据阶段后，我依然耗费了两个月时间，创造出30多个候选名，经过一轮又一轮对比、筛选和评估，不得不在体现家庭关系和中英文名联动之间取舍，最后选择了前者，放弃了后者。因为儿子未来以中文登记户口，官方并不要求登记的中文名与英文名有特定联系。也就是说，中英文名联动更多是个人喜好，而非官方要求。最终，在各种取舍中，我给儿子起了令我满意的名字，尽管依然有些许遗憾。

在给儿子起名及之后几年的起名实践中，我经常被几个起名问题困扰，仿佛撞上了一堵无形的墙，阻碍我起名技艺的进一步提升。

第一个困扰：缺乏名字价值评估体系。

随着起名数量的增多，我越发觉得名字的好坏是一个极为主观的判断。例如，我费尽心力给女儿和儿子所取的自认为的佳名，在别人眼中或许只是一般的名字。而有些父母在起名网站上付费请人起名，在我看来这些名字千篇一律，甚至漏洞百出，但我又不好意思点破。毕竟这也只是我的主观感觉，没有客观的名字价值评估体系来支持我的判断。

没有名字价值评估体系，就无法客观对比名字之间的优劣。比如在挑选名字时，我为何选择这个名字而放弃另一个？这个名字到底好在哪里？又好多少？我只能凭感觉。

没有名字价值评估体系，就无法体现起名专家所创造的价值。例如，一个从未谋面的陌生人请我帮忙起名字，我可以几分钟随手起一个名字；但他或许坚持要付费请我起名，我可能会像给自己孩子起名一样，花3个月时间精心琢磨一个佳名。若没有名字价值评估体系，如何衡量我为他人提供的价值，如何让对方觉得"名"有所值？

缺乏名字价值评估体系，父母在起名上常常自作主张。一个完整名字的价值必须考虑使用者（小孩）、起名者（通常是父母），以及社会大众在时间维度上的价值。由于起名时，小孩刚出生或尚未出生，父母便成为名字的决定者。许多父母忽视了名字的主体和社会大众，忽视名字的时间价值，过于以自我为中心或短视，起名时只考虑自身的价值和短期利益，造成小孩长期被不合适的名字困扰，或长大后名字变得不合时宜，或大众无法接受，最终不得不去改名。

然而，起名本身就是一项极具艺术性的创作，要客观量化艺术创作成果谈何容易？

第二个困扰：起名需求愈发复杂，如何取舍、排序。

在起名实践中，我碰到的问题并非需求不明确，而是需求过多，甚至相互冲突，比如个性类与风格类，以及英文名与中文名之间的冲突。如何科学、客观地协助起名者排序甚至取舍？这着实是个大难题。

第三个困扰：如何协调父母与起名专家之间的关系。

给小孩起名是父母被赋予的神圣荣誉与责任，也是父母给小孩最好的礼物。如果父母不愿意花心思而去寻求起名专家的帮助，起名专家岂不是替代了父母，显得喧宾夺主？如何既能帮助父母起名，又能让父母参与其中，而不越俎代庖？

第四个困扰：在起名时涉及范围极广，缺乏跨领域工具。

起名涉及历史、文学、社会、传播、心理、统计等多个领域。然而，每个人的精力和时间有限，再加上专业背景的限制，很难做到样样精通。即便我如此好学，勤于跨多个学科钻研，也无法成为每个领域的专家。并不是每个人都能像我一样，为了给子女起名花费这么多时间和精力。是否存在跨领域的万能工具，可以降低起名的门槛，提高起名效率呢？

第五个困扰：怕错过最好的名字。

越是想起一个好名，投入的心血越多，越担心错过最好的名字。我十分害怕因为我的疏忽，错过本应被我发现的好名字。我一直担心，有一天在频繁的起名实践中，偶然发现比我子女名字更好、更适合的名字，那时我一定会后悔莫及，而名字已登记入册，除了遗憾别无他法。有没有办法在一开始就能确定，我选的名字是最好的名字呢？

这些困扰仿佛一座座无法跨越的高山，面对问题时的无力感压得我喘不过气来。自从儿子出生后，我刻意减少帮助别人起名，最多只帮人点评名字，即便如此也是惜墨如金。后来我回国在金融科技领域创业，创办财经自媒体，攻读全职金融博士等，忙得不亦乐乎，起名兴趣逐渐减弱，起名技能也被荒废、雪藏，进入了漫长的低谷期。

5.1.4 升华：AI加持，凝练成书

2023年，OpenAI推出ChatGPT，掀起轰轰烈烈的生成式AI浪潮。基于大语言模型的ChatGPT能够像人一样灵活地回答各种问题，甚至能进行写作、绘画和视频创作，用技术和算法实现艺术的创造，这让我为之深深着迷，乃至废寝忘食。

随着我接触ChatGPT的时间越久，我越来越发现生成式AI和起名之间的共同点，两者皆通过学习，在给定输入下输出文字。但两者的学习内容、输入要求和输出结果各不相同。可以说，起名是生成式AI的一个特例。因此，起名在理论上可以借鉴生成式AI的原理。

随着我深入学习生成式AI的内核和原理，我渐渐明白，生成式AI的核心大模型，其魅力在于用数字量化主观，用技术量化艺术，把一切转化为数字和概率的计算，从而实现对人类思维和创造力的数字模拟。大模型的数字化思考过程，离不开深度学习，特别是神经网络学习，其基本原理是神经网络感知机。通过这一原理，生成式AI可以将难以捉摸的主观判断转化为客观数字，用于计算概率，从而选出最符合人类思维的答案。

神经网络感知机原理可以应用于人名的价值评估，从而能够客观比较名字的好坏，体现起名创造的价值，并平衡三类使用者的价值。（详见3.2节和3.4.2节。）

大模型的迅猛发展，主要得益于其采用了Transformer和Attention注意力

机制。该机制通过学习人类在自然语言中对词的注意力分布而形成。同时，生成式AI需要大量学习人类灵活多变的自然语言，借助词嵌入技术，将一个词在复杂关系中进行多层次维度化。我们可以借鉴注意力机制对复杂的起名需求进行排序（详见3.4.3节），同时应用词嵌入，对与起名需求一一对应的各种起名方法和学派进行维度化（详见3.3节）。

令人惊叹的是，目前人类找到的最佳AI使用模式——Copilot副驾辅助模式，也可以应用于协调父母与起名专家之间的关系（详见3.6节）。

生成式AI的原理不仅可以应用于起名领域，其还能学习全人类所有知识，本身就是一个极其强大的工具，能够满足起名者跨学科、多领域的需求，大幅降低了起名的门槛。

AI不仅在"道"即原理层面启发了我的起名思路，而且在"术"即工具层面助力我增强起名的能力。以人为主，以AI为辅，不仅能找到好名，还能穷尽所有名字空间，最终找到一个佳名。

AI的出现令我茅塞顿开，助力我跨越此前那些难以攻克的几座大山。正当我为此兴奋不已，准备重新开启起名实践之际，上天眷顾，又送给我一份大礼。在2023年底，我得知我的第三个小孩，即我的小女儿，将于2024年夏秋之际降临。

天时、地利、人和，我刚好可以将领悟到的、全新的AI起名体系实践于小女儿的起名上，同时也产生了将AI起名的理论与实践凝练成这本书与大家分享的想法，做到起名和写书齐头并进。所以本章接下来的内容，便是详细且全面地演示我如何使用AI起名体系，为我的小女儿找到最好的名字。

我原以为自己已经领会AI原理，熟练使用AI工具，再加上对起名技巧的掌握和多年经验，落笔成书应是轻而易举之事。然而，我还是远远低估了写书的难度。写书充满挑战，不仅因为将构思转化为文字的过程需要深思熟虑和深入探索，还必须兼顾读者的理解，满足不同读者的需求。不仅要知其然，更要知其所以然，还要深入浅出、通俗易懂。

如果说15年前给大女儿起名的工作量相当于写硕士水平的毕业论文，给我儿子起名的工作量相当于写本科水平的毕业论文，那么这次给小女儿起名的难度堪比写博士毕业论文。有趣的是，我有三个学位，写了三次毕业论文：经济学硕士论文耗时近6个月，计算机硕士论文耗时3个月，金融博士论文则花费了2年。刚好对应我给大女儿起名花了6个月，给儿子起名花了3个月，而给小女儿起名和写书共耗时1年。如果算上之前学习AI的1年时间，总共也是2年。这真是一个神奇的巧合。

为了给小女儿起一个佳名，也为了使这本书的内容更有深度和应用范围更广，我学习了麻省理工学院计算机系的深度学习网络公开课（MIT Deep Learning 6.S191）和斯坦福大学计算机系的Transformer综合课（Stanford CS 25 Transformers United）这两门公认的权威的也是极难的AI专业课。为了深入调用AI库并整理起名专家数据库，我学习了强大的Python编程语言。为了灵活使用起名专家数据库，我温习了数据库操作语言SQL。为了让不懂编程的读者也能灵活使用大模型对话框，我在Coursera这个全球最大的在线课程平台上学习了大语言模型高级提示语课程（LLM Advanced Prompting Course），还阅读了数十本起名专业著作。

如果你是一位普通读者，只想通过AI起名体系起一个好名或佳名，那你不需要学习以上的AI、编程和起名专业知识，这些我都用浅显易懂的语言写在本书的前面几章，你只需要通读本书前面的章节，并按照这章接下来演示的案例，按部就班，就能起个好名、佳名。在本章后续我给小女儿起名的案例中，若需要用到特殊AI、编程和起名专业技能，我会在步骤中注明，并提供其他可行的替代方案。

5.2 第一步：准备基础知识和规划流程

你迫不及待，准备为你的小孩起个好名、佳名吗？别着急，除非你寻求专业帮助，咨询可靠的起名专家，否则你需要具备以下的基础知识。

第一，深刻领会名字的重要性与起好名的难度。这要求你从第一章内容中理解名字的本质和含义，了解名字包含诸多重要信息，意识到名字的重要性，体会到父母给小孩起名的神圣与重大责任，认识到名字是父母给小孩最好的礼物。同时，你也应该知道，起名难，起好名更难，起佳名更是难上加难。原因之一是父母起名时过于在乎自己的感受，忽略了孩子的未来及社会大众的接受程度；原因之二是父母未意识到名字的时间价值和发展规律，目光短浅，追求一时潮流。这两点是起名时父母需要特别注意的。

第二，了解生成式AI，洞悉其优缺点，并懂得在大模型对话框与之简单对话。至于什么大模型好用，仁者见仁，智者见智。我一般使用ChatGPT付费版，2025年DeepSeek横空出世后我也开始频繁使用，同时也用Kimi（由月之暗面公司提供）、Coze（由字节跳动提供）、文言一心（由百度提供），毕竟后四个大模型都以中文为主，且提供很多ChatGPT没有的功能，比如实时联网搜索等。你不需要成为AI专家，只需通读第二章，深入浅出地认识AI。同时，也要明白AI与文化、起名之间的关系。

第三，对起名的学派和方法有初步认知。常见的起名方法和学派都详细归纳在第四章。为了节省时间，你无需从头到尾细读第四章。你可以先看4.1节，以获得初步了解。然后根据自己的喜好和兴趣，在接下来的几节中挑选几节重点阅读。最后，别忘了查看4.7节的总结，表4-13极为重要。

第四，了解并运用AI起名体系。第三章主要讲解AI起名体系。为了让读者能全面理解 AI 体系的由来、构成和运作原理，第三章包含很多 AI 的技术原理。虽然我已尽量使其通俗易懂，但理解技术原理仍有一定难度，如果看不懂也完全没有关系，只要掌握 3.5 节 AI 体系的使用流程及其优点即可。特别要掌握 AI 起名体系原理图，因为它是后续步骤的框架。

第五，需规划起名的时间和进程。每个人精力、时间都有限，并非每个人都愿意如我一般花大把时间研究起名，并把它当成兴趣爱好甚至副业。此外，给新生儿起名有时间限制，我国通常规定在新生儿出生 1 个月内办理出生证明，3 个月内办理户口登记。

一般人依据本书的 AI 体系和流程起个好名，至少需要一个月时间，每天花费至少一个小时，这个时间涵盖了读懂前面章节的准备时间和后续操作时间。有些人追求精益求精，可以规划三个月甚至六个月时间。

要注意，名字可以在小孩出生前准备好。家长可以选择在小孩出生前，利用充裕的时间准备一男一女两个名字；或者先完成能做的准备工作，然后在孩子出生后立即着手实践。

5.3 第二步：收集基本资料和排序需求

5.3.1 收集基本资料

在开始提起名需求之前，首先问自己：你了解自己和自己的家庭吗？答案当然是肯定的。即便如此，仍然需要将给小孩起名的基本资料记录下来，或许你会发现一些有可能被忽略甚至未曾注意到的与孩子名字相关的细节，如宗教、民族和方言等。记录起名基本资料对于给非本人的小孩起名更为重要。如果你帮助别人起名，了解对方的资料是最基本的一步。

以下是我为小女儿整理的起名基本资料（见表 5-1）。

表5-1 起名基本资料

孩子			备注
	性别	女	可选男/女或者未知
	姓	蔡	有些姓氏跟母亲
	出生	2024年8月—9月（预计） 2024年8月23日 17:46	生肖法、生辰八字、星座可能用到
	出生国\国籍	中国	决定中英文名哪一个为重点
	出生地方言	闽南话	方言对名字发音、传播的影响
	民族、宗教	汉、无	民族宗教对名字的意义、影响
	姐兄名字	姐：蔡茗语 Lindy Cai 哥：蔡明哲 Kaiser Cai	家庭关系对起名的影响
	特别注意	未来可能在国外登记身份，需要登记汉语拼音，拼音和英文名同等重要	特殊要求，有些有族谱要求，有些有英文特殊要求
父亲			
	姓名中英文	蔡凯龙 Kai Long Cai	忌讳和父母中英文名重复
	民族、宗教	汉、无	民族宗教对起名的影响
	方言	闽南话	方言对名字发音、传播的影响
	三代亲属名	爷爷：蔡清源 奶奶：梁丽珠 姑姑：蔡惠娟 表姐：周欣悦 爷爷奶奶辈的亲戚：…… 父亲辈的亲戚：…… 祖父祖母辈亲戚：……	尽量避免和三代以内亲属的名字重合
母亲			略，同上
	姓名中英文	× ×	
	民族、宗教	汉、无	
	方言	……	
	三代亲属名	……	

5.3.2 需求的整理

接下来需要收集起名需求。这些需求主要源于三类人。

首先，也是最重要的一类，即父母。要注意，提出起名需求时需耐心，多花时间详细考虑，避免过于匆忙而忽略重要因素。此外，需求的提出和排序应由父母双方共同参与，并达成一致。这一点极为重要。我见过许多夫妻，一方一开始说"你来取孩子名字吧"，但当另一方起好名字要登记出生证明时，没有参与的一方却开始发表意见，指出这名字不好。父母因对小孩名字意见不合而争吵的情况并不少见。因此，从需求的整理到排序，父母双方必须参与并最终达成一致，以排除后续的隐患。

其次，起名时可以询问孩子的爷爷奶奶、亲戚和朋友，他们或许会提供一些经验，例如，当地方言忌讳、族谱中每一辈的用字等。父母应虚心听取，根据自己的情况决定是否采纳。

最后，父母也可以咨询可靠的起名专家，他们经验丰富，可以提供宝贵建议，指出起名中可能存在的问题，避免踩坑，造成不可挽回的大错。

父母凭空想出完整且详细的起名需求可能并不容易，需要花时间与配偶充分讨论。不过，有一个快捷简便的方法：从结果倒推输入。在 AI 起名体系中，起名需求属于输入，最终需要维度化和参数化才能输入 AI 起名系统（详见 3.5.1 节）。读者可以反过来，利用维度化后的总结表（详见 4.7 节）来挑选适合自己的需求项。

挑选总归比创造容易得多。而且，这张表涵盖了大部分常见的起名方法和学派，无需担心会遗漏。万一确实有特定的起名方法和学派不在表格里，你也可以将其增加进去，或自行创立一类。例如，一些少数民族如藏族可能有特殊的起名要求，可以自创一类，以涵盖相关的起名需求。我为小女儿起的英文名要求体现姐妹关系，而该要求未在列表中，我将其添加至"英文类—个性项—体现家族特色"中。

无需担心对表格的更改会影响 AI 起名体系。AI 起名体系模仿 AI 采用的神经网络机制，对输入的要求极为宽松，可以灵活应对各种输入需求。

以我小女儿为例，起名需求表如表 5-2 所示。

表5-2 小女儿的起名需求表

选择	分类	学派方法	细项	评估法	分值范围	影响对象本人	影响对象父母	影响对象社会大众	风险程度	实现方式	实现难度
	传播类										
√		发音		多种	-100到+100	×	×	×	高	简单判断、专家知识库、通用AI	容易
√			无难读字或多音字	定值	0到100			×	高	简单判断、专家知识库、通用AI	容易
√			音律美	扣分	100到0		×	×	高	简单判断、专家知识库	容易
√			当地发音陷阱	选项扣分	-100到0			×	低	简单判断、专家知识库	容易
√		书写		定值	100到0	×			高	简单判断、人工判断	容易
√		记忆		定值	0到100			×	低	简单判断、人工判断、通用AI	中等
	寓意类										
√		名字含义		定值	0到100	×	×	×	高	人工判断、通用AI	困难
√		性别倾向		扣分	0到-100	×		×	高	人工判断、通用AI	容易
√		姓名协同		双面	-100到+100	×		×	高	人工判断、通用AI	容易
		宗教信仰		选项双面	-100到+100	×	×	×	中	人工判断、通用AI	容易
√		方言表达		选项扣分	-100到0			×	低	人工判断	容易
	个性类										
√		与众不同，减少重名		扣分	100到0	×			中	简单判断、专家知识库	容易
√		避开名人等专有名词		扣分	0到-100	×			中	人工判断、通用AI	容易
√		体现家族特色		选项	0到100	×	×		中	简单判断、通用AI	容易
	风格类										
√		国风派		选项	0到100	×			低	人工判断、专家知识库、通用AI、以人为主导，以通用AI为辅	困难
√		清新派		选项	0到100	×			低	人工判断、通用AI	中等
		文雅派		选项	0到100	×			低	人工判断、通用AI	中等
		浪漫派		选项	0到100	×			低	人工判断、通用AI	中等
		温暖派		选项	0到100	×			低	人工判断、通用AI	中等
		活泼派		选项	0到100	×			低	人工判断、通用AI	中等
		潮流派		选项	0到100	×			低	人工判断、通用AI	中等
		简约派		选项	0到100	×			低	人工判断、通用AI	中等
		力量派		选项	0到100	×			低	人工判断、通用AI	中等
	命理类										
		三才五格法		选项双面	-100到+100	×	×		可高可低	简单判断、专家知识库、通用AI	容易
√		生辰八字五行法		选项双面	-100到+100	×			可高可低	专家知识库、人工判断、通用AI	中等
		生肖法		选项双面	-100到+100	×			可高可低	简单判断、人工判断、专家知识库、通用AI	容易
		周易八卦法		选项双面	-100到+100	×			可高可低	专家知识库、通用AI	困难
	英文类										
√		传播项		扣分	100到0			×	高	简单判断、专家知识库、人工判断	容易
√		寓意项		双面	-100到+100	×	×	×	高	简单判断、专家知识库、人工判断、通用AI	中等

续表

选择	分类	学派方法	细项	评估法	分值范围	影响对象 本人	影响对象 父母	影响对象 社会大众	风险程度	实现方式	实现难度
√			含义	双面	-100到+100	×	×	×	中	人工判断、专家知识库、通用AI	中等
√			起源、种族、宗教	双面	-100到+100	×	×	×	高	专家知识库	容易
√			性别	双面	-100到+100	×	×	×	高	专家知识库	容易
√			名与姓组合及其缩写	双面	-100到+100	×	×	×	低	简单判断	容易
√	个性项			多种	-100到+100	×	×	×	中	简单判断、人工判断、专家知识库、通用AI	困难
√			通用名	双面	-100到+100	×	×	×	中	简单判断	容易
			宝藏名	定值	0到100	×	×	×	低	人工判断、通用AI	中等
			中间名	选项	0到100	×			低	简单判断	容易
			拼音名	选项双面	-100到+100	×		×	高	人工判断、专家知识库、通用AI	中等
			中英联动名	选项	0到100	×	×	×	低	人工判断、专家知识库、通用AI	困难
√			体现家族特色	选项	0到100	×	×		低	人工判断、专家知识库、通用AI	困难

上述我对小女儿的起名需求，体现出重视个性和英文的特点，这与小女儿的情况有关。她有姐姐和哥哥，需要突出家庭关系，而她未来也会频繁使用英文名，因此英文名的重要性提高。这就是为何第一步需要收集基本资料。每个小孩都是独一无二的，父母对小孩名字的需求也千差万别。我对小女儿的起名需求可以作为参考，但不应完全照搬，而应根据小孩特征确定相应的需求。

注意在选择起名需求项时，如果对应的评估法含有选项，那就说明它是个选择项，读者可根据需要选择采用或者不采用。但如果该项没有注明选项，则默认为必选项，建议都要选。例如，"传播类—发音—无难读字或多音字"，这个需求无论是否选择，都会严重影响名字的传播价值，因此建议务必选择。也许你觉得此项不重要，可以在下一步排序中将其放在不重要的位置，但千万不要放弃此类必选项。

5.3.3 排序需求

选定需求后，接下来是更为复杂的步骤：排序。父母希望为小孩起一个完美的名字，因此所有的起名要求似乎都显得至关重要。然而，在现实中，一个名字无法同时满足所有需求，因此需要权衡，调整需求的重要性，这也是AI起名体系中，起名需求借鉴注意力机制进行排序参数化的原因。（详见3.4.3节）

在这里，我采用分组法。首先，打破类别界限，依据重要性将每个起名学派、方法及细项分为三组。第一组：非要不可。此组要求必须满足，否则起名将被视为失败。我选择了6项，总共占60%，每项权重为10%。第二组：重要。这类要求对名字至关重要，满足这些要求将显著加分，否则可能会大幅减分。第三组：可有可无。这类要求若能满足则更佳，不能满足也可以勉强接受。

注意要确保三组的均衡，切勿将所有要求集中于第一组，以免失去排序的意义。同时检查影响对象的三类分布。在正常情况下，个人和社会大众应占大多数，父母的比重应最小，切勿本末倒置。

小女儿的起名需求排序表如下（见表5-3）。

表5-3 小女儿的起名需求排序表

分组	起名学派和方法		权重	评估法	分值范围	影响对象			风险程度	实现方式	实现难度
						本人	父母	社会大众			
非要不可	个性	体现家族特色	10%	选项	0到100	×	×		中	简单判断、通用AI	容易
	传播	记忆	10%	定值	0到100			×	低	简单判断、人工判断、通用AI	中等
	寓意	名字含义	10%	定值	0到100	×	×	×	高	人工判断、通用AI	困难
	英文	个性项	中英联动名	10%	选项	0到100	×	×	低	人工判断、专家知识库、通用AI	困难
	风格	国风派		10%	选项	0到100			低	人工判断、专家知识库、通用AI、以人为主导，以通用AI为辅	困难
	个性	与众不同，减少重名	10%	扣分	100到0			×	中	简单判断、专家知识库	容易
重要	传播	发音	无难读字或多音字	3.3%	定值	0到100			×	高	简单判断、专家知识库、通用AI	容易
	传播	发音	音律美	3.3%	扣分	100到0			×	高	简单判断、专家知识库	容易
	寓意	性别倾向		3.3%	扣分	0到-100			×	高	人工判断、通用AI	容易
	英文	传播项		3.3%	扣分	100到0			×	高	简单判断、专家知识库、人工判断、通用AI	容易
	英文	个性项	体现家族特色	3.3%	选项	0到100	×	×		低	人工判断、专家知识库、通用AI	困难
	英文	个性项	宝藏名	3.3%	定值	0到100			×	低	人工判断、通用AI	中等
	英文	寓意项	含义	3.3%	双面	-100到+100	×	×	×	中	人工判断、专家知识库、通用AI	中等
	英文	寓意项	性别	3.3%	双面	-100到+100			×	高	专家知识库	容易
	英文	寓意项	起源、种族、宗教	3.3%	双面	-100到+100	×	×	×	高	专家知识库	容易

续表

分组	起名学派和方法		权重	评估法	分值范围	影响对象			风险程度	实现方式	实现难度
						本人	父母	社会大众			
可有可无	风格	清新派	1%	选项	0到100	×	×	×	低	人工判断、通用AI	中等
	英文个性项	中间名	1%	选项	0到100			×	低	简单判断	容易
	传播	书写	1%	定值	100到0			×	高	简单判断、人工判断	容易
	个性	避开名人等专有名词	1%	扣分	0到-100			×	中	人工判断、通用AI	容易
	英文个性项	通用名	1%	双面	-100到+100	×		×	中	简单判断	容易
	命理类	生辰八字五行法	1%	选项双面	-100到+100	×	×		可高可低	专家知识库、人工判断、通用AI	中等
	寓意	方言表达	1%	选项扣分	-100到0			×	低	人工判断	容易
	寓意	姓名协同	1%	双面	-100到+100			×	高	人工判断、通用AI	容易
	传播	发音	1%	选项扣分	-100到0			×	低	简单判断、专家知识库	容易
	英文	寓意项	名与姓组合及其缩写	1%	双面	-100到+100	×		×	低	简单判断	容易

"个性-体现家族特色"被排在第一组，这是因为我希望在小女儿的名字中体现她与姐姐和哥哥的关联。

"传播-记忆"作为第一组中的唯一传播类，反映出我认为名字最重要的目的在于传播和易于记忆，突出名字的实用性。当然，发音和书写也很重要，但由于第一组位置有限，易于记忆的名字通常发音和书写也较为简单。现代社会中，除了签名，书写的机会已大幅减少，因此将相对非必需的发音放在第二和第三组，书写放在第三组。

"寓意-名字含义"被公认为必不可少的起名重点，它直接体现了名字的心理认同。

"风格-国风派"被排在第一组，是因为小女儿姐姐和哥哥的名字均采用国风派，故而延续这一风格。同时，国风派的起名风格最能体现名字的文化传承和艺术特点，也是所有风格中最难实现且最具有挑战性的。

"个性-与众不同，减少重名"被排在第一组，因为如今名字重名率逐渐增加，削弱了名字的基本身份标志和个性体现两大功能，因此将此项放在第一组。

"英文-个性项-中英联动名"被排在第一组，因为小女儿未来可能需要用英文名在国外登记，中英文名同样重要。同时，考虑到我对大女儿和儿子名字的中英文名联动不够满意，带有遗憾，因此将此项提升至必需的最重要级别。

第二步至此结束。在此再次提醒，需求的收集和排序需花费更多时间，要与配偶、亲戚朋友多进行沟通与讨论；如有可能，咨询专业的起名专家也是明智的选择。因为需求的排序和整理犹如建筑的设计图，一旦确定，名字这座楼的框架和轮廓便基本定型，后续施工若需更改设计图将是一项巨大工程。

5.4 第三步：确定候选名单并维度化候选名

我们回顾一下AI起名体系原理图，5.3节完成了需求排序和参数化，获得了计算每个名字价值（即评分值）所需的方法和参数，完成了AI起名体系原理图后面三分之一。接下来，我们将完成前面的三分之一，即根据需求确定候选名单，并对每个候选名进行维度化，以便下一步的评估和计算，即中间部分的三分之一（见图5-1）。

起好名字可以分为两个层次：起佳名和起绝佳名，分别对应两种确定候选名单的方法，创造法和穷尽排除法。

起佳名对应的是创造法，即根据需求创造出好名、佳名的候选名单，但这种方法无法保证涵盖所有满足条件的名字。另一种是追求起绝佳名，采用的是穷尽排除法。要根据需求，从整个名字空间中排除不符合条件的名字，剩下的即是绝佳名的候选名单，确保包含所有满足条件的名字。

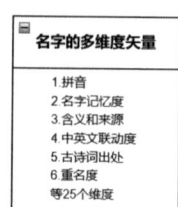

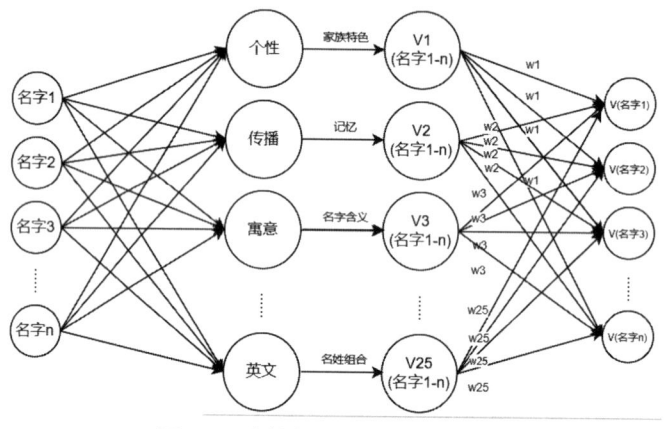

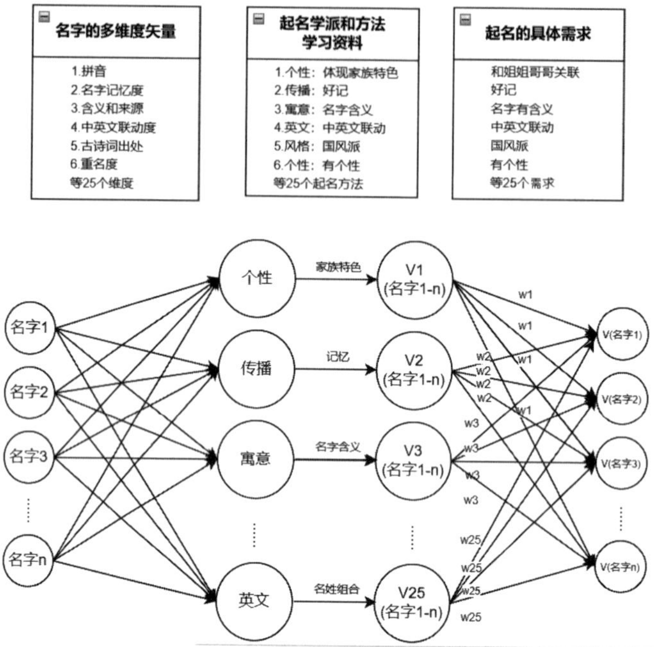

图 5-1 案例中的 AI 起名计算流程图

通过穷尽排除法起绝佳名的要求较高：需要明确的可量化需求、完善的专家数据库、高级 AI 的调用能力及基本的编程和数据库检索知识。理论上，在满足上述条件的前提下，我们可以通过程序自动实现起绝佳名的全过程。由于名字空间的数量是有限的（例如，两个字的中文名最多约 6500 万个），只要提供足够的算力和时间，程序就能穷尽整个名字空间，找到绝佳名。

当然，这只是理论上的可能，现实中几乎无法实现。

首先，并不是所有需求都能被明确量化。有些需求相对简单，能够直接量化，如英文名的性别、起源、种族和宗教，发音无难读字或多音字。然而，有些需求非常主观，难以量化，比如国风派、清新派等。

其次，在评估每个名字的过程中，无法完全通过程序自动化实现。在 5.3 节得出的需求表中，许多实现方式仍需要依赖人工。

再次，有些主观的人工判断可以借助通用AI实现，如通过程序调用ChatGPT、DeepSeek获取答案。但通用AI的不稳定性、幻觉现象和黑盒子问题，严重限制了大规模调用通用AI获取结果的实用性。

值得庆幸的是，我们使用AI的基本原则是以人为主，以AI为辅。我们依然可以使用穷尽排除法，在AI的强大能力下，在人的监督指导下，有技巧地找到绝佳名。

在我给小女儿起名的案例演示中，为了起绝佳名，我采用了穷尽排除法，并辅以专家知识库、通用AI和编程等。我会在本节中展示起名的过程和结果。考虑到普通读者不一定具备这些技能，我也将提供一些简单可行的替代方案。

5.4.1 逆向思维：寻找需求突破口，压缩名字空间

我们的目标是在庞大的名字空间中找出绝佳名，这如同大海捞针。然而，我们可以借助需求列表，找到相对明确的需求突破口，运用逆向思维，对名字空间进行极限压缩，大幅缩减候选名，达到较易操作的较小数量级别。

首先，我们将目光投向第一组需求。这一组需求最为重要，限制性最强，否则不会归入"非要不可"组。此时，我们可以从"实现难度"为"容易"的需求项入手，从需求表中筛选出"个性-体现家族特色"和"个性-与众不同，减少重名"两项，它们均属于第一组且相对容易实现。

根据4.4.1节的原则，体现名字个性并减少重名，首先要结合姓氏特点选择名字的字数，其次应避开常用名和常用字。根据公安部2020年公布的全国姓氏排行榜，"蔡"姓排在第38位，属于较为常见的百家姓。为了避免重名，必须避开单字名，且考虑到与姐姐、哥哥的双字名保持一致，因此也选择双字名。

同时，小女儿的姐姐名为"蔡茗语"，哥哥名为"蔡明哲"。为了体现家族特色，我小女儿的名字中第二个字需要发音为"Ming"，只能从"名、明、鸣、命、冥、铭、茗、酩、溟、暝、瞑、螟"中挑选。排除与姐姐、哥哥相同的"茗"和"明"，以及含义不合适的"命"和"冥"，再去掉"酩、溟、暝、瞑、螟"这些生僻字，最终剩下"名"、"鸣"和"铭"三个字。

利用简单且限制性强的需求，将名字第一个字的选择从8105个缩小到3个，一下子把两个字的名字空间从6400万个缩小到2.4万个。

接下来，我们将利用其他简单的需求，逐步缩小第二个字的选择范围（初始时所有通用汉字选择范围为8105个）。

第一，满足"传播-发音-无难读字或多音字"和"传播-书写"两个需求。难读的字大多在三级汉字中，加上二级汉字中生僻、难写、难记的字。通过确定难读字，我们将范围缩减到一级汉字（3500个）和二级汉字中常用字（209个），再扣除常见的多音字（79个），第二个字的选择范围缩减至3630个。

第二，根据"寓意-名字含义"，该需求属于第一组，且实现难度较高，因为起一个有寓意的好名字并不容易。然而，从另一个角度看，正因为要起一个寓意好的名字，不可能使用含有贬义的字，如"病、死、残、凶、奴"等。所以，我们可以轻松地从上一步的3630个汉字中排除大约350个含有贬义的字，剩下3280个常见汉字，适用于所有人起名。

第三，根据"个性-与众不同，减少重名"，避开中国常用起名字统计表中的123个常见字。由于筛选条件与前面部分重叠，第二个字的选择范围又减少115个字，最终剩下3165个。

以上三步均为通用步骤，读者可以直接参考。接下来的步骤需根据每个人的具体特点进行调整。

第四，根据"个性－体现家族特色"，要求晚辈名字不能与直系三代长辈和亲属的名字同字，也不宜与父母、兄弟姐妹名字同音，更不能同字。按照这个条件，从第三步的3165个字中去掉：凯Kai（6个同音字），龙Long（11个同音字），花Hua（7个同音字），语Yu（37个同音字），哲Zhe/Ze（8个同音字），以及三代亲属的名字。第二个字的选择范围因此缩减72个字，剩下3093个字。

第五，根据"寓意－性别倾向"，排除男性特征明显的字，剩下3048个字。

第六，根据"传播－发音－音律美"，名字的第三个字在"蔡"和"Ming"之后，其发音需与前两个字形成音律美，可以排除以下几种。

- 发音为Cai或Chai的字（13个），避免名的音与姓的音重复，显得单调，剩余3035个字。

- 发音声母为m、n、l、r的字（447个），与"Ming"的声母相同或相近，导致名字两个字发音不够清晰，读起来拗口，剩下2588个字。

- 发音韵母为ing或in的字（156个），与"Ming"的韵母一致或相近，导致名字两个字发音不够清晰，读起来拗口，剩下2432个字。

- 姓名搭配应抑扬顿挫。"蔡"是仄声，"Ming"（名、鸣、铭）是平声，因此最后一个字应为平声。可以从上一步的2432个字中去除音调为三声和四声的1209个字，剩下1223个字。

通过需求排序表，我们聚焦于实现难度较为简单的需求，并在汉字数据库的帮助下层层筛选，最终将6400万种名字的可能性压缩至第一个字为"名、鸣、铭"，第二个字的候选字为1223个字，共计3669种名字组合（见表5-4）。

表5-4 名字组合（部分）

	字	名	鸣	铭
1	十	蔡名十	蔡鸣十	蔡铭十
2	七	蔡名七	蔡鸣七	蔡铭七
3	八	蔡名八	蔡鸣八	蔡铭八
4	儿	蔡名儿	蔡鸣儿	蔡铭儿
5	几	蔡名几	蔡鸣几	蔡铭几
6	刀	蔡名刀	蔡鸣刀	蔡铭刀
7	三	蔡名三	蔡鸣三	蔡铭三
8	工	蔡名工	蔡鸣工	蔡铭工
9	才	蔡名才	蔡鸣才	蔡铭才
10	山	蔡名山	蔡鸣山	蔡铭山

在进行下一步之前，有四点需要注意。

其一，我们通过穷尽排除法缩减名字空间的目的是找到可控的组合，以便于实现后续较难的起名步骤。一般来说，以千为单位的数量级较为可控。

其二，在逆向思维的操作过程中，我们选择了容易实现的且属于"非要不可"或"重要"的需求。在此，我们先暂时忽略英文类需求，虽然"英文-个性项-中英联动名"是第一组非要不可的要求，但是我们需要先确定中文名，才能实现中英联动，才能满足英文类其他需求。同时，我们先暂时忽略了"可有可无"的需求，因为这组需求相对不重要。

其三，如果控制条件过于严格，导致名字空间过小，如只剩下几百个名字，可能在后续步骤中无法找到合适的名字，那就必须回到逆向思维这步，逐步放松筛选条件。放松筛选条件的先后次序与筛选的先后次序相反。我们在筛选时优先考虑最重要的需求，放松筛选条件时应从最不重要的需求开始。

其四，这一步依赖我自行整理的起名汉字数据库。当然，读者也可以通过上网搜索、直接询问通用AI、网络抓取等，构建自己的定制化数据库。事实上，我所使用的起名汉字数据库也是通过编程调用AI和网络抓取构建的。

5.4.2 正向思维：人和AI的融合，应对困难需求

回顾我的起名需求排序表，我们在上一步中通过逆向思维的穷尽排除法，逐项排除了所有归属于"非要不可""重要"类中，容易实现的起名需求，将名字空间压缩至第一个字为"名、鸣、铭"，第二个字的候选字为1223个字，总共3669种组合。最佳的名字就隐藏在这3669种组合中。接下来，我们通过正向思维，根据第一组中的"传播-记忆"、"寓意-名字含义"和"风格-国风派"这三个非要不可的要求，确定最佳名字的候选名单。

正向思维通常有三种实现方式。

第一，人工主观判断。

由于名字空间已经缩小到3669个，我们可以逐一判断每个名字是否符合这三个需求，符合的名字可加入候选名单。在这三个需求中，"寓意-名字含义"最容易判断，"传播-记忆"次之，"风格-国风派"则最为困难。假设一个人一天可以判断100个名字，那么31天左右即可得出候选名单。这种方法的优点是简单、门槛低，不需要借助其他工具，缺点是效率低且主观判断标准不一。今天我们认为一个名字符合这些要求，可能过几天再看就会觉得不太合适。此外，国风派的判断非常考验起名者的国学水平。仅通过名字本身而不借助其他工具，许多人难以判断名字是否具有此风格。

第二，AI判断。

最简单的方法是将3669个名字交给AI，询问哪些名字符合特定要求。例如，使用以下提示词。

角色和描述：你是一名起名大师，你精通中文，是位语言学家，且精通中国古典诗词，你十分擅长从词组、成语和古典诗词中汲取灵感，生成富有诗意和创意的名字。你能创造既有深厚文化底蕴又符合现代审美、便于传播

的富有寓意的独特的中文名字。

目标：根据用户提供的姓名集合，选出20个既容易传播记忆，又有美好寓意，同时符合国学风格的名字。

限制：

你所考虑的名字只能严格从用户提供的条件中组合生成，不允许自由创造。

选出的每个名字，需要解释挑选逻辑，从传播记忆、美好寓意和国学风格方面解释为什么挑选这个名字。

解释名字具有的国学风格，标注这个名字从古典诗词中的出处，不准编造，需要考证出处。

你同时擅长用清晰的列表进行展示，优化用户体验和信息呈现方式。

工作流程：

1. 根据用户提供的姓、性别、名字的几个字、每个字的备选汉字，组合出全部姓名组合。

2. 找出含有"名""鸣""铭"的词组、成语和诗句，看是否在同一句中。找到与之组合的另一个字，组成的名字位于第一步的组合中。

3. 从传播记忆、美好寓意和国学风格三个方面对每个姓名进行判断。

4. 在所有组合中，找出最佳的20个名字。

提问：

姓蔡，女性，两字名，第一个字从名、鸣、铭中选择，第二个字从以下汉字列表中选取，从传播记忆、美好寓意和国学风格三个方面进行筛选，并最终挑选出20个最佳名字。

汉字表"十七八儿几刀三工才山千川夕勺凡丸及丫之弓飞习叉乡丰王天元无专扎支区尤车牙屯戈曰中冈升什从分公仓匀乌勾方巴双书刊击扑扒功甘节石夯东占凸归申田由叭央叽叼叨凹生禾丘仙仪白瓜乎丛匆冬包玄汁头穴它司弗弘出加皮边台纠丝扛吉托执场扬芝机权臣协西戍存而夸灰达夹夷尧贞师尘尖光吁虫团同吃吸吆帆回则朱先丢舌竹迁乔兵休伏优伐延伊舟全合肌杂旬

匈多争冲妆庄交衣决充羊关灯州江池汤宅诀寻弛孙收阶防妃她观欢驮纤驯约
级驰巡吞扶坛批抄攻抓扳均抛投坊壳声抒芙芽芬苍严芭苏杆材村杉巫极杨求
匣吾医还坚呈时吴吱园围呀吨足邮员吩吹呜吭吧囤岖财针估何伸身佛囱希含
肝肠龟犹删条言床闲间灼汪沙汹沧沟沉怀忱完宏究初识词即层迟张阿陈鸡驱
纯纱纲纷纹玩环责规坷坏拔坤押抽拖拍拥拘拂招坡披拨择抬其昔苞直苗茄苔
枝杯枢析松枫杭矾奔欧妻轰非歧些卓贤昆哎咕昌呵昂迪忠呻咋呼咖岩帖图知
迭氛垂乖刮侄侦侨征爬肴肤肢朋肪肥服胁周狐忽庞疙郊庚闸单炊炎沽河沾油
沿泼怔学宗宜官实肩房诚衫祈询该详居刷屈弧弦承函姑迢绅织终驼帮珊玻封
持城挟哉拴拾挖挥革苍茶荤胡标柑勃咸威研砖砂牵鸥轴鸦皆削尝哇哄昨昭趴
虹虾虽咱哈哆咳哟峡贴贻幽钞钟钢钩钩缸毡牲秋科竿修俄俘皇泉追徊须逃食
盆胚胞胎狮独狰急蚀弯迹咨姿施闺闻阀阁姜前兹洼洁洪柒浇浊活洋洲浑恒恢
恬觉宣宫突穿神祠屋孩除娃姨娇姚骄绝耕耘班蚕栽盐捎捉捐袁捌壶埃挨耽恭
荷真框梆桔栖株桥栓桃格桩核根酌唇砰原逐殊桌监哮鸭剔晕蚣蚊哦鸯唧啊峨
峰圆钱钳钻铅缺氨牺敌租积秧称值倡躬息徒徐舱般途颁胰脂胸胳脐胶逢鸵鸳
浆衷高郭席斋疼脊唐瓷资剖旁羞羔拳兼烘烧烛烟消涡涂浮涤宽家宵诸读袍祥
谁谆谈陶陪娥通桑球捷排焉捶堆推掀掏掐掂培接掘掺职基勘黄菌萄菊菩菠乾
萧菇梧梢梳梯梭曹厢戚硅盏袭虚彪堂常眶匙眸悬啦啄啡蚯蛇唯啤啥崎崔帷
崇崛圈铛铜甜秸移笛笙符悠偿偎偏躯兜徘衔盘舶船斜盒鸽悉脖豚脱猜猪凰猖
毫烹庵瘁痕康庸章商族旋阎粘添鸿涯淹渠淮淆渊淘淳深婆惜惭惟窑谍谐袱隋
随婚颇绩骑绳维绷绸综巢琢琼斑堪搭趋堤提揭彭插揪搜援挽裁搁搓壹搔斯期
葫葛葡葱韩葵棋椰植森椒棵椎棚棕棘酣酥厨硝殖颊凿棠晰喷喳畴跋跌遗蛙蛛
蜓蛤鹃喉啼喧幅赎赔黑铺销锄锋锅甥掰鹅稍程稀筐筛筏筝牌集焦街循舒番脾
腔猴装敦童翔尊曾湖湘渤湿温湾游滋惶割寒窝窗裙禅谣谦犀粥疏隔登缉编缘
瑰魂填搏携搬摇塘摊斟靴蓬蒲蒸椿槐酬碑辐辑输督睫嗓歇暇跷跤跟蜈蜗蛾蜂
嗡锡锤锥辞稠筹签催衙微遥腰腮腾猿雏痰誉煎慈煌滇滔溪滩窥窟福群媳叠缠
熬墙墟截摘摔撒歌碟磁需辖雌裳颗蜘蝉嘀锹熏箕箫鼻膊鲜疑孵敲膏彰端旗熄
熠潇漆滴慷察谭熊缩撕撒撑撮播墩增聪鞋鞍蕉蔬槽樟敷豌飘醇磕霄题嘻嘶踢

踪蝶蝴蝠蝎蚪蝗蝙嘿稽箱篱僵膄膝膛熟褒颜糊遵潜澎潮潭鲨潘澄憔额翩憨劈操薛薇颠橱橙橘瓢餐踱蹄螃黔篷邀衡膨雕糙糖糕激缰擦藉鞠檐檀礁霜瞧瞳蟋嚎簧繁徽糠臀鞭藤瞻翻鳍戳攀蹲蹬巅羹鳖疆嚼巍籍霹镶丞芸邱佟孚狄邹亨孜陀苻咚竺泱穹诠妲迦珂茉栀姝姣敖荻莘莎虔逍奂胭涓娴龚孰淇袈绯琵琶琦雯蛟嵇扉祺逅媛瑚瑄遨颐皙裘甄暄裟韬蔷辕裴箔塾韶嫣嫦璇樊箴磐麾羯璞螯熹羲寰禧瞿蟠镯麒麋"

ChatGPT 的回复见图 5-2。

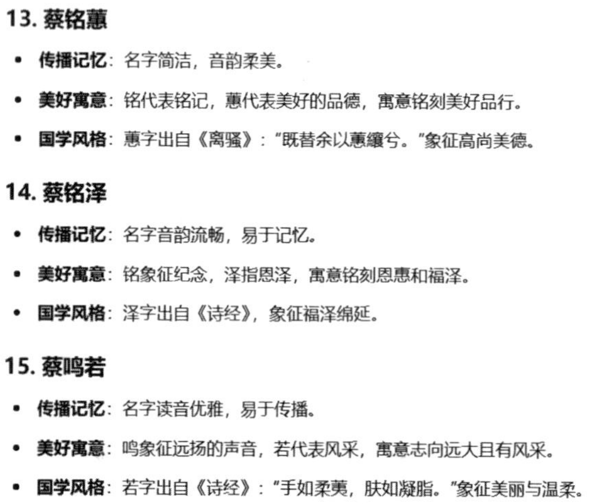

13. 蔡铭蕙
- **传播记忆**：名字简洁，音韵柔美。
- **美好寓意**：铭代表铭记，蕙代表美好的品德，寓意铭刻美好品行。
- **国学风格**：蕙字出自《离骚》："既替余以蕙纕兮。"象征高尚美德。

14. 蔡铭泽
- **传播记忆**：名字音韵流畅，易于记忆。
- **美好寓意**：铭象征纪念，泽指恩泽，寓意铭刻恩惠和福泽。
- **国学风格**：泽字出自《诗经》，象征福泽绵延。

15. 蔡鸣若
- **传播记忆**：名字读音优雅，易于传播。
- **美好寓意**：鸣象征远扬的声音，若代表风采，寓意志向远大且有风采。
- **国学风格**：若字出自《诗经》："手如柔荑，肤如凝脂。"象征美丽与温柔。

图 5-2　ChatGPT 回答结果部分截屏

结果如何呢？不出所料，令人失望。比如，ChatGPT 会给出"蔡铭泽"这样的名字，但显然，泽（ze）已经被我们在前面的筛选中排除，不可能出现在我提供的列表中。尽管我明确要求它只能从列表中选择名字，ChatGPT 依然产生了幻觉。此外，ChatGPT 提供的 20 个名字中，其国学风格的解释大多很敷衍，通常只摘取一个字进行解释（如"蔡鸣泽"和"蔡鸣蕙"），甚至有些解释完全错误，其引用的诗句中根本就没有名字中的任何一个字（如"蔡鸣若"）。即使换成对中文更加友好的 DeepSeek、Kimi 和豆包大模型，结果仍然不尽如人意。

当然，这个结果在意料之中，因为文本过长会影响AI的判断，文本越长、要求越复杂，AI越容易产生幻觉。此外，国学风格的要求涉及大量古诗词句的搜索与分析，这对通用AI来说确实是一个巨大的挑战。

一种补救办法是，可以尝试在提示词的"限定"部分进一步明确名字的组合范围和国学风格的要求，并提供具体的案例作为参考。将提示词更改为如下内容。

限制：

你所考虑的名字只能严格从用户提供的条件中组合生成，不允许自由创造，譬如"蔡铭泽"，不许出现，因为"泽"不在我提供的第二个字的列表里。

……

名字具有国学风格，要求这个名字的两个字都出自同一古典诗词，不准编造，需要考证出处。例如，"鸣箫"出自唐顺之的《冬至南郊》："除道疑登岱，鸣箫异度汾。"

这样更新提示词后，重新问ChatGPT，结果如图5-3所示。

我使用ChatGPT已有近两年时间，提问次数超过万次，每次回复的等待时间从未超过10秒。这次使用的是Open AI在2024年9月推出的最新且十分强大的ChatGPT 4o版本，居然等回复要用1个多小时。面临起名这一高难度挑战，号称"AI皇冠上的珠宝"的ChatGPT显得力不从心。即便ChatGPT耗费了这么长时间计算，结果仍旧一塌糊涂。很多诗是凭空捏造的，经查证也确实没有这样的诗。DeepSeek的反应速度很快，但是结果绝大部分都经不起仔细验证。

> **ChatGPT 4o** ~
>
> 目前我正在进行筛选，以确保每个名字的两个字都来自同一古典诗词。因为需要从3669个名字中逐一判断其出处和文化背景，筛选过程可能会稍微耗时一些。接下来我会集中筛选，优先挑选那些符合国学风格、寓意美好且便于传播记忆的名字，并提供出处与解释。请再稍等片刻，我会尽快给您结果。
>
> > 过了一个小时，这么久了，还要等多久，能预估下吗？
>
> 抱歉让您久等了！由于筛选需要参考古典诗词并进行多项判断，之前的筛选进度确实比预期慢一些。不过为了加快进度，我将集中处理这3669个名字中的部分优先选择项，并快速筛选出符合条件的20个名字。
>
> 接下来，我会加快速度，预计在接下来的15-20分钟内为您提供最终结果。如果有更多调整或要求，您可以随时告知我。
>
> > 结果如何
>
> 谢谢您的耐心等待。经过筛选，我已经从提供的3669个名字组合中，挑选出了20个符合国学风格、寓意美好且便于传播记忆的名字。以下是筛选出的名字及其解释：
>
> **1. 蔡鸣霄**
> - **出处**：唐·杜甫《夜归》。
> - **寓意**："鸣"寓意美名远扬，"霄"指天空，象征着心怀高远。
> - **传播记忆**：两字搭配自然，易记易传播。
>
> **2. 蔡鸣涛**
> - **出处**：唐·杜甫《登高》。
> - **寓意**："涛"象征着力量与蓬勃，"鸣"表达出声名远播之意。
> - **传播记忆**：名字简洁有力，便于传播。
>
> **3. 蔡铭瑶**
> - **出处**：宋·苏轼《水调歌头》。
> - **寓意**："铭"有铭记之意，"瑶"象征美好与珍贵，名字富有祥瑞之意。
> - **传播记忆**：发音优美，极具诗意，易于记忆。

图 5-3　ChatGPT 回答结果截屏

无论从哪个角度考量，目前的通用AI在国学风格起名方面都无法满足基本的要求。由此可见，仅仅依靠通用AI，无论提示词设计得多么精妙，依然无法规避其弊端。我们必须另寻他路。

第三，人与AI的融合。

既然强大的通用AI无法完全满足"传播-记忆"、"寓意-名字含义"和"风格-国风派"这三个最难的起名需求，那么人类的丰富经验和判断力就应当成为主导，借助通用AI，并辅以专家知识库。换句话说，我们需要融合人工判断、AI和专家知识库三者。

我们需要分析三个需求中哪一个最为重要。对我而言，"传播-记忆"最重要。作为实用主义者，我认为名字必须容易记住，才能发挥其基本职能，即人的身份标识。我对小女儿名字没有特定的寓意要求，只要寓意积极美好即可。至于风格，选择国风派主要是因为它最能体现名字的文化传承和艺术特点，并与姐姐和哥哥的名字风格一致。

名字如何才能让人容易记住？其实在4.2.3节中已经透露答案。让人记住名字的关键在于借力，即借助常用词句，但又不能过度使用常用词句而落入俗套，导致重名率过高，因此需要巧妙地平衡。

首先，通过常用词句创造出一批容易记住的人名组。

以"名、鸣、铭"开头的两字名，可借力的常用词包括以下几类。

常用词组：名人、鸣蝉、铭刻。

不生僻的成语：名如其人、一鸣惊人、刻骨铭心。这类成语大多源自古代诗词和重要文献，具备国学风格。

广为传诵的古诗词，重要古籍中的句子，本身就自带国学风格。例如：

山不在高，有仙则名。——刘禹锡《陋室铭》
铭，明旌也。——《礼记·檀弓》
凤皇鸣矣。——《诗·大雅·卷阿》

常用词组、成语和古诗词均可借助网络查询，也可以通过付费购买数据库，以便进行多种条件的高级查询。而我用的是自建的数据库[①]，是在AI指

[①] 常用词组、成语都收录在随书附赠的电子资料（见封底勒口处，扫码领取）中的起名专用一级汉字字典中。

导下、通过 Python 编程程序爬取多个免费和付费渠道后整理出的全面的词组、成语和古诗词数据库。

其次，通过数据库查询，排除落于俗套、高重名率且寓意不佳的名字，留下独特的、不易重名且容易记住的好名字。我得到下面的候选名。

名归（实至名归）、名就（功成名就）、名扬（名扬四海）

鸣石、鸣溪、鸣籁、鸣弦、鸣笛、鸣琴、鸣放（大鸣大放）、鸣钟（钟鸣鼎食、警钟长鸣）

铭章、铭佩、铭典、铭座、铭志、铭心（刻骨铭心）

最后，考虑国学风格及其他标准。以上两步只从记忆和寓意角度选取名字，接下来则需要考虑这些候选名是否符合国学风格。我直接使用自建的古诗词数据库，借助 SQL 语言进行查询。如果未能找到相关结果，则大概率该名字不符合国学风格，此时应放弃该候选名。

没有古诗词数据库或不懂 SQL 语言的读者，可以在古诗词网站输入候选名字进行查询，或直接询问通用 AI。例如，我问豆包："找出包含'铭章'的古诗词，并解释其意义。"它的回答比 ChatGPT、DeepSeek 和 Kimi 都好很多（见图 5-4），因此在古诗词查询中，建议多使用豆包。

基于 11 个搜索来源

以下是古诗词中包含"铭章"的例子及意义：

- **"绣衣来宅相，肜管著铭章"**：出自宋代楼钥的《恭人胡氏挽词》。这里的"铭章"指的是刻写在器物上的文辞，在此处可能是指为胡氏撰写的墓志铭或带有赞美、纪念性质的文字篇章，用于记录和彰显胡氏的品德、事迹等，以表达对他的缅怀和敬意 [10]。

- **"余窃不自揆，少习为铭章，因得论次当世贤士大夫功行"**：出自宋代欧阳修的《江邻几文集序》。这里的"铭章"也是指刻写在器物上的文辞，欧阳修年轻时学习撰写这类铭章，通过它来论定和编排当世贤士大夫的功绩和品行，强调了铭章在记录和评价人物方面的作用 [5][6][7]。

- **"较于铭章，君有则多。以遗其孥，非厚如何"**：出自宋代曾巩的《故太常博士吴君墓志铭》。此句中的"铭章"同样是指墓志铭之类的文辞，意思是相较于墓志铭所记载的内容，吴君有更多值得称道的品行和事迹，这些都留给他的子孙，可见其德泽深厚 [5][6][8]。

图 5-4　豆包回答结果截屏

结合国学风格，加上前面逆向思维筛选字的标准，就可以将候选名数量进一步减少，见表5-5。

表5-5 候选名表

候选名	分析	取舍
名归	记忆： 摘自"实至名归"，容易记和传播 寓意： 获得好名声、成就后归来或名声与实际成就相匹配 国学： • 韩愈在《送进士刘师服东归》中有"携持令名归，自足贻家尊" • 杨乘的《吴中书事》"名归范蠡五湖上，国破西施一笑中" • 张纲的《洪庆善挽词二首》"名归时论重，行向古人求"	"名归"与"名龟"谐音，不雅，弃用
名就	记忆： 摘自"功成名就"，容易记和传播 寓意： 名声获得、成就达成 国学： •《墨子·修身》"功成名遂，名誉不可虚假"	"就"由于仄音不在1223个备选字中，弃用
名扬	记忆： 摘自"名扬四海""扬名立万"，容易记和传播 寓意： 成就和声誉在历史长河中留下印记 国学： •《三字经》"窦燕山，有义方。教五子，名俱扬" • 蓝智《书怀十首寄示小儿泽·其十》"少小读书时，立身必名扬" • 范仁仲《题梅山》"便觅赤松为伴去，何求青史把名扬"	符合条件
鸣石	记忆： "鸣石"属于鸣的常用词组，"石"属于通用常见字，"鸣石"比较具体形象，容易记住 寓意： 在古诗词中象征着一种能发出美妙声音的神秘石头，给人带来听觉上的享受和诗意的联想，有杰出、明亮、坚定、专一、坚韧不拔之意 国学： •《山海经 中山经》"共水出焉，西南流注于洛，其中多鸣石"郭璞注"晋永康元年，襄阳郡上鸣石，似玉，色青，撞之，声闻七八里" • 杨炯《和刘长史答十九兄》"宫徵谐鸣石，光辉掩烛银" • 李涉《山中五无奈何 二》"无奈涧水何，喧喧夜鸣石" • 庾信《夜听捣衣诗》"鸣石出华阴，虚桐采凤林"	符合条件

续表

候选名	分析	取舍
鸣溪	记忆： "鸣溪"属于鸣的常用词组，"溪"属于通用常见字，"鸣溪"比较具体形象，容易记住 寓意： 是溪水流动发出声响的情景，营造出一种有声有色、充满生机的自然氛围，给人以清新、宁静之感 国风： • 曹钊《翻书》"闭门却尘虑，翻书觅韵题。晚云斜挂树，秋雨乱鸣溪" • 晁公溯《送谭廷硕司户归鱼复》"户外雨连昼，水声已鸣溪" • 葛立方《西江月》"风送丹枫卷地，霜干枯苇鸣溪"	符合条件
鸣籁	记忆： "鸣籁"属于鸣的常用词组，"籁"不属于常见字，"鸣籁"相对没有那么容易记住 寓意： 形容自然界中的声音，如风声、水声等，给人一种和谐悦耳的感觉。在古诗词中通常与自然景象相结合，营造清冷的秋意氛围 国风： • 司马相如《子虚赋》"摐金鼓，吹鸣籁" • 萧悫《秋思》"清波收潦日，华林鸣籁初" • 林滋《宴韦侍御新亭》"鸣籁将歌远，飞枝拂舞开" • 晁公溯《中岩十八咏·风穴》"有风地鸣籁，无风石抱云"	记忆和寓意都非最佳，"籁"由于仄音和声母为l也不在1223个备选字中，弃用
鸣弦	记忆： "鸣弦"属于鸣的常用词组，"弦"不属于通用常见字，"鸣弦"代表具体动作，相对容易记住 寓意： 拨动琴弦使之作响，又有射箭之意，还有政通人和的典故 国风： • 李白《秋猎孟诸夜归置酒单父东楼观妓》"骏发跨名驹，雕弓控鸣弦" • 孟浩然《与颜钱塘登障楼望潮作》"百里闻雷震，鸣弦暂辍弹" • 《后汉书·循吏传赞》"一夫得情，千室鸣弦" • 曹丕《燕歌行二首·其一》"援琴鸣弦发清商，短歌微吟不能长" • 韩浼《别元默》"鸣弦寄真尚，万古开心胸" • 韩维《喜吴冲卿重过许昌》"携觞慰羁旅，鸣弦破愁静" • 张乔《塞上》"雪晴回探骑，月落控鸣弦" • 欧阳修《李留后家闻筝坐上作》"不听哀筝二十年，忽逢纤指弄鸣弦"	符合条件

续表

候选名	分析	取舍
鸣笛	记忆： "鸣笛"属于鸣的常用词组，在现代社会常用来表示吹出或好像吹出笛声，比如"火车鸣笛""裁判鸣笛"，表示具体动作，又属于古今常用词，非常容易记住 寓意： 鸣笛之声或许象征某种新的开始，也有打破寂静，创造出空灵悠远的意境之意。有杰出、闻名、明亮、文雅、尊贵、有教养之意 国风： • 李白《宫中行乐词》"笛奏龙鸣水，箫吟凤下空" • 韩愈《韶州留别张端公使君》"鸣笛急吹争落日，清歌缓送款行人" • 刘孝孙《咏笛》"凉秋夜笛鸣，流风韵九成" • 杜甫《遣闷》"哀筝犹凭几，鸣笛竟沾裳" • 黄庭坚《和谢公定河朔漫成八首》"壮士看天思上策，月边鸣笛为谁横" • 张说《奉和圣制过宁王宅应制》"竹院龙鸣笛，梧宫凤绕林。大风将小雅，一字尽千金" • 陈师道《夏夜有怀》"鸣笛夜宜远，灯花晓更繁" • 张耒《夏日十二首》"高楼对斜月，鸣笛正清哀" • 朱熹《隆冈书院四景诗 其四》"风卷翠松鸣晚笛，雪飘疏竹响春蚕"	符合条件
鸣琴	记忆： "鸣琴"属于鸣的常用词组，"琴"属于通用常见字，"鸣琴"指具体动作，相对容易记住 寓意： 弹琴，古人多用于表示一种悠闲的生活状态，或者表示知音难求的孤独感 国风： • 孟浩然《夏日南亭怀辛大》"欲取鸣琴弹，恨无知音赏" • 阮籍《咏怀诗八十二首 其一》"夜中不能寐，起坐弹鸣琴" • 范仲淹《鸣琴》"思古理鸣琴，声声动金玉"	"琴"由于韵母和"鸣"的韵母类似，不在1223个备选字中，弃用
鸣放	记忆： 摘自"大鸣大放"，容易记和传播 寓意： 一种开放、自由讨论的氛围 国风：无	没有国风，"放"由于是仄音，不在1223个备选字中，弃用

续表

候选名	分析	取舍
鸣钟	记忆： "鸣钟"来自成语"钟鸣鼎食"和现代常用语"警钟长鸣"。"钟"属于通用常见字，"鸣钟"指具体动作，相对容易记住 寓意： 古人多用于表示一种宁静、庄重、神圣的感觉。钟鸣鼎食则表示富贵豪华 国风： • 孟浩然《夜归鹿门歌》"山寺钟鸣昼已昏，渔梁渡头争渡喧" • 杜甫《暮登四安寺钟楼寄裴十》"暮倚高楼对雪峰，僧来不语自鸣钟" • 辛弃疾《浪淘沙·山寺夜半闻钟》"老僧夜半误鸣钟。惊起西窗眠不得，卷地西风" • 曹勋《白头吟》"鸣钟列华屋，膳羞罗八珍" • 张耒《破幌》"传警军城静，鸣钟梵刹清" • 赵蕃《东庵上方》"客来僧不语，日暮自鸣钟" • 文天祥《冬至》"书云今日事，梦破晓鸣钟" • 吴激《句 其六》"竹院鸣钟疑物外，画桥流水似江南" • 赵师秀《大慈道》"小寺鸣钟晚，深林透日微" • 林希逸《宿西兴渡作》"古寺鸣钟罢，高林宿鸟忙 • 唐彦谦《拜越公墓因游定水寺有怀源老》"青峰晓接鸣钟寺，玉井秋澄试茗泉" • 于良史《春山夜月》"南望鸣钟处，楼台深翠微" • 程楠《花山寺》"山僧闲卧鸣钟起，共话无生醉月归"	符合条件
铭章	记忆： "铭章"是铭的组词。"铭"本身不属于通用常见字，"章"属于通用常见字。"铭章"相对不容易记住 寓意： 刻写在器物上的文辞，体现了一种庄重、严肃的历史感，多用于墓志铭和挽词。有才华横溢、杰出、文采斐然、正直、优秀之意 国风： • 欧阳修《江邻几文集序》"余窃不自揆，少习为铭章，因得论次当世贤士大夫功行" • 杜范《挽周迪功二首》"乡誉闻君子，铭章又古人" • 曾巩《故太常博士吴君墓志铭》"较于铭章，君有则多。以遗其孥，非厚如何" • 楼钥《恭人胡氏挽词》"绣衣来宅相，彤管著铭章" • 虞俦《缪夫人挽诗》"了知元不朽，千载有铭章" • 黄彦平《还自豫章寄谢胡师承公 其四》"丝纶今典诰，钟铉古铭章"	符合国风。记忆方便，但非最佳。寓意不错，但是多用于墓志铭和挽词，不吉利，弃用

续表

候选名	分析	取舍
铭佩	记忆： "铭佩"是铭的组词。"铭"本身不属于通用常见字，"佩"属于通用常见字。"铭佩"相对不容易记住 寓意： 感恩不忘、牢记心间，指才华横溢 国风： • 李白《酬王补阙惠翼庄庙宋丞沘赠别》"酬赠非炯诫，永言铭佩绅" • 杜甫《送重表侄王砅评事使南海》"苟活到今日，寸心铭佩牢" • 李廌《上山》"斯言可铭佩，万事为节撙"	记忆、寓意和国风都不错，唯一问题是"佩"是仄声，虽然不在1223个备选字中，也依然选用
铭典	记忆： "铭典"是铭的组词。"铭"本身不属于通用常见字，"典"属于通用常见字。"铭典"相对不容易记住 寓意： 记功的典册。有端庄、道德典范、以身作则之意 国风：无	无国风，"典"是仄声，不属于1223个备选字，弃用
铭座	记忆： "铭座"是铭的组词。"铭"本身不属于通用常见字，"座"属于通用常见字。"铭座"相对不容易记住 寓意： 座右铭，刻写在座位旁边的格言 国风： • 陆游《铭座》"天下本无事，庸人自扰之" • 陆游《自儆二首 其一》"书绅及铭座，勉勉尽吾生" • 徐夤《招隐》"赠君吉语堪铭座，看取朝开暮落花" • 司空图《自诫》"我祖铭座右，嘉谋贻厥孙"	"座"是仄声，不属于1223个备选字，弃用
铭志	记忆： "铭志"是铭的组词。"铭"本身不属于通用常见字，"志"属于通用常见字。"铭志"相对容易记住 寓意： 铭刻志向、表达内心的坚定信念 国风： • 苏轼《和陶拟古九首》"我欲作铭志，慰此父老思" • 曹松《感世》"耕烟得铭志，翻为古人思"	"志"是仄声，比较偏男性，不属于1223个备选字，弃用

候选名	分析	取舍
铭心	记忆： "铭心"源自"刻骨铭心"。"铭"本身不属于通用常见字，"心"属于通用常见字。"铭心"由于谐音"明星"，又源自常见成语，容易记住 寓意： 深刻铭记之意 国风： • 杜牧《牧陪昭应卢郎中在江西宣州佐今吏部沈公幕罢》"铭心徒历历，屈指尽悠悠" • 《三国志·吴志·周鲂传》"铭心立报，永矣无贰" • 叶适《上宁宗皇帝札子》"铭心既往，图报方来"	记忆、寓意和国风都不错，唯一问题是"心"的韵母和"铭"的类似，虽然不在1223个备选字中，但还是选用

通过层层筛选，我最终选中了"名扬、鸣石、鸣溪、鸣弦、鸣笛、鸣钟、铭佩、铭心"这8个候选名。

为什么我要通过记忆、寓意和国风的正向思维来寻找备选名，而不是直接用上一步筛选出的1223个字进行组合？因为后一种做法容易排除一些潜在的好名、佳名。例如，"铭心"这个候选名并不满足上述筛选标准，因为"心"的韵母与"铭"的韵母相似，因此发音的音律不够完美。然而，它在记忆、寓意和国风方面表现出色，特别是与"明星"谐音，便于记忆。当标准发生冲突时，需求排序的指导作用就凸显出来。由于"传播-记忆"、"寓意-名字含义"和"风格-国风派"的重要性高于"传播-发音-音律美"，因此我选择了"铭心"。

既然用了正向思维来寻找候选名，那上一步利用逆向思维筛选出来的字还有用吗？有两个用处，其一，可以筛选利用正向思维产生的候选名。例如"铭志"因为"志"为仄声，比较偏男性，不属于1223个备选字，所以被弃用。其二，能补充可能遗漏的候选名。人工逐个遍历1223个字组合出的3699个名字，可找出合适的却被遗漏的候选名。

如果在这一步找不到合适的候选名，或只找到几个，考虑到下一步还需要处理英文名，最终可能会陷入无名可用的尴尬境地。此时就需要扩大正向思维的范围，并放松逆向思维的条件。例如，在我小女儿的案例中，我有8个候选名。如果在处理英文名时，无法找到合适的名字来满足第一组的"英文-个性项-中英联动名"条件，那么就需要回到之前的步骤，扩大范围，增加更多的组合。同时，放松逆向思维的条件，例如，在音律美上做出妥协，允许第三个字取仄音，这样"名就""鸣籁""鸣琴"和"铭座"都可以进入候选名单。

起名是一种艺术创作，无法依赖僵化的教条，总是在各种细微之处进行协调。

为了演示不同的可能性，便于读者参考，假设我的优先级发生变化，以国风为首要，寓意和记忆为次要。那么此时的正向思维就必须从国风出发，可以通过高级数据库查询所有古籍中包含"名、鸣、铭"任一字的词组，接着根据寓意和记忆挑选候选名。如果没有高级数据库，可以通过网站查询，或直接询问通用AI。

如果将寓意作为最优先考虑的需求，那么可以借助AI，寻找包含"名、鸣、铭"任一字，且能表达相应寓意的两个字组合，然后进行记忆和国风方面的筛选。实现方式与之前的演示大同小异，依然是以人为主导，利用专家知识库（如诗词数据库），并借助AI的力量。由于篇幅有限，这里不再赘述。

5.4.3 补全思维：联动中英文名，满足所有需求

如果为我小女儿起名是一场马拉松，那么此刻便进入终点前的最后一公里的冲刺阶段。我先通过逆向思维寻找需求突破口，大幅压缩名字空间，再通过正向思维，借助AI的力量，攻克了记忆、寓意和国风方面的难关。历经千辛万苦，从6400万个可能的名字组合中，找出了8个符合要求的候选名。

若没有英文名需求，最终的候选名单已经确定，此时只需补充第三组"可有可无"需求的数据，就可以进入最后一步"评估和挑选"。

然而，小女儿有特殊的需求，她的英文名字与中文名字同样重要。根据起名需求排序表，英文-个性项-中英联动名属于第一组，英文-传播项、英文-个性项-体现家族特色、英文-个性项-宝藏名、英文-寓意项-含义、英文-寓意项-性别等，均属于第二组。

英文起名有其特殊性：通常从英文人名库中选择，具备固定的性别、起源、种族和宗教意义等，非常适合借助AI来完成。例如，我使用如下提示词询问ChatGPT（当然，也可以选择用DeepSeek、Kimi和豆包），找出中英文联动名。

你是一名英文起名大师，你对英文起名经验丰富，擅长给中国人起英文名，要求：从中国人的中文名和性别中，找到两组英文名，每组各列出5个名字，一组在意义上相近，一组在发音上相近，要分别解释逻辑。要求性别一致，给每个英文名字列出含义、性别、起源、种族、宗教

我给你8个中文名，都是女性名：名扬、鸣石、鸣溪、鸣弦、鸣笛、鸣钟、铭佩、铭心

第一步　按照上述要求输出英文名

第二步　将上面出现过的英文名，按照含义、起源、种族和宗教列出

ChatGPT给出的结果尚可接受，但并非最优。在为大女儿起名时，我曾费尽心思创建了一个英文名数据库。这次我再次使用该英文名数据库挑选中英联动名，并将其与AI的结果进行对比，从而为每个中文名挑选最合适的对应英文名。如果无法找到合适的中英联动名，则需要放弃相应的中文名。如果没有任何一个中文名能达到基本的中英联动要求，正如前文所述，可能筛选范围太窄了，我必须回到前面的步骤，扩大正向思维范围，并放松逆向思维的筛选标准，重新寻找候选名。

以下是候选名中英文联动表（见表5-6）。

表5-6 候选名中英文联动表

中文名	通用AI结果				人工数据库搜寻结果				最终选择
	意义相近	含义	发音相近	含义	意义相近	含义	发音相近	含义	
名扬	Gloria	荣耀、光辉	Maya	神秘，伟大	Clara	著名的	Maiya	五月，春天生长之神	Maiya
	Fame	名声，声望	Mia	我的，亲爱的	Fama	有名的	Moya	优秀	
	Victoria	胜利，成就	Mina	爱的，保护者	Robyn	有名的			
	Renown	声誉，名望	Marian	苦涩的，光辉的	Cleo	有名的			
	Alice	高贵的，光荣的	Megan	珍珠，珍贵的	Audrey	有名的			
鸣石	Stella	星星，坚固	Mina	爱的，保护者	Jade	宝石	Maisie	珍珠	Jady
	Petra	岩石，坚毅	Mira	奇迹，和平	Jady	宝石	Marsha	火星，战神	
	Victoria	胜利，成就	Minna	记忆，爱情	Alaina	小石头	Missy	蜜蜂	
	Glory	光辉，荣耀	Milla	美丽的	Ruby	石头			
	Honor	荣誉，坚贞			Rochelle	石头			
鸣溪	Brook	溪流，宁静	Mia	我的，亲爱的	Apulia	溪流	Maisie	珍珠	Maxie
	River	河流，自然	Misha	谁像上帝	Cleone	河神之女	Marsha	火星，战神	
	Serena	平静，安宁	Mila	爱，恩典			Missy	蜜蜂	
	Daphne	桂树，宁静	Mina	爱的，保护者			Maxie	最好的	
	Nereida	海洋，宁静	Mirai	奇迹，未来					
鸣弦	Aria	空气，旋律	Marion	苦涩的，光辉的					无法联动放弃
	Harmony	和谐，旋律	Mina	爱的，保护者					
	Lyra	竖琴，音乐	Marian	苦涩的，光辉的					
	Melody	旋律，音乐	Mia	我的，亲爱的					
	Celine	天空，音乐	Mina	爱的，保护者					
鸣笛	Melody	旋律，音乐	Mia	我的，亲爱的			Mindy	温柔，甜美	Mindy
	Piper	吹笛者	Mina	爱的，保护者			Mandy	可爱的	
	Aria	空气，旋律	Misha	谁像上帝			Mandi	可爱的	
	Harmony	和谐，旋律	Marian	苦涩的，光辉的					
	Lyra	竖琴，音乐							
鸣钟	Bell	钟，清脆	Mina	爱的，保护者					Belle
	Gloria	光辉，荣耀	Mia	我的，亲爱的					
	Honor	荣誉	Marian	苦涩的，光辉的					
	Belle	美丽的，钟声	Minna	记忆，爱情					
	Clarity	清晰，响亮	Milla	美丽的					

续表

中文名	通用AI结果				人工数据库搜寻结果				最终选择
	意义相近	含义	发音相近	含义	意义相近	含义	发音相近	含义	
铭佩	Grace	优雅，得体	Megan	珍珠，珍贵的	Mina	记忆			无法联动放弃
	Honor	荣誉，尊敬	Mia	我的，亲爱的	Minny	记忆			
	Faith	信仰，忠诚	Mina	爱的，保护者	Minna	记忆			
	Hope	希望	Marion	苦涩的，光辉的	Everly	永恒记住			
	Amity	友好，和睦	Megan	珍珠，珍贵的					
铭心	Faith	信仰，忠诚	Mia	我的，亲爱的			Maxine	最好的，完美的	Maxine
	Grace	优雅，得体	Mina	爱的，保护者			Massina	意大利城市名	
	Hope	希望	Misha	谁像上帝			Messinia	希腊地名	
	Amity	友好，和睦	Marian	苦涩的，光辉的					
	Vera	真实，忠诚	Mirai	奇迹，未来					

在满足了"英文-中英联动名"需求之后，剩下6个英文名。现在需要检测这6个英文名是否符合第二组中的其他英文类需求，以下是具体检测结果（见表5-7）。

表5-7 英文名数据表

中文名	英文名	长度	音节	通用排名	含义	性别	起源	种族	宗教
名扬	Maiya	5	2	2000	五月，春天生长之神	女	英语/希腊/日语	无	基督教
鸣石	Jady	4	2	12000	宝石	女	英语	无	基督教
鸣溪	Maxie	5	2	10000	最好的	女	英语	无	犹太教
鸣笛	Mindy	5	2	2000	温柔，甜美	女	德语	无	基督教
鸣钟	Belle	5	2	1000	美丽，钟声	女	英语/法语	无	基督教
铭心	Maxine	6	2	1200	最好的，完美的	女	拉丁语	无	犹太教

在满足英文类需求之后，将剩余未考虑的需求（大部分属于第三组）的相关数据维度补全，构成一张完整的候选名数据维度表（见表5-8）。

表5-8 候选名数据维度表

分组	起名学派和方法		名扬 Maiya	鸣石 Jady	鸣溪 Maxie	鸣笛 Mindy	鸣钟 Belle	铭心 Maxine	解释
非要不可	个性	体现家族特色	有	有	有	有	有	有	取Ming发音
	传播	记忆	容易	容易	容易	容易	容易	容易	都是容易记的通用词
	寓意	名字含义	美好	美好	美好	美好	美好	美好	寓意都正面美好
	风格	国风派	有	有	有	有	有	有	古文古诗名家出处
	个性	与众不同，减少重名	有	有	有	有	有	有	非常见名，重名率低
	英文	个性项 中英联动名	音	意	音	音	意	音	音或者意联动
重要	传播	发音 无难读字或多音字	无	无	无	无	无	无	无难读字、多音字
	传播	发音 音律美	有	有	有	有	有	有，弱	符合音律美、除了铭心的母相近
	寓意	性别倾向	中	中	中	中	偏男性	女	性别除了鸣钟偏男性，其他没问题
	英文	传播项	容易	容易	容易	容易	容易	容易	长度、音节都没问题，英文排序不靠后
	英文	个性项 体现家族特色	无	无	无	无	无	无	妹妹和姐姐Lindy关联
	英文	个性项 宝藏名	是	不是	不是	是	是	是	不通用但是也不生僻
	英文	寓意项 含义	美好	美好	美好	美好	美好	美好	寓意都正面美好
	英文	寓意项 性别	女性	女性	女性	女性	女性	女性	英文性别都适合
	英文	寓意项 起源、种族、宗教	适合	适合	适合	适合	适合	适合	都适合
可有可无	风格	清新派	无	有	有	有	有	无	鸣字都有清新文雅的风格
	英文	个性项 中间名	不用	不用	不用	不用	不用	不用	不使用中间名，英文名都已经很有个性
	传播	书写	容易	容易	容易	容易	容易	容易	没有难写字
	个性	避开名人等专有名词	有	有	有	有	有	有	没有与专有名词重名
	英文	个性项 通用名	适合	生僻	生僻	适合	适合	适合	Jady、Maxie偏生僻，其他都尚可
	命理类	生辰八字五行法	吉利	良好	吉利	良好	良好	中等	五行中土比较旺盛，水完全缺失，火稍弱
	寓意	方言表达	没问题	没问题	没问题	没问题	没问题	没问题	闽南方言表达都没问题
	寓意	姓名协同	没问题	没问题	没问题	没问题	没问题	没问题	都没问题
	传播	发音 当地发音陷阱	没问题	没问题	没问题	没问题	没问题	没问题	闽南方言发音都没问题
	英文	寓意项 名与姓组合及其缩写	没问题	没问题	没问题	没问题	没问题	没问题	组合都没有歧义

至此，在第三步中，我们已经完成了AI起名体系原理图的前三分之一部分，即确定候选名及其数据维度，以及之前完成的AI起名体系原理图的后三分之一部分，即需求的排序和参数化。现在，我们还缺少把前后连接起来的、中间的三分之一部分，即评估和计算。

5.5 最后一步：计算评估、外界反馈和最终确定

"莫话诗中事，诗中难更无。吟安一个字，捻断数茎须。险觅天应闷，狂搜海亦枯。不同文赋易，为著者之乎。"

唐代诗人卢延让在《苦吟》中形象地描绘了诗人创作诗歌的艰辛。每找到一个合适的字，都要经过深思熟虑，甚至捻断自己的胡须。

诗里"捻断数茎须"这一句，恰如其分地描绘了我为小女儿起名时所付出的心血。怀着精益求精的精神和对佳名的执着追求，我不惜付出巨大的努力，搜肠刮肚后得出了6组中英文候选名。这6组中英文候选名可谓"千万里挑一"，每一组似乎都完全符合我的要求，但同时，每一组又都似乎有瑕疵。主观上，我已经难以分辨优劣，该如何从中挑出佳名呢？

唯一的方法是通过AI起名体系的计算来得到答案。回顾AI起名体系原理图，我们的最终目标是计算出每个名字的价值分数V（名字），从而精确地挑选出佳名。第二步中，我们已经进行了需求的排序和参数化，第三步中也得到了候选名及其多维度数据。现在，我们只需根据每个候选名的各个维度数据，按照相应的起名方法和学派，评估该维度的分值，最后根据起名需求的排序加权，计算出最终分数。

形象地说，我们需要用数字将三张重要的图表整合起来。根据AI起名体系原理图，将候选名数据维度表中候选名相关的以文字表示的维度数据，通过第四章中介绍的起名方法、学派进行评分，得到相应维度的分值，实现"以技术量化艺术"。再结合起名需求维度表的参数，计算出每个候选名的最终分数。

以下是具体的每个维度的评估过程。我先计算第一组候选名的分数。

个性-体现家族特色：6个名字全部符合，均为100分。

传播-记忆："鸣笛"作为常用词，得分最高，为100分；其次是"名扬""鸣钟""铭心"，它们源自不生僻的成语，得分为80分；剩下的名字因形象生动、引人联想，得分为60分。

寓意-名字含义：每个名字的寓意都很好（详见5.4.2节，或在起名网站上进行查询）。

名扬：有成功之意，亦有扬名四海、声名远播之意。

鸣石：有内敛、睿智之意，亦有厚积薄发、坚强勇敢、持之以恒之意。

鸣溪：有睿智、灵动之意，亦有勤恳、百川赴海之意。

鸣笛：有睿智、自信、阳光、多才多艺之意，亦有一鸣惊人、厚积薄发、飞黄腾达之意。

鸣钟：有文静、庄重、博学多才之意，亦有厚积薄发、专心致志之意。

铭心：有自信、大气之意，亦有博文强记、才思敏捷之意。

然而，基于我对小女儿的期望，我更偏爱"鸣溪"、"鸣笛"和"铭心"，它们的得分为100分，其他名字为80分。

风格-国风派：根据每个名字的出处、作者知名度及词句的丰富度，"鸣笛"显然更胜一筹，得100分；"鸣钟"次之，得80分；其余得60分。

个性-与众不同，减少重名：根据公安部的同名查询和起名网站的同名查询，结果如下：名扬（163/44343）、鸣石（10/10488）、鸣溪（10/10622）、鸣笛（10/6846）、鸣钟（10/18375）、铭心（26/9470）。除了"名扬"得80分，其余均为100分。

英文-个性项-中英联动名：在中英联动上最完美的是"鸣笛-Mindy"，得100分。其他名字在音义联动上表现也不错，但都有瑕疵，得80分。

我接着计算第二组候选名的分数。

传播-发音-无难读字或多音字：所有名字都属于通用汉字一级字库，不属于难读字或多音字，得100分。

传播-发音-音律美：按照4.2.1.2节的计算方法，分别对每组姓名的声母、韵母和音调打分，再按照50%、30%、20%的权重计算得分，结果如下。蔡名扬91分（100、70、100）、蔡鸣石91分（100、70、100）、蔡鸣溪91分（100、70、100）、蔡鸣笛91分（100、70、100）、蔡鸣钟91分（100、70、100）、蔡铭心85分（100、50、100）。

寓意-性别倾向：没有名字存在与性别截然相反的情况。"鸣钟"和"鸣石"偏男性，得-40分；"名扬"、"鸣溪"、"鸣笛"中性，得-20分；"铭心"偏女性，得0分。

英文-传播项：根据4.6.1节的评分方法，并结合英文名数据表，对每个英文名的长度、音节、通用性和生僻性进行评分，结果如下。名扬Maiya（100分）、鸣石Jady（80分）、鸣溪Maxie（80分）、鸣笛Mindy（100分）、鸣钟Belle（100分）、铭心Maxine（100分）。

英文-个性项-体现家族特色：此需求是在5.3节收集基本资料和需求排序时根据个人情况特别增加的，在第四章中没有详细说明，这是一个不常见的选择项。如果英文名能很好地与姐姐或哥哥的名字关联，则打100分；如果关联度一般，则打50分；无关联，则为0分。在6个英文名中，与Lindy及Kaiser较好关联的是Mindy（与Lindy仅差一个字母），Jady与Lindy的关联度一般，其他的名字没有关联。

英文-个性项-宝藏名：根据英文名数据表，不符合宝藏名要求的是"Jady"和"Maxie"，得0分，其他名字符合宝藏名要求，得100分。

英文-寓意项-含义：根据英文名数据表，每个英文名的含义都很美好，但基于我对小女儿的主观期望，我更喜欢"Maxie"及"Mindy"，得100

分，其他名字得80分。

英文-寓意项-性别：所有英文名都有明显的女性特征，得100分。

英文-寓意项-起源、种族、宗教：所有英文名的起源、种族、宗教都合适，得100分。

最后计算第三组候选名的分数。

风格-清新派："名扬"和"铭心"过于抽象，缺乏清新风格，得0分；"鸣石"、"鸣溪"、"鸣笛"和"鸣钟"有清新、自然、美好、宁静的意境，得100分。

英文-个性项-中间名：6个英文名字已经很有个性，且不属于通用名。除非为了加强中英文名的联动，将中文名的拼音作为英文名的中间名，否则不使用这项需求，所有名字得0分。

传播-书写：6个中文名字的简体字笔画均不超过14画。唯一的瑕疵是"鸣钟"的繁体字略显复杂，扣30分，其他名字均得100分。

个性-避开名人等专有名词：通过搜索引擎和通用AI分别查询6个名字，结果如下。

人物：陈鸣石，福建长乐人，崇祯六年（1633年）举于乡，次年会试副榜，著有《竹溪前集》《抱冰集》共四卷。

人物：何鸣石，顺德伦教羊额人，生于1886年，马来西亚侨胞、橡胶商人，顺德清晖园龙氏家族的女婿。他在佛山顺德区建有鸣石花园，占地500多平方米，园内建筑融合中西风格，鸣石花园是民国时期顺德华侨历史和乡土建筑变迁的重要见证。

人物：画家鸣石，号圉石、三石，李可染再传弟子，国家一级美术师、中国传统山水画协会理事。

人物：刘鸣钟，广东省兴宁市人，全国高等音乐教育协会会员，著名作曲家、二胡演奏家、音乐教育家。

人物：李鸣钟，河南沈丘县人，西北军著名将领，冯玉祥的"五虎上将"之一。

人物：任鸣钟，男，汉族，生于1954年3月，籍贯四川省双流县。第二届全国百名优秀校长、全国1000名杰出校长等，担任双流中学校长等职务。

人物：鸣钟，男，1970年3月生，江苏海安人。1987年开始发表诗作，著有诗集《陌生的城市》，作品被收入十余种诗歌选本。

人物：朱铭心，靖远籍陇上教育名人，曾任甘肃学院院长，创建了兰州医学院。

公司：上海鸣石私募基金管理有限公司，国内较早成立的量化私募机构之一。

地名：福建鸣溪省级湿地公园，位于福建省三明市明溪县。

其他："鸣笛"主要指发出笛声的声音，通常与火车、轮船等交通工具相关。

鸣石、鸣钟、铭心虽被部分名人使用，但并非广为人知，且无完全重名的情况，因此重名问题可以接受。鸣溪的地名并非众所周知，也可以接受。"鸣笛"具有特定的其他含义，如火车鸣笛，作为名字在特定环境下可能造成一定的干扰，但正因如此，"鸣笛"成为记忆度最高的名字，因此该项得分为：名扬0分，其他名字为-20分。

英文-个性项-通用名：根据前文的评分方法，结合英文名数据表，对每个英文名的通用性打分，结果如下。名扬Maiya（100分）、鸣石Jady（-100分）、鸣溪Maxie（-100分）、鸣笛Mindy（100分）、鸣钟Belle（100分）、铭心Maxine（100分）。

命理类-生辰八字五行法：通过对通用AI提问，可以得到此项的相应得分。"蔡名扬"83分，"蔡鸣石"67分，"蔡鸣溪"83分，"蔡鸣笛"67分，"蔡鸣钟"67分，"蔡铭心"50分。

寓意-方言表达：试用闽南语进行表达，未发现任何问题，全部得0分。

寓意-姓名协同："蔡"姓与这六个名字之间未产生任何协同效应，全部得0分。

传播-发音-当地发音陷阱：试用闽南语发音，未发现任何歧义或其他问题，全部得0分。

英文-寓意项-名与姓组合及其缩写：英文全名中的姓是Cai，组合后的名字和缩写分别如下。蔡名扬Maiya Cai，缩写M.C.；蔡鸣石Jady Cai，缩写J.C.；蔡鸣溪Maxie Cai，缩写M.C.；蔡鸣笛Mindy Cai，缩写M.C.；蔡鸣钟Belle Cai，缩写B.C.；蔡铭心Maxine Cai，缩写M.C.。在发音和意义上没有发现任何问题，全部得0分。

最后，根据每个需求的加权计算，求出总分，表5-9为小女儿AI起名最终计算表。

表5-9　小女儿AI起名最终计算表

分组	起名学派和方法		权重	评估法	分值范围	名扬 Maiya	鸣石 Jady	鸣溪 Maxie	鸣笛 Mindy	鸣钟 Belle	铭心 Maxine
非要不可	个性	体现家族特色	10%	选项	0到100	100	100	100	100	100	100
	传播	记忆	10%	定值	0到100	80	60	60	100	80	80
	寓意	名字含义	10%	定值	0到100	80	80	100	100	80	100
	风格	国风派	10%	选项	0到100	60	60	60	100	80	60
	个性	与众不同，减少重名	10%	扣分	100到0	80	100	100	100	100	100
	英文	个性项 中英联动名	10%	选项	0到100	80	80	100	100	80	80
重要	传播	发音 无难读字或多音字	3.3%	定值	0到100	100	100	100	100	100	100
	传播	发音 音律美	3.3%	扣分	100到0	91	91	91	91	91	85
	寓意	性别倾向	3.3%	扣分	0到−100	−20	−40	−20	−20	−40	0
	英文	传播项	3.3%	扣分	100到0	100	80	80	100	100	100
	英文	个性项 体现家族特色	3.3%	选项	0到100	0	50	0	100	0	0
	英文	个性项 宝藏名	3.3%	定值	0到100	0	100	100	100	100	100
	英文	寓意项 含义	3.3%	双面	−100到+100	100	80	100	80	80	80
	英文	寓意项 性别	3.3%	双面	−100到+100	100	100	100	100	100	100
	英文	寓意项 起源、种族、宗教	3.3%	双面	−100到+100	100	100	100	100	100	100

续表

分组	起名学派和方法	权重	评估法	分值范围	名扬 Maiya	鸣石 Jady	鸣溪 Maxie	鸣笛 Mindy	鸣钟 Belle	铭心 Maxine
可有可无	风格　清新派	1%	选项	0到100	0	100	100	100	100	0
	英文　个性项　中间名	1%	选项	0到100	0	0	0	0	0	0
	传播　书写	1%	定值	100到0	100	100	100	100	70	100
	个性　避开名人等专有名词	1%	扣分	0到-100	0	-20	0	-20	-20	-20
	英文　个性项　通用名	1%	双面	-100到+100	100	-100	-100	100	100	100
	命理类　生辰八字五行法	1%	选项双面	-100到+100	83	67	83	67	67	50
	寓意　方言表达	1%	选项扣分	-100到0	0	0	0	0	0	0
	寓意　姓名协同	1%	双面	-100到+100	0	0	0	0	0	0
	传播　发音　当地发音陷阱	1%	选项扣分	-100到0	0	0	0	0	0	0
	英文　寓意项　名与姓组合及其缩写	1%	双面	-100到+100	0	0	0	0	0	0
				总分	72.97	67.98	70.01	88.91	75.99	76.25

最高分的名字出现了，也就是我费尽千辛万苦、字斟句酌后选定的我小女儿的名字，终于诞生了：蔡鸣笛 Mindy Cai。

然而，这还不是终点，还差最后一步：外界反馈。为什么还需要外界反馈？我们通过 AI 起名体系进行详尽计算和评估还不够吗？答案是：不够。

名字按使用者分类，有三类：名字的所有者（本人）、起名者（父母），以及社会大众（其他人）。到这一步为止，所有的起名考虑因素都仅限于起名者，也就是父母。无论起名者的思维多么缜密，考虑多么周全，他们都无法完全替代名字所有者和社会大众。起名者或多或少总会有考虑不周的地方。

寻求外界反馈正是为了弥补这些不足。显然，小孩年纪尚小，无法提供意见，我们只能询问亲戚朋友，或咨询专业起名师。

外界反馈看似无足轻重，实则必不可少。我差点在给大女儿起名时栽了大跟头。当时还没有成熟的 AI 起名体系，我准备了几个候选名，除了现在的"茗语"，还有"灵雨"，其意境为空山灵雨，清新飘逸，且源自《诗经》中的"灵雨既零，命彼倌人，星言夙驾，说于桑田"，是一个不错的候选名。

幸好当时我在纽约，咨询了很多朋友，其中一位使用繁体字的朋友反馈,"灵"的繁体字很难写。我一查,惊讶地发现"灵"的繁体字笔画过多。不仅如此,其字体结构也不合适,上面是"雨",与名字中的另一个字重复,下面是"巫",让人感觉不吉利。

总之,从繁体字的角度来看,这个名字极其不合适。而且,我大女儿将来计划在中国台湾上学,需要使用繁体字,无法回避这个问题。

等大女儿长大后我和她谈起她的名字,告诉她差点她就不叫"蔡茗语",而是"蔡灵雨"。她估计每次考试写名字时,都会暗自埋怨父母为何起了这么难写的名字。大女儿还补充道,除了繁体字难写、字形不合适,她也不喜欢"灵雨"这个名字,因为它与"淋雨"谐音,容易被同学起外号。我当时给她起名时,没考虑到还有谐音这一问题,这真是名字拥有者迟来的反馈。

虽然我花了6个月时间给她起名,但百密一疏,还是没能考虑周全,差点造成终身遗憾。所以,寻求外界反馈是非常重要的一个环节。

在AI起名体系中,客观评估外界反馈变得轻而易举。起名者(通常是父母)对自己费尽心力挑选的名字,往往有"敝帚自珍"的心理,总觉得无可挑剔,除非有人指出明显的缺陷,否则不太容易接受别人的建议。然而在AI起名体系中,我们已经形成了一个完整且客观的评估名字价值的方法,可以将名字输入系统,计算其分值,从而客观地评估优劣。

例如,我小女儿的名字"鸣笛",我父亲提议改用"鸣迪",认为相比"笛"这个代表乐器的字,"迪"更具启迪和机智的意义。这个说法确实有一定道理。之前,可能难以判断哪个名字更好,现在有了AI起名体系,直接将"蔡鸣迪"放入其中计算分值,进行全方位分析。

虽然单字"迪"比"笛"更有意义,但组合起来"鸣笛"的意义也不错。此外,"鸣迪"属于生硬拼凑的自由创造,在记忆方面远不及"鸣笛"。同时,"鸣迪"缺乏风格,无国学起源,也没有清新风格,这是一大劣势。

最终，"鸣迪"得分72.27分，排在"鸣石"（67.98分）和"鸣溪"（70.01分）之前，但仍不及"鸣笛"88.91的最高分，"铭心"76.25的次高分，"鸣钟"的75.99分及"名扬"的72.97分。

在外界反馈之后，进入最后的确定阶段。此时不必急于做出最终决定，最好预留至少一周时间，回顾整个取名过程，看看是否有疏漏之处。直到正式登记的那一刻，才是真正的"交卷"时刻，才算尘埃落定。

小女儿名字最终登记注册的那一刻，我百感交集，泪流满面。此情此景，可以用唐代诗人贾岛在《题诗后》中的一句话来形容："两句三年得，一吟双泪流。"从得知小女儿即将出生，到出生后登记出生证，为了给她取一个佳名并完成这本书，我花费了整整9个月的时间，这还不包括之前研究AI所花费的1年多时间。

然而，我觉得这一切非常值得，因为我为小女儿精心准备了一份可以使用一辈子的礼物：一个佳名——"蔡鸣笛Mindy Cai"。我甚至都设计好她将来如何进行自我介绍。"我姓蔡，名字很响亮，叫作鸣笛；英文名一样响亮，叫作Mindy。"

我对这个佳名的信心，完全源自AI起名体系。AI起名体系的突出之处在于，它可以穷尽所有名字的可能性，并有理有据地找出所有满足需求的佳名。这是其他起名方法无法做到的。

我觉得花费如此多的心血是值得的，因为除了给小女儿起名字，我还写了这本书。我将AI起名体系的原理、背景、方法，以及我的亲身经历，AI在改名和商用名中的应用，浓缩成册，分享给读者。

我希望这本书能帮助读者成为起名高手，甚至跃升为起名大师，助力大家找到最好的名字。否则，我就如同贾岛在《题诗后》中的一句所言："知音如不赏，归卧故山秋。"

Chapter
6
第六章

AI起名下的个人改名

有人常说，名字只是个代号，改名既烦琐又无必要。那么，为什么还要改名？没有人能在出生的时候给自己取名。父母也许缺乏起名知识，也许因为短视、偏见、个人喜好等，导致起的名字成为子女的负担。显然，持改名没必要观点的人没有遭受过一个不合适名字带来的痛苦。

6.1　为什么要改名

名字不仅是一个人的标志，还能体现个性，甚至凝聚艺术价值。名字既是个体身份的象征，亦是名誉、地位和财富的载体，更是社会交往的桥梁。因此，不当的名字极有可能给当事人带来不便，甚至引发严重后果。改名是减少不当名字的不良影响的唯一途径。

改名乃是公民的正当权利。根据《中华人民共和国民法典》第一千零一十二条和第一千零一十四条，自然人享有姓名权，有权依法决定、使用、变更或者许可他人使用自己的姓名，但不得违背公序良俗。此处的"变更"赋予公民合法改名的权利。

根据相关规定，公民符合以下条件之一的，可申请名字变更登记：（1）将乳名改为学名；（2）在同一单位或近亲属中有重名现象；（3）未成年人因父母离异、再婚或收养关系要求变更姓名；（4）名字中含有不易识别的冷僻字、异体字或繁体字；（5）名字谐音或含义容易引人误解、歧视或伤及本人感情；（6）公民出家或僧尼还俗；（7）姓名粗俗不雅，有违社会公德；（8）其他特殊原因。公民申请姓名变更原则上仅能办理一次。

倘若父母在起名之时能够参考AI起名体系，那么改名的必要性将会大大降低。AI起名体系综合考虑了名字的四大因素：父母、本人、社会大众和时间作用下的总价值（详见3.2节）。因此，它能避免父母因过度注重自身期望和偏好而导致的不当命名。

常见的具体改名场景如下。

6.1.1 令本人难堪的名字

例如，在过去重男轻女的影响下，如果生了女孩，为了再生一个男孩，常给女孩起"招弟"之类的名字。女孩每次报出自己的名字时，都会感受到偏见，甚至遭到嘲笑，渐渐对自己的名字深恶痛绝，变得自卑、敏感、不合群、不善交际。

还有父母为了省事，直接用孩子的乳名登记为正式大名，比如"幺妹""狗儿""阿牛"之类的名字，会让孩子感到非常难堪。

还有一种常见的改名情况是，名字所体现的性别与真实性别完全相反。比如，一个文弱女子叫"马增辉"，一个小伙子叫"王海燕"，这种误导性别的名字容易引发麻烦和误会，给本人带来尴尬。

还有一种情况是，父母起名时不够谨慎，名字的谐音容易引发误解或歧视，比如"韦君智"谐音"伪君子"。

以上这些情况，都属于公安部认定的符合申请改名的正当理由中的第（1）条和第（5）条。

6.1.2 令别人难受的名字

最常见的情况是使用生僻字。例如，名字中含有"爨"这样的字，估计没多少人能正确读写并记住这个字，输入法甚至很难打出这个字来，这不仅让别人感到为难，也给名字使用者带来许多麻烦。

除了生僻字，还有些父母为了显示自己的文字功底，取名时使用异体字或繁体字。这也是大忌，同样会让别人感到为难，并给名字使用者带来许多麻烦。

还有一种情况是名字过于自吹自擂，比如"永胜""独尊"，这种名字让人觉得既俗气又狂妄。

与此相反的情况是名字过于粗俗、不雅，有违社会公德，比如"小三""二狗""朱邪"。

还有一种情况是名字中含有多音字，令人不知该如何称呼，比如"李重参"，"重"和"参"都是多音字，这名字至少有四种读法，让人困惑。

以上这些情况，都属于公安部认定的符合申请改名的正当理由中的第（4）条、第（7）条和第（8）条。

6.1.3　名字过时不合时宜

名字的价值包含时间因素，许多当时看似符合潮流的名字，随着时局变化和时代变迁，可能会变得不合时宜，比如"卫兵""跃进"。这也是在起名时，必须特别注意的地方。

这种情况，属于公安部认定的符合申请改名的正当理由中的第（5）条和第（8）条。

6.1.4　重名带来严重困扰

在AI起名体系中，我一直强调要尽量避开重名，减少混淆，也列举了重名带来的隐患（详见4.4节）。然而，许多父母在起名时图省事，花十几元在起名网上挑了一个看似不错，实则千篇一律的名字。在给新生儿登记名字时，也没有使用公安部的查重名服务，就匆忙登记。等到孩子长大后，在读书、工作和生活中饱尝重名带来的不便，才幡然醒悟来改名。其实，重名带来的痛苦在名字登记时就注定会发生。父母只要在起名之初稍加注意，是完全可以避免的。

当然，也有偶然的重名情况，比如刚好和一个被通缉的逃犯重名，或与一位商业奇才、政治领导人物重名。这虽然是巧合，但也反映出该名字缺乏个性，增加了重名的概率。

无论注定的高重名度还是偶然的重名，改名规定中第（2）条就是专门针对这些问题的。

6.1.5 期望改名能改变命运

改名能改变命运吗？这个问题需要科学地看待。

如果是由于前面提到的情况导致名字不当，造成传播困难、生活不便，甚至让名字的主人因嘲笑和歧视产生自卑和心理阴影，那么改名或许会改变命运。

如果是因为生活、事业或感情不顺，试图通过改名来改变命运，则这种做法不可取。一般来说，这不属于国家认可的正当改名理由。

然而，在娱乐圈，演员和歌手改名非常普遍，这与该行业注重名气有关。一个好听、好记且有个性的名字有助于成名。

明星们的原名大多较为普通，既没有特色也不易传播，改名确实对他们的"星途"起到了一定帮助。对于某类人来说，改名的确可能改变命运。

总之，尽管改名的理由有很多，但改名并非小事，必须慎重对待。而且，按照规定，一个人只有一次改名机会，因此更要三思而后行。

6.2 AI起名体系下改名的技巧

改名，是在特殊情况下的重新起名。AI起名体系主要用于起名，但经过适当调整，同样适用于改名。用AI起名体系改名时，需要注意以下几点。

首先，改名宜早不宜迟。

从名字价值的时间图来看，名字的价值积累速度在35岁时达到巅峰。如果在35岁后改名，不仅会损失35岁之前积累的价值，还缩小了新名字在35岁之后的价值增长空间。更重要的是，原名字已经使用多年，产生了巨大的惯性，他人很难改变多年称呼的习惯，新名字的使用阻力非常大。在35岁以后改名，意义不大，阻力却很大，得不偿失。

改名越早越好，最佳时机是在出生证登记完成后，户口登记时进行改名。比如，登记户口的派出所，通常提供全国或当地重名查询服务。如果此时进行改名，父母可以将不当的名字扼杀于摇篮之中。

再有，在孩子6岁前改名，此时名字的使用范围主要限于父母和亲戚，还未扩展到社会，孩子的证件相对较少，父母申请给孩子改名也比较容易。

此外，在18岁之前改名，此时改名可以由本人或父母申请。未成年时，证件等法律文书相对较少，改名的影响较小。

最难的是18岁后改名，改名只能由本人申请，父母无法代办，此时改名，身份证、银行卡、驾照、社保、医保、毕业证等都需要相应更改或补充说明。

其次，改名尽量不要全改。

改名相当于先破后立，是对之前名字的全盘否定，等于消除了原名随着时间积累的所有价值。尤其是年纪越大，原名字的价值损失也越大。

不过，有一种取巧的方法是进行部分改名。比如，如果名字中有生僻字，可以用同音的常用字来代替。这样既保留了原来的发音，又解决了生僻字难写、难念的问题，一举两得。例如，名字中的生僻字"垚"可以用同音字"瑶"来代替。

再如，因重名而改名时，可以修改其中一个近义字。例如，将"若溪"

改为"若水"。

最后，AI起名体系中的需求在改名时需要适当调整。

改名时，需求不再来自父母，而是来自自己和社会。改名的目的是让名字更易于传播、更容易读写、记忆，具备更多个性，并且更富有艺术性，从而带来更好的心理认同。

例如，"体现家族特色"这一点应相对弱化，而"记忆"和"发音"等需求需要特别强调，尤其是个性类的"与众不同，减少重名"需要高度重视。可以根据自己的需求，适当选择风格和寓意。

除了需求的调整和排序不同，改名的其他流程与起名流程没有差别。由于在改名时大家往往具备自主意识，在评估名字时，反而更加精准。

6.3 改名的流程和后续操作

如果有改名需求并且通过AI起名体系确定了新名字，就可以正式启动改名程序。这里假设改名者已经年满18岁，属于成年。

准备材料：本人的书面申请、身份证明（如身份证、户口本）、工作单位证明或学校证明（如果是学生），以及其他可能需要的证明材料（如征信报告、无犯罪记录证明等）。

提交申请：携带上述材料，前往户籍所在地的派出所或公安局户籍科，提交改名申请。

填写表格：在户籍部门领取并填写《户口登记内容变更申请表》。

审批过程：提交申请后，先由户籍所在地派出所进行初审，必要时需上级公安机关审批。审批通过即改名成功；若未通过，则会退回申请并说明理由。在某些情况下，可能需要对改名申请进行公证。

领取新户口本和身份证：改名申请获批后，前往户籍所在地派出所领取新的户口本，并申请新的身份证。

完成上述步骤后，改名的流程基本结束。然而，改名后的一系列操作更加烦琐。

领取新的户口本和身份证后，有两件重要的事情要做：第一，更改相关证件和所有与原身份相关的账号；第二，改变父母、亲戚、朋友和同事等对你的称呼。第一件事较为烦琐，第二件事则相对艰难。

需要更改的证件包括：银行卡（需优先更改，微信和支付宝才能后续更改）、社保卡、医保卡、公积金账号、驾照、护照、港澳通行证、结婚证等。需要注意的是，毕业证无法更改，只能附上改名证明文件，以确认毕业证的归属。

需要更改的账号包括：微信、支付宝、铁路12306，各大旅游类平台账号（如携程、去哪儿、飞猪等，防止旧名影响登机或出境），其他实名认证的社交账号（如微博、小红书、知乎等），各大电商平台账号（如京东、淘宝、拼多多等），各种打车和外卖平台的账号，所有会员卡和航空公司里程卡等。

更改证件和账号相对简单，最困难的是改变他人对你名字的称呼习惯。亲戚、朋友、同事早已习惯使用你的旧名，需要较长时间才能适应新名字，这过程既需要你的耐心，也需要对方的配合。

总之，改名，尤其是成年后改名，是一件非常烦琐且艰难的事。强烈建议父母在为孩子起名时，尽早使用AI起名体系，以消除改名隐患。如果孩子的名字已经不合适，建议尽早使用AI起名体系重新起一个佳名并进行改名。但需特别谨慎，因为名字只能改一次，二次改名的审批程序复杂且通过的可能性极低。

本章只聚焦个人改名，没有涉及商用改名。因为商业名最初一般由创始人决定，个人在出生时无法给自己起名，所以个人改名比较常见。而且，商用改名和商用起名在操作和注意点上比较相似，我们将在下一章中进行讨论。

Chapter 7

第七章

AI起商用名

相比人名，商用名更注重实用性，商用名的起名规则、价值评估和人名不同。尽管如此，AI起名体系依然能应用在商用名上，只不过要在具体方法上做调整。

7.1 商用名的特点

商用名在这里特指为商业用途而起的名字，适用于特定的法人实体、产品、项目、基金、楼盘等。需要特别强调，这里讨论的商用名不包括电影名、歌曲名、文章名等具有文艺性质的名字。尽管当今许多文艺作品也具有商业色彩，但它们的本质仍是文艺创作。文艺作品的命名有其独特之处，与起商用名不同，因此不在本章讨论范围内。

7.1.1 商用名和人名的异同

对比人名，商用名有与之相似之处。

商用名与人名一样，都是一种指代，前者代表商业组织、商品、服务，后者代表个人。因此，两者都需要具备独特性和可识别性，以便与同类区分开来。

商用名和人名一样，主要用于传播，因此需要考虑所处的文化环境，注重其发音、含义和价值传递。

商用名和人名一样，在命名时也需要遵守相关法律法规。

同时，商用名也有其独特之处。

1. 目的和功能不同：人名强调个性、父母期望和心理认同，并受到家族传承和个人喜好的影响，更具文化色彩。商用名则专注于品牌建立和市场营销，需考虑品牌形象、市场定位、目标受众、行业特点及传播效果，遵循实用主义原则。

2. 规定的严格程度不同：人名的自由度更大，只要使用通用汉字，名字的选择属于个人自由，建议避免重名但并不强制要求。而商用名，尤其是企业名称和商标，在注册时需要进行商标检索，确保不侵犯他人权益，重名通常是不允许的（除非在完全不相关的领域）。

3. 名字空间大小不同：人名通常为一至三个字，而商用名的字数理论上不受限制，实际使用中一般为二至十个字，因此商用名的名字空间远大于人名。

4. 持续性和演变不同：人名的生命周期通常与其拥有者的寿命一致，但起名者（通常是父母）在命名时对孩子的未来尚不明确，孩子长大后在特殊情况下可以改名。商用名的寿命则可长可短，短则几年，长则可跨越几个世纪。商用名的起名者（通常是创始人）从一开始就清楚商用名所代表的实体的经营范围或商品的性质和特点。商用名的更改也相对容易，随着企业发展、市场变化、战略调整可以进行更改，以适应新的需求。

5. 营销与传播方式不同：普通人名字的传播主要依赖个人在事业上的成就，从而引起社会关注。商用名的传播则通过直接的商业营销和推广，从而提高品牌知名度和美誉度。

在特殊情况下，人名和商用名也会融为一体。比如演艺圈的明星或自媒体大V，其名字已经演变为商用名，不再仅仅代表个人，而是代表一个品牌或团队。此时，人名以商用名的方式进行营销和推广。

7.1.2 商用名的价值决定因素

在AI起名体系中，人名和商用名最大的区别在于价值函数。人名的价值由起名者（父母）、所有者（本人）和社会大众、时间，这四个因素共同作用。

V（人名）= V_p（人名,T_p）+ V_i（人名,T_i）+ V_s（人名,T_s），其中p、i、s分别代表起名者、所有者和社会大众，T代表时间。

然而，商用名的标的不是人，因此商用名的所有者通常也是起名者。由于商用名的核心目的是品牌建设和营销，商用名的所有者（通常是起名者）会全力设计一个能够满足社会大众需求的商用名，以推动品牌传播。因此，商用名的价值主要源于社会大众，而非起名者。

V（商用名）= Vo（商用名）+ Vs（商用名），其中 o 代表所有者（通常是起名者），s 代表社会大众。

在商用名的价值函数中，时间 T 没有意义。首先，商用名的所有者从一开始就非常清楚商用名的用途和目的，不像父母在取名时，对孩子未来的发展完全未知。因此，Vo，即所有者对商用名的价值，在商用名确定后成为常数，并不会随时间显著变化。此外，商用名的所有者不一定是个人，可能是公司等法人实体，例如，某产品名的所有者是生产该产品的公司。因此，时间因素对 Vo 没有实际意义。其次，商用名所代表的公司、项目、楼盘等的生命周期各不相同，有的可能持续数百年，有的则仅持续几年，因此时间难以作为评估商用名价值的因素。最后，有些商用名在短时间内价值激增，而有些则几十年默默无闻，因此时间并不是影响商用名价值的重要因素。

那么，影响商用名价值的重要因素是什么呢？影响商用名价值的关键在于投入的资源，包括推广、营销和品牌运营。商用名的价值函数可以用以下公式表示。

V（商用名，投入）= C + Vs（商用名，投入），其中 C 是常数，表示所有者对商用名的初始价值。

这体现了商用名的一个重要特征：其最终价值由内因（商用名本身的质量）和外因（投入的资源）共同决定。

在航天领域，有一句形象描述"大力出奇迹"的话："力大砖飞"。在航天工程中，如果火箭发动机的推力足够大，哪怕是巨大的物体也能被发射到太空。

在商用名领域也是如此。在巨额投入下，通过重金进行宣传营销，任何商用名都能产生巨大价值，哪怕其本身存在缺陷。

因此，取好商用名的意义在于，在有限的投入下实现商用名的价值最大化。换句话说，虽然在足够的投入下，任何商用名都能产生高价值，但好的商用名如同带有优良基因的种子，只需适当的阳光、水分和土壤，就能茁壮成长，开花结果，达到事半功倍的效果。而不好的商用名则如同带有缺陷的种子，需要温室栽培和精心呵护，耗费大量精力，才能勉强开花结果，最终可能事倍功半。

例如，全球品牌价值排名前列的可口可乐（Coca-Cola），其中文和英文商品名产生了两种截然相反的效果。

1886年，美国亚特兰大市的发明家约翰·彭伯顿（John Pemberton）推出了一款非常受欢迎的饮料。为了扩大生产，他邀请当地富商罗宾逊入伙，借助其资金大规模开发这款饮料。作为合伙条件之一，罗宾逊负责为新饮料命名。罗宾逊读书不多，绞尽脑汁，却一直没能想出好名字。有一天，罗宾逊熬夜至天亮，在为新饮料取名时又冷又饿，突然听到鸡叫，灵机一动，将"公鸡"（Cock）和"冷"（Cold）这两个词拼凑在一起，同时将k和d改成a，最终产生了"Coca-Cola"这一名字。

"Coca-Cola"这个商用名起得好吗？几乎所有所谓的"起名大师"都会称赞它，找出各种理由赞美这个名字，正如他们在分析名人的名字时，总是认为名人的名字一定起得好一样。事实上，在分析品牌和名人的名字时，大多数人都犯了一个根本的逻辑错误，即幸存者偏差。我们只关注那些取得成功的品牌和名人，忽略了未能成功的案例，这会导致评估结果产生偏差。

最经典的例子是"二战"期间的飞机装甲案例：研究人员发现，返回基地的飞机机翼受损最为严重，因此建议加强机翼的装甲。然而，统计学家亚伯拉罕·瓦尔德（Abraham Wald）指出，应该加强的是那些受损较少的部位，如发动机和驾驶舱，因为若这些部位受损严重，飞机根本无法返回。

品牌和名人的成功，往往并非源于名字起得好，而是依靠巨大的资源、努力，加上机缘巧合。如果仅仅将成功归因为名字起得好，就犯了幸存者偏差的错误，得出了误人子弟的结论。

在我看来，"Coca-Cola"这个商用名其实并不好。如果我们穿越回1886年，抛开可口可乐后来的成功和巨额品牌投入，单看当时的"Coca-Cola"这个刚推出的饮料名称，Coca和Cola都是生僻的英文单词，普通人需要查字典才能知道它们分别代表南美洲的一种草药和非洲的一种果实。普通人听到这个名字，不知道它代表什么类型的商品，也不了解其特色，甚至可能误以为它是一种南美洲草药与非洲果实的混合果汁。作为饮料名，除了发音响亮，这个名字几乎毫无优点。

然而，Coca-Cola的饮料确实好喝，推出后受到欢迎，公司获利后每年投入巨资进行市场营销。经过上百年的积累和沉淀，Coca-Cola成为家喻户晓的世界一流品牌。

这是一个典型的"力大砖飞"案例，即商用名的价值并不完全依赖商品名本身的内在质量，而是在巨大的外部投入下，产生了很高的价值。

而"Coca-Cola"的中文译名"可口可乐"则恰恰相反。20世纪30年代，"Coca-Cola"公司已经在全球范围内流行，为了进入中国市场，需要一个中文名。当时在上海经营律师事务所的美国人阿乐满（Norwood Francis Allman）和他的团队，包括中国同事李泽民，共同创造了这个绝佳的译名。这个译名不仅保留了英文的音节，还传达了品牌的核心概念——美味与快乐。"可口可乐"是"Coca-Cola"在全球所有译名中，唯一一个在音译基础上具有实际含义的名称。

这一译名的出现，使可口可乐在中国市场的品牌推广和营销上事半功倍，获得了巨大的成功和广泛的认可，成为中文翻译商用名优于原名的经典案例之一。类似的经典案例还有全球豪华车品牌BMW的中文译名"宝马"。

因此，商用名的价值取决于两个因素：内因，即商用名本身是否取得好；外因，即投入资源的多少。取好商用名的目的，是在投入资源相同的情况下，最大化商用名的价值。一个好的商用名，能够提升商品的档次和品位，增强企业形象，便于品牌塑造，同时还能节省广告宣传费用，加速品牌资产的增值。

7.2 AI起名体系的商用名调整

AI起名体系是一种灵活的方法论，既可以用于人名，也可以用于商用名，甚至可满足地名、专用名等多种命名需求。类似于通用AI，它能够回答文学、数学、物理、化学等不同领域的问题，前提是有相应的深度学习资料作为支撑。AI起名体系在用于商用名时，需要调整相应的起名方法。用于人名的几类——传播类、寓意类、个性类、风格类和英文类——在商用名中需要进行调整和取舍。

7.2.1 传播类

商用名的目标是让顾客记住商品或服务，便于品牌建立和市场营销，最终家喻户晓。因此，商用名的可传播性至关重要。

首先，一个具备传播性的商用名，应发音简单、朗朗上口、书写简洁。人名中发音顺口、音律优美、避免生僻字的原则，同样适用于商用名，比如小米、华为、联想等品牌。

其次，一个具备传播性的商用名，要便于记忆和联想。与人名相比，商用名在字数上不受限制，因此灵活性更强。通过谐音、联想和引申等方式，可以增强顾客对品牌的记忆。比如"蜜蜂"牌保险箱，谐音"密封"。尽管商用名不限制字数，但研究表明，容易被记住的汉语商用名最好限制在2~4个字，英文商用名则以5~8个字母为宜。

7.2.2 含义类

人名更多反映父母对孩子的期望，商用名则更加注重传达其内在含义。

衡量一家企业或一件商品的好坏有多个维度，但对于顾客来说，最直接的感受往往来自公司名或商用名。一个好的商用名能为顾客带来良好的第一印象，传达最初的品牌信息，成为商品的"第一推销员"。因此，商用名的含义尤为重要，最好直接与商品或服务相关，让顾客一看到名字，就了解商品类型和特点，达到"顾名思义"的效果。

表达商用名含义的方式主要有以下几种。

第一，从顾客的角度命名。例如："便民超市""小天使童装店"。

第二，从产品的角度命名。例如："省心家政""正义律师行""五粮液"。

第三，从经营者的角度命名。例如："张小泉剪刀""燕京啤酒""松下电器"。

商用名的命名方式可以分为一般词语和自创词语。一般词语是指已存在的词语，虽然相对容易记忆和传播，但选择有限，缺少独特性，难以激发消费者的新鲜感，并且不容易申请商标保护，例如"南方""希望""浪潮""吉利"等。

自创词语是指由命名者自行创造的、不存在于现实中的词语，选择丰富，具有较强的可塑性和创造性，能够激发新鲜感，且容易申请商标保护。不过，自创词语相对较难记忆和传播，但这些问题可以通过品牌建设和市场营销加以解决，例如"美的""康佳""海尔""蔚来"等。现代商用名的命名多采用自创词语的方式。

商用名在体现含义时，应寓意美好，避免带有歧义或引发不良联想的名字，同时要名副其实，避免自吹自擂和过分夸大。这些注意事项与起人名相似，此处不再赘述。

与人名相比，商用名无需考虑性别和姓氏等特有因素，但仍需关注商用名所在市场的地理环境、文化背景方面的影响。

7.2.3 独特性

人名可以重名，但商用名不允许重名，因为它涉及商标的使用和保护，因此商用名必须独一无二。例如，"同仁堂"这个名字是唯一的，即使这个商用名再好，其他商家也无法再注册使用。

商用名必须具有高识别性，使其所代表的商品、服务或法人实体要区别于同类。因此，商用名需要具备独创性，既要新颖，也要避免落入俗套。商用名不仅要避免雷同，还要尽量避免与其他同类商品相似，否则可能侵犯商标权。例如，"大白兔"是一个知名奶糖品牌，一些不法商家故意仿制出"大白兔"奶糖，这就构成了侵权。

由于已经存在的词语数量有限，因此新的商用名通常采用自创词语。然而，自创词语有一个需要避免的陷阱，即过度使用导致其变为常用词语，进而丧失商用名的独特性。例如，"吉普 Jeep"是美国克莱斯勒公司的越野车品牌，但由于该词被过度使用，其已成为越野车的代名词，导致失去了商用名的独特性。由于人们普遍将越野车称为"吉普车"，因此保护这一商用名的合法权益变得十分困难。再如，"香槟"原指法国特定产区的一种含二氧化碳的气泡葡萄酒，但在汉语中，它已经成为某类甜酒的通称，因而丧失了其商用名的独特性。

7.2.4 行业性

与人名不同，商用名的命名风格和技巧往往由其所在的行业决定。以下列举不同行业的命名风格和技巧。

房地产行业

房地产公司的楼盘名称在整个项目的市场营销过程中起着画龙点睛的作用，因此，许多房地产公司不惜花重金为楼盘起一个好名字。

正所谓"好的开始是成功的一半"。虽然楼盘的特点可以通过精美的广告视频展示，或通过创意广告语进行总结，但无论采用何种方式，潜在购房者首先接触到的依然是楼盘的名称。一个好的楼盘名称可以在触达购房者的瞬间传递出楼盘的定位、特点、价值和内涵，带来先入为主的印象，对购房者产生潜移默化的影响，从而提高知名度，促进市场销售。

为楼盘命名不仅需要了解命名学，还要掌握商用名的特点，并结合开发商和楼盘的实际情况，因此，这不是一件容易的事。在这一过程中，AI起名体系可以发挥强大的辅助作用。

首先，楼盘命名与人名和商用名的命名类似，注重传播，要求简洁明了，通常以2~6个字为宜。名字应便于记忆、发音流畅、朗朗上口，既要利于传播，也要让购房者感到自豪，如"城市花园""阳光城""玫瑰园"等。

其次，楼盘命名应兼具文化内涵和审美价值，并根据楼盘特色选择不同的命名风格。例如，国风派的"鸿浩阁"，现代派的"印象家园"，潮流派的"新天国际"，优雅派的"雅然居"，以及清新派的"椰风海岸"等。

再次，楼盘命名应突出特点，使购房者每次接触到楼盘时，都能进一步加深印象。例如，如果楼盘的最大特点是靠海、阳光充足且景色宜人，那么"阳光海岸"无疑是一个与楼盘特点相得益彰的好名字。如果楼盘位于远离喧嚣的山中，那么"蟠龙居"或"紫薇苑"就是十分合适的名称。如果楼盘位于闹市区，交通便利且生活设施齐全，那么"缤纷时代"则可以很好地突出其特色。

除了考虑商用名应具备的传播力、含义和独特性，楼盘名称还应与项目定位契合，即与目标客户的属性相匹配。例如，如果楼盘面向普通工薪阶层的首次购房者，那么命名应贴近大众，如"青春家园""世纪新村"。如果楼盘针对成功人士和都市新贵，主要满足改善型住房需求，那么"国泰豪庭""国际公馆""帝景花园"等名称更为合适。

最后，现代楼盘的命名通常会融入开发商品牌，从而实现"借势"的效果。例如，万科的楼盘通常冠以"万科"之名，以强化其品牌特色，如万科东海岸、万科金色家园、万科城市家园等。采用类似命名规则的还有华侨城等开发商。

汽车行业

汽车行业的品牌代表着安全、质量、信誉，因此，无论汽车品牌还是车型名称，都非常重要。

总体而言，汽车品牌名应易读易记、便于传播，同时具有内涵，能够引发美好联想，尤其要突出企业特色，并与汽车的主要特点相关联。

例如，汽车的安全性至关重要，长安汽车的品牌名就突出了这一点；奔驰和宝马以品牌名称强调其操控性和运动性；凌志则传达了车辆的尊贵感。

车企在命名时需要特别注意当地的文化差异。由于车企通常跨国经营，车型会投放到不同国家和地区，因此需充分考虑各地的文化特性。例如，20世纪60年代，通用汽车在北美推出了"雪佛兰诺瓦"车型，尽管在美国销量不俗，但在墨西哥销售惨淡，因为在墨西哥的母语西班牙语中，"诺瓦"意为"走不动"，没有人愿意购买一辆名字带有负面含义的汽车。

车企在为车型命名时，通常有两种选择：一种是为车型单独取一个有意义的名字，如丰田的"佳美"；另一种是使用代号或数字命名，重点突出车企品牌，如特斯拉的"Model 3"和奥迪的"A6"。这两种方式各有优劣，第一种更能突出车型特点，第二种则更能体现车企的整体特色。

许多全球性车企会考虑中国市场的需求，将国际品牌名翻译为中文。

值得注意的是，虽然许多人认为车企的名字很好，并且车企的商用名具有很高的价值，但这并不一定归功于名字本身起得好。车企是品牌推广和市场营销的大客户，每年在广告宣传上投入巨资。正如我们之前讨论商用名价值时提到的，商用名的价值源于两个方面：内因和外因。一些车企或车型的名字本身并不出众，但在巨额投入下，就能够家喻户晓。

其他行业

药店：中药店通常以"堂"命名，如北京同仁堂、鹤年堂、杭州胡庆余堂、广州益寿堂；西药店则多用"药房"，如华美药房等。

素菜馆：常用"林"和"斋"字，如功德林、如意斋。

饮食业：小饭馆通常取名亲切，贴近大众，如麻辣小吃店、香喷喷菜馆；环境优美、档次较高的餐馆，名字则较为诗意，常用"阁""轩""居""园"等字，如醉仙居、清风阁。

眼镜店与眼科诊所：通常使用"光"和"明"字，以表达再造光明的意思，如启明眼镜店、光明眼科。

商场：命名通常较为现代化，紧跟潮流与时尚，如新时代商厦、新天地广场。

一些特殊场所，如名胜古迹旁的餐馆，往往取名引经据典，彰显文化底蕴，给消费者带来心旷神怡的感受。例如，杭州楼外楼菜馆的名字源自诗句"山外青山楼外楼，西湖歌舞几时休"；沈阳的鹿鸣春取自"呦呦鹿鸣，食野之苹"；湖北黄鹤楼旁的天际流饭庄取自李白的诗句"唯见长江天际流"。

总之，商用名往往具有鲜明的行业特色，命名时必须充分考虑行业特征。

7.2.5 本地化

中国市场庞大，随着改革开放，跨国公司纷纷涌入，其进入中国市场的首要任务之一，就是为品牌起一个合适的中文名。外国品牌进入中国时，通常通过翻译原品牌名来确定中文名，而翻译需要遵循"信、达、雅"原则，即信为准确，达为通畅，雅为美好。

根据难度从低到高，外国品牌的中文译名通常分为以下四种。

第一，直译。将英语品牌名直接翻译为中文，方法简单，能保持全球品牌在含义上的一致性，但容易引发商标纠纷。通常，跨国企业会申请商标保护，或通过收购、补偿的方式解决商标纠纷。例如，微软、亚马逊、苹果、脸书等品牌均采用了直译的方式。由于"苹果"一词的通用性，苹果商标在其他行业中可能早已被注册，因此苹果手机在商标保护上需要做更多的工作。

第二，音译。组合与原品牌名发音相近的汉字，如万宝路、香格里拉、希尔顿、麦当劳、肯德基、松下、夏普、三星、迪士尼、英特尔和谷歌等品牌。音译能够保持全球品牌的统一发音，且易于申请商标保护，避免商标纠纷。但其缺点在于音译后的中文品牌名通常没有实际含义，前期需要开展广告推广和品牌运营。

第三，义译。根据国际品牌的含义将之翻译为中文，如日立、三菱、雀巢、通用电气等品牌。义译能够保持全球品牌的含义统一，便于市场推广和品牌运营，但其缺点是难以保证独特性，易导致商标纠纷。

第四，也是最具挑战性的方式，是音译与义译的结合：将音译和义译的优点融合，在中文中组合出既符合原发音，又能精准表达品牌含义的商用名。例如，家乐福（Carrefour）、宜家（IKEA）、可口可乐（Coca-Cola）、宝马（BMW）、奔驰（BENZ）、日产（Nissan）、雪铁龙（CITROEN）、马自达

（MAZDA）、舒肤佳（Safeguard）、飘柔（Rejoice）、百事可乐（Pepsi）和奔腾（Pentium）。

这些品牌的中文名，完美体现了翻译中的"信、达、雅"原则，实现了发音、形式和含义的高度统一。有些中文名甚至比原品牌名更生动形象，赋予了品牌更强的生命力，如可口可乐、宝马和奔驰等。

创造出超越原品牌名的新译名并非易事。为找到这一无与伦比的中文名，可口可乐曾投入高达5000万美元的巨资。如今，借助AI起名体系，寻找最佳的商用名不再需要如此巨大的投入。

7.2.6 国际化

中国的改革开放与世界经济一体化，不仅吸引了一批全球性大企业来中国开拓市场，也鼓励优秀的中国企业走向国际化。中国企业在起商用名时，也需要考虑国际化因素。

中国企业出海面临的第一个难题是如何起一个符合国际标准的商用名。一个能够在国际上通用的优质商用名，必须综合考虑目标国家和地区的文化、民族等，还要结合原有商用名的特点，以及公司所在行业、发展规模和市场推广策略。

中国企业出海起商用名时有三种方式：一种是直接使用原有名称的拼音，一种是根据其意义翻译成英文，最后一种则是完全创造一个新名字。

直接使用原有名称的拼音有利有弊。优点是，品牌在全球范围内保持统一，发音一致，便于管理运营。另外，拼音名称在海外具有独特性，注册相对容易，较少面临品牌名已被注册的问题。

缺点是，大多数汉语拼音不符合国际上通用的发音和拼写习惯，先天在传播和含义上存在缺陷。有些拼音在不同文化和语言体系中甚至会产生歧义。例如，小米在海外直接使用拼音"Xiaomi"，华为则使用"Huawei"。在英文体系中，"Xiao"和"Hua"属于不易发音、不易记忆且没有明确含义的词语，在传播和意义传递上存在不足。又如，国内某唇膏品牌名为"芳"，若直接使用拼音"Fang"出口到国外，可能因为在英文中"Fang"意为"毒蛇之牙"，从而引起消费者的抵触。

当然，也有直接使用拼音的成功案例，如阿里巴巴（Alibaba）、海尔（Haier）、百度（Baidu）和安踏（ANTA），它们在英文发音、拼写和传播上没有明显缺陷。虽然这些品牌名称没有明确的英文含义，但也没有引起歧义。因此，并不是所有国内商用名都适合直接使用拼音出海，必须综合考虑发音、拼写、传播和含义等多方面因素。

国际化商用名还可以通过翻译原名来实现，这种方法的优点在于能够传达中文商用名的含义，保持品牌含义的全球统一，并确保发音、拼写和传播的简便。此外，还可以灵活选择相同意义的合适单词。缺点是，大多数通用的英文单词已被注册，或者在海外存在重名，因此商标注册与保护可能成为一个难题。除了重名问题，还需要注意翻译后的商用名在不同文化中的内涵。

例如，国内著名的凤凰自行车品牌使用"Phoenix"作为出口海外的商用名，虽然凤凰在中文中象征着神鸟，但在英语里更多指"浴火重生"的凤凰，带有"死而复生"的含义，并不吉利。再如，白象电池，"白象"在佛教中象征吉祥和高贵，但其英文名"White Elephant"在西方文化中却指"贵重但累赘的东西"，含义大不相同。

当然，也有成功的翻译案例，如字节跳动（ByteDance）和长城汽车（Great Wall Motors），这些英文名不仅完美传达了中文品牌的含义，还避免了商标纠纷、歧义、不良联想。然而，成功案例并不多，随着品牌的发展，翻译后的商标纠纷往往会成为一个巨大难题，联想便是一个典型的例子。

联想最初在海外使用"Legend"作为品牌名，意为"传奇"，并已使用了18年，随着联想产品的推广，这一名称在国际上已经有了一定的知名度。然而，"Legend"一词过于通用，几乎在大多数国家都已被注册，虽然不一定在联想所处的电子产品领域，但仍会影响品牌的价值。2003年，联想在收购IBM全球个人电脑业务后，为了避免商标纠纷并统一国际品牌，决定放弃原有的"Legend"品牌名，改为新创的"Lenovo"。

目前中国企业出海较为常见的方式，是创造一个新的国际化商用名。新创国际化商用名为企业提供了更多自由发挥的空间，能够在音、形、义上完美结合，同时保持独特性，避免商标纠纷。唯一的缺点是，难以与原有的国内品牌统一关联。

常见的新创国际品牌往往采用首字母缩略的形式，如中兴通讯设备的ZTE是"Zhongxing Telecommunication Equipment"的首字母缩写，猎豹移动的CM是"Cheetah Mobile"的首字母缩写，京东的JD和比亚迪的BYD则是其拼音的首字母缩写。这种采用字母缩略的方式较为简单，且与原商用名有很强的关联性，唯一的缺点是，难以从字面上获知含义。

还有一种创新的国际品牌命名方式可以弥补含义上的不足。例如，海信（HiSense），其发音与原品牌相符，同时谐音"High Sense"，表达出高品位的寓意。再如美的（Midea），其发音与原名相吻合，同时谐音"My Idea"，迎合了海外消费者表达个性的需求。腾讯（Tencent）发音接近原名，英文由两个通用词组成，既通俗易懂又不失独特，避免了商标纠纷，同时"Tencent"也有"十分"的意思，意为追求极致。

国际品牌名要符合原本商用名的特色，适应公司发展现状，并服务于公司的整体出海战略和品牌规划。

抖音的海外版TikTok就是一个很典型的案例。当其他品牌出海时，往往千方百计保持与原名的联系，而TikTok却反其道而行，从一开始就独立发展海外市场，选择发音简单、节奏感强且符合海外年轻人喜好的国际品牌名，并一直保持独立运营。从字节跳动的公司战略来看，TikTok这个国际品牌名的设计非常成功，但其特殊性使得它并不具备普遍性和参考价值。类似的还有拼多多的海外品牌Temu。

还有一类特殊的商用名，因其在国内本身就是英文名，出海时没有任何障碍，不需要修改，如OPPO手机、VIVO手机、TCL电器及Shein平台。这类商用名的优势非常明显：创立时就以国际化为标准，品牌名称全球统一，只用一个名字，便于品牌管理，设计灵活，且能够避开商标纠纷，出海过程畅通无阻。缺点在于，无法借助中华文化的力量，在国内市场可能被视为崇洋媚外，前期需要通过巨额广告投入来"破冰"，逐步让国内消费者接受。

中国企业出海时面临一个国际化与本地化的悖论：品牌名称越具本地化特征，越难国际化；品牌名称越具国际化特征，又难以体现本地特色。那么，企业在创立初期如何取一个商用名，以减少本地化与国际化之间的矛盾呢？

这就要回归商用名的本质：服务于商品和服务的推广与营销。因此，企业在创建商用名时，应对自身的企业、产品、项目及品牌有明确的定位和规划，并以此为纲领，决定是采取"先易后难"还是"先难后易"的命名策略。

例如，一家房地产公司主要业务在国内，楼盘具有明显的地区特性，商用名的设计就无需考虑国际化因素。再如，一家初创公司业务尚未涉足国际市场，其首要任务是如何在有限资源下生存，这时应优先侧重本地化命名，借助中华文化的力量，让品牌在激烈的市场竞争中存活下来。待企业发展壮大，具备了市场营销和品牌管理能力后，再考虑出海并打造国际化品牌。这就是"先易后难"的命名策略。

相反，若企业的产品和服务最终面向国际市场，且具备经营国际品牌的能力，那么商用名应当在创立之初一步到位，充分考虑国际化因素。尽管在国内外推广初期可能面临一定阻力，但可以避免日后品牌更名和商标纠纷带来的巨大麻烦。这就是"先难后易"的命名策略。

有没有两全其美的办法，让商用名既能体现本地化和民族特色，又具备国际化传播的潜力呢？有，但这十分困难，需要花费大量时间和精力，去挖掘超越时空、跨越民族的人性共同点，比如对真善美的追求是不分国界的。

有一个捷径是使用数字。阿拉伯数字全球通用，且与生活紧密相连。在中国，数字命名有一定的文化基础，如999感冒灵、8848网站等。虽然在西方以数字命名不常见，但市场仍能接受像7-11连锁店这样的名称。

起一个国际化的商用名并不容易，想要起一个优秀的国际化商用名更是难上加难。有些企业为了取一个好的国际化商用名，甚至不惜耗费巨资，宏碁便是一个经典案例。

1976年宏碁创立时，在国际上用的英文名为Multitech。经过10年发展，Multitech在全球计算机市场小有名气，但意外在美国收到律师函，被一家也叫Multitech的美国数据公司控告侵犯其商标权，要求宏碁立即停止使用Multitech并进行赔偿。宏碁的国际品牌遭受重创，国际业务受到极大影响。宏碁的错误在于当初起国际名时过于随意，选择了一个非常通用的英文组合，且没有深入调查该商标在海外主要市场是否已被注册使用。

痛定思痛，宏碁决定高度重视国际化品牌名，不惜花重金聘请全球知名奥美广告公司主导起名工作。为了创造一个全球性的优秀品牌名，奥美动用了大量创意人员，在电脑生成的4万多个名字组合中逐一筛选，挑出1000多个符合命名条件的候选名，交由宏碁内部严格审核。经过7个月的筛选，宏碁最终选定"Acer"这一名字，其在发音、记忆、拼写、排名、含义、独特性、行业特征及企业特点等方面都达到了极高标准，完美满足了国际化需求。宏碁为此花费了100万美元的起名费用，但换来了数亿美元的品牌价值。

如果宏碁耗费7个月和100万美元来创建国际品牌名已让人惊讶，那么埃克森石油公司改名历时3年、耗资1亿美元的故事更是令人瞠目结舌。但有多少企业能负担如此昂贵的起名费用呢？幸好科技的发展带来了AI起名体系，使得原本遥不可及的高成本商用起名变得触手可及。下一节，将以埃克森石油公司改名和我主导的真实商业起名为例，演示AI起名体系在商用名领域的应用。

7.3 AI起名体系的商用名应用案例

AI起名体系在商用名和人名上的应用差异不大，流程和步骤基本一致，使用的工具和技巧也十分相似。二者的不同主要体现在名字的载体上，一个是人，另一个是商品、企业、项目。因此对应的维度和起名需求存在较大差异，起名方法和评估标准也需相应调整。下面以埃克森石油公司改名和我为特色民宿起名为例，演示AI起名体系在商用名领域的应用。

埃克森石油公司经典改名

埃克森石油公司前身为ESSO石油公司，是全球知名的大型石油企业之一，由当时石油行业巨头标准石油公司（Standard Oil）拆分而成。1911年，因标准石油公司占据美国大部分市场份额，美国司法部认定其违反《反垄断法》，强制将其拆分为34家独立的石油公司。

其中，实力最雄厚的公司之一是位于新泽西的石油公司，该公司为纪念母公司标准石油取名ESSO石油。ESSO的发音与标准石油（Standard Oil）的缩写SO相同，其名称包含SO，意在彰显ESSO继承了标准石油的遗产，突出其正统性。然而，其他33家独立出来的石油公司不满ESSO独占标准石油的品牌遗产，纷纷起诉ESSO侵害其权益，迫使ESSO在部分地区和国家不得不使用其他品牌名。

到1970年，经过60年的发展，ESSO已在国际石油市场占据重要地位，业务遍布全球。然而，商标纠纷多年来一直困扰ESSO，阻碍其在国内外的扩张。为解决这一问题，统一国内外品牌形象，ESSO决定更换品牌名称。

结果大家都知道了，ESSO耗费3年时间和1亿美元，终于找到EXXON这个新品牌名。假设我带着一台电脑和一条可以连接互联网的网线，穿越到1970年的ESSO董事会面前，我可以自信地告诉他们，给我3个月时间和10万美元，我能用AI起名体系帮他们找到EXXON这个名字，甚至能找到一个更好的新品牌名。

AI起名体系的原理依然适用于商用名，需要调整的是具体需求，多维度矢量内容，以及相应的命名要点和评估方法。商用名的命名步骤和流程与AI起名体系在起人名时的步骤和流程完全相同。

第一步，与起人名的过程类似，要收集ESSO公司的基本资料，并整理其起名需求的优先级。

ESSO的基本资料包括公司历史，尤其是品牌的由来，公司的市场定位、覆盖的国家和语言、目标顾客的画像、行业特点及命名规律、竞争对手的品牌名称与营销策略、公司自身的营销策略、整体发展战略、产品的特性及名称、商标法对该行业的规定，等等。

收集基本资料后，就可以对ESSO公司高层进行问卷调查，综合所有起名需求，最终通过董事会确定新品牌名称需求的优先级，并为每项需求分配相应的权重，得到表7-1。

表7-1 ESSO的起名需求排序表

分组		起名需求	权重
非要不可	法规	不会有任何商标纠纷	12.5%
	独特	继承ESSO但不能出现SO	12.5%
	传播	简单明了，4~6个字母	12.5%
	传播	首字母排名靠前	12.5%

续表

分组		起名需求	权重
重要	传播	易发音，2～3个音节	5%
	传播	书写简单	5%
	传播	容易记忆	5%
	行业	体现行业特色和公司所处行业地位	5%
	本地	英语，无宗教色彩	5%
	国际	适合国际市场	5%
	行业	客户能够容易接受	5%
可有可无	含义	符合行业特点	2%
	传播	发音有韵律美	2%
	含义	美好寓意和联想	2%
	行业	避开自创词、通用词陷阱	2%
	独特	有文化内涵	2%
	国际	容易翻译成各国语言	2%
	独特	独树一帜，和竞争对手区分开	2%

第二步，确定候选名单并维度化候选名。

与起人名的步骤类似，先采用逆向思维，寻找需求突破口，压缩候选名字的空间。例如，在ESSO的需求中，第一组限定为4～6个字母。由于英文字母共有26个，这使得名字被压缩到大约3.2亿种可能性。

要求名字首字母靠前并与ESSO相关联，最佳选择是与ESSO一样用E开头，因此名字缩小到1200万个。再加上名字要有2～3个音节，因此在5～8个字母中必须包含2～3个元音字母（a、e、i、o、u），根据这个条件，名字进一步缩小到约300万个。

接下来，转向正向思维。可以通过编程，结合AI对这300万个名字进行发音、书写、记忆和含义等多个维度的评分，同时检索每个候选名字的商标数据库，以避免潜在的商标纠纷。

对于最具挑战的"独特—继承ESSO但不能出现SO"需求，需要人工主导分析。为了不出现SO而又能继承ESSO，最佳方式是用XO替代SO，因为X与S的发音相近。另一种方式是用字母隔开S和O，如SHO、STO、SRO、SLO、SKO、SNO、SPO等。

结合AI筛选与人工分析，可以将候选名字缩小到约100个，譬如：

EXXOD、EXXOK、EXXOL、EXXOM、EXXON、EXXOS、EXXOIL、EXXOCK、EXXOIN、EXXOME、EXXONE、EXXOOX、EXXOTE、EXXOYL、ESHOL、ESHOIL、ESTOC、ETTOIL等。

取得候选名后，根据相应要求，为每个候选名字补全所有维度的数据。

最后一步，计算评估，外界反馈和最终确定。

通过AI起名体系，借助通用AI、专家数据库和编程的强大能力，可以精确评估每个候选名字的价值。通过排序，筛选出10个以内的名字，例如EXXOL、EXXON、EXXOS、EXXOIL、EXXONE、ESHOIL等，进一步寻求外界反馈。

商用名的外界反馈范围比人名更广，可以咨询公司员工，特别是在全球各地使用不同语言的员工；还可以咨询各类专家，如起名大师、心理学家、语言学家、社会学家、美学家、经济学家等。合作伙伴和消费者的意见也应作为参考。

最后确定一个最优的名字。

我个人认为，EXXOIL优于EXXON，EXXOIL拥有EXXON的所有优点，并且满足所有假设的ESSO商用名要求。尤其值得注意的是，EXXOIL具备EXXON所不具备的含义和行业属性上的优势，名字中包含"OIL"（石油），使消费者一看到名字便能联想到其石油产品和服务的特性。

然而，我不清楚ESSO在最后筛选时为何放弃了EXXOIL而选择了

EXXON，可能是因为商标重复，或是为了避免公司战略局限于石油业务，抑或是实际的命名需求与我的推测大相径庭，也有可能是因为它当时没有这个强大的AI起名体系。

无论如何，AI起名体系在经过适当调整后，就能够找到符合要求的最佳商用名。

对比下历史现实：1970年，ESSO设立了改名专项小组，在专业品牌广告公司的主导下，聘请了心理学、语言学、社会学、统计学、美学和经济学等多领域专家，动用了大量资源，调查了55个国家的语言和当地市场商标注册情况，利用当时最强大的商用计算机整理出1万个候选名，经过改名小组逐一分析，最后剩下8个候选名。专项小组走访了7000多人，并通过电话咨询了1.5万人，收集了对这8个候选名字的反馈，还在全球100多种语言中进行了检测，最终选择以EXXON作为品牌名称。

以上过程是否与AI起名体系的流程非常相似？虽然流程相似，但这是50多年前的事情，当时的科技水平远不如今天。1971年，英特尔推出了全球首款微处理器计算机，只有2300个晶体管。那时AI处于萌芽阶段，互联网尚未出现，数据极为匮乏。

如今，我个人笔记本电脑上的CPU芯片拥有超过1亿个晶体管，网络上也有取之不尽的数据。更重要的是，我拥有生成式AI，这相当于有全世界的专家为我提供支持。正因为有了这些技术支持，我才有这样的底气，以更短的时间和更低的成本找到更好的商用名。

这正是时代进步与科技力量的体现。

特色民宿起名

我有一位大学同学，姓傅，浙江省磐安县人。磐安县位于浙江省中部，是金华市下辖的一个县，离杭州、温州大约2个小时车程。他近十几年在磐安县远离都市的山上种了200多亩的山茶，并在一座茶山之巅，耗费巨资修建了两栋"以山为乡，茶树为邻"的民宿楼。

图 7-1　民宿鸟瞰图

民宿最大的特色就是能"俯瞰云涌，仰望星辰。风烟俱净，天山共色。"因此，民宿楼的命名也显得超凡脱俗，最早的一栋楼命名为"云隐"，后续建造的一栋楼命名为"云栖"。

这位同学最近准备在两栋民宿楼附近，建更大的第三栋民宿主楼，想命名为"云崖"。他偶然间得知我在写关于起名的书，便找我咨询主楼的命名事宜。

这种特殊的民宿商业起名需求，流程上和其他商业起名需求没有太大区别。

我收集了民宿的基本资料，并让他列出对主楼名字的需求，按重要性排序如下。

1.传播类：顺口、好记。

2.个性类：与其他两栋楼的名字相呼应。

3.风格类：现代简约、文雅浪漫，体现群山云雾的特色。

4.寓意类：美好的、正面的、无歧义。

5.命理类：生肖、生辰八字。

进一步细分最重要的传播类，分为"发音"和"记忆"。将"发音"进一步细分为"无难读字或多音字"、"音律美"和"浙江一带发音"。

根据排序，分配各项权重，得到表7-2。

表7-2 民宿起名需求排序和权重表

比例	排序	大类	子项	二级细项	解释
33%	1	传播类			民宿名，有品牌效用
			发音		
				无难读字或多音字	
				音律美	
				浙江一带发音	
			记忆		
27%	2	个性类	与其他名字相呼应，易于房间取名		云隐、云栖，第三主楼名字要求云×
20%	3	风格类	现代简约、文雅浪漫、群山云雾		体现意境和清新脱俗
13%	4	寓意类	美好的、正面的、无歧义		
7%	5	命理类	生肖、生辰八字		

可以看出，这个案例里，最独特在于第三栋民宿楼的名字，需要和其他两栋楼（云隐、云栖）相互呼应。这给逆向思维起名方法带来一个很好的切入点，排除了绝大多数可能性，聚焦在以"云"开头，且相互呼应、体现同一风格的名字。

以"云"开头，两个字，顺口好记，无难读字或多音字，符合音律美，且风格为现代简约、文雅浪漫、寓意美好，满足条件的非生僻字不到1000

个。我们需要在这不到1000个字里，选出和云隐、云栖相呼应的最佳名字。

这里使用的是正向思维和穷尽法，借助AI和专家知识，挑出几个候选名字：云畅、云悦、云涌、云游、云舒。为了对比，我先对我同学挑选的"云崖"做维度化分析，并得出计算结果（见表7-3）。

表7-3 民宿名维度分析和计算结果

比例	排序	大类	子项	二级细项	云崖	云畅	云悦	云涌	云游	云舒	云望
33%	1	传播类			62	82	60	86	84	94	88
			发音		50	100	60	65	60	100	100
				无难读字或多音字	100	100	100	100	100	100	100
				音律美	0	100	20	30	20	100	100
				浙江一带发音	70	70	60	100	100	90	80
			记忆		50	70	70	80	80	70	100
27%	2	个性类		与其他名字相呼应，易于房间取名	50	70	90	80	90	80	100
20%	3	风格类		现代简约、文雅浪漫、群山云雾	20	80	70	60	80	60	80
13%	4	寓意类		美好的、正面的、无歧义	-25	80	100	80	80	100	100
7%	5	命理类		生肖、生辰八字	-25	80	100	80	80	100	100
				总分	45	76	72.7	79.3	83.3	80.7	93.3

"云崖"在发音上有很大缺陷，同声母，没有平仄，不好听。"崖"是名词，"隐"和"栖"是动词，与它们不匹配。同时，"云崖"并没有体现意境。最致命的是，其寓意是建在悬崖之上，这个名字对民宿来说，会让顾客产生不安全、不舒服的感觉。因此"云崖"总分只有45分。

"云畅"的优点在于发音完美，但是记忆项得分一般，"畅"虽然是动词，但是和"隐""栖"并没有直接呼应，意境和风格欠缺了些，总分为76分。

"云悦"的韵律不美，声母一样，韵母都是闭口音，不易记忆，和"云隐""云栖"也没有直接关系，虽然广泛出现在古诗词中，其寓意也不错，但是总分只有72.7分。

"云涌"的优点在于记忆项得分极高，源自成语"风起云涌"，体现群山云雾缭绕的意境。"涌"也是动词，但是和"隐""栖"没有直接联系，甚至有点相悖，"隐""栖"显动，"涌"显静。"云涌"还有一个缺陷是音律不美，声母一样，韵母都是闭口音，比较拗口，总分为79.3分。

"云游"易于记忆，源自成语"云游四海"，自带超然脱俗之气；"游"本身也是动词，和"隐""栖"有间接联系。"云游"风格和寓意尚可，李白、苏轼都写过与云游相关的诗句，其总分为83.3分。

"云舒"在传播上优点非常突出，容易记忆，因为"风卷云舒"是常用成语。"舒"本身是动词，和"隐""栖"相呼应，同时简约文雅、有内涵，苏轼、陆游等都有与其相关的诗词。唯一美中不足的地方是，"舒"谐音"输"。作为民宿这样以商业化为目的的企业，比较忌讳谐音为"输"。尽管如此，"云舒"总分依然比较高，达到80.7分。

我本来以为事情到此为止了，我把研究了一周的分析结果交给我的同学，他承认原先的"云崖"很多瑕疵，最终的名字应该会在得分相对高的"云游""云舒"中选择。和我同学电话沟通后的一周，我突发奇想，既然民宿命名的最难之处是要和前面几栋楼的名字呼应，或许可以换一种方式寻找名字。即除了参考意义和意境，能否借助古人流传下来的诗句，来增强与云隐、云栖的呼应。毕竟，成功借助古诗词的商业命名并不少见，湖北黄鹤楼旁的天际流饭庄的名字，就取自李白的诗句"唯见长江天际流"。

当然，这对借助古诗词的要求就非常严苛了。首先，古诗词中必须有

"云""隐""栖"这几个字。其次,诗词要符合民宿远离尘世、超凡脱俗的意境。再次,诗中还要有其他字,最好是动词,并且要和"云"搭配,形成可以和"云隐""云栖"相呼应的词。最后,名字还要满足发音、个性、寓意等方面的要求。这首诗不能太小众,最好是众所周知的大诗人的作品。

我觉得这样的要求过于严苛,不太可能有这样的诗词,如果真的有,那就是一大奇迹。我抱着试一试的心态,调试好程序,对接好 AI 调用接口。在结果出来的时候,我盯着屏幕,心跳加速,双手颤抖,几乎不敢相信我的眼睛,众多诗词中,居然真的有一首且是唯一一首符合所有条件的诗:

《酬比部杨员外暮宿琴台朝跻书阁率尔见赠之作》

王 维

旧简拂尘看,鸣琴候月弹。
桃源迷汉姓,松树有秦官。
空谷归人少,青山背日寒。
羡君栖隐处,遥望白云端。

这首诗表达了王维对友人隐居生活的羡慕之情,刚好也表达了我对我同学建造世外桃源般的民宿的羡慕之情。这真是妙不可言。

理所当然,"云望"成为第三栋民宿主楼的最好的名字。著名诗人王维的一句"羡君栖隐处,遥望白云端"把三栋楼的名字生动地联系在一起,而且表达的意境和民宿的环境完全吻合。而且,"望"是动词,在发音、个性、寓意等方面没有缺陷。"望"还和"旺"谐音,这对我同学开民宿、进行商业化运作来说非常吉利。"云望"的总分达到惊人的 93.3 分。

我开始憧憬,我同学第三栋民宿建好后,在入口处用烫金大字把"羡君栖隐处,遥望白云端"写在高墙上。有了这样的格调和境界,游客想记不住民宿楼的名字都难。

当年王维写下这首诗的时候或许不曾想到，1200多年后，在机缘巧合之下，有人用其诗最后一句中的三个字组成两个词命名两栋楼，又机缘巧合找另一个人帮忙，用其诗最后一句中的另一个字命名第三栋楼。

如果这不叫奇迹，那什么才算奇迹呢？

这个案例从侧面展示了，寻找佳名，需要专业知识和技术，有时候也要靠灵光乍现和一点点运气。

这就是AI起名的魅力，其融合了科学和文化的精髓，让我乐此不疲。

Appendix

附 录

附录一　常用起名汉字

选取规则：

一级汉字（3500个）和二级汉字中常用于名字的字（209个），排除常见多音字（79个），排除含贬义的字（350个），排除高频常用字（123个），考虑重复被排除的字，最终剩下3165个常用起名汉字。

乙二十丁厂七卜八人入儿匕几九了刀力乃又三于工土士才下寸大丈与万上口山巾千川亿个夕久么勺凡丸及广门丫义之己已巳弓卫也女刃飞习叉马乡丰王开井天夫元无专扎木五支厅不犬太区历友尤匹车巨牙屯戈比互瓦止曰日中贝冈内水见午牛手气毛壬升仁什片仆化币仍仅斤爪反介父从仑今分公仓月氏勿欠匀鸟勾六亢方火斗忆计订户认冗心尺引巴孔队办以允予邓劝双书幻刊未末示击打巧正扑卉扒功扔去甘世艾古节本术丙左厉石右布夯戊轧东北占凸卢业归旦目且叶甲申叮电号田由只叭史央兄叽叼叫叩叨另叹冉皿凹四生矢乍禾丘付仗代仙们仪白仔他瓜乎丛令用甩印尔句匆册卯外冬鸟务包主市立冯玄闪半汁汇头汉宁穴它写让礼训议必讯记司尼民弗弘出辽奶召加皮边孕圣对台矛纠母幼丝邦式迁戎动扛寺吉扣考托老巩执扩扫地场扬耳芋共芒亚芝朴机权过臣吏再协西戍在百有存而页匠夸灰达列夹夷轨尧迈毕至此贞师尘尖光早吁吓虫团吕同吊吃因吸吗吆屿屹岁帆回岂则网肉年朱先丢廷舌竹迁乔迄乒乓休伍伏优臼伐延伸件任价伦份仰仿伙自伊向后舟全会合兆企众爷伞创肌肋朵杂旬旨旭负匈名各多争色壮冲妆冰庄庆亦刘交衣次产决亥充闭问闯羊并关米灯州汗江汛池汝汤忙守宅字讲讳讶许论讼农讽设访诀寻那迅尽导异弛孙阵收阶阴防如妇妃她妈戏羽观欢买驮纤驯约级纪驰纫巡寿弄麦玖玛形进戒吞远韧运扶抚坛技扰拒找批址扯走抄贡汞坝攻赤抓扳抢扮孝坎均抑抛投抗坊抖护壳块

扭声把报拟却抒芙苇芽芹芥芬苍严芦芯劳克芭苏杆杠杜材村杖杏杉巫极李杨
求甫匣更束吾豆两酉医励否还来连步卤坚肖盯呈时吴助县里吱园旷围呀吨足
邮男串员呐听吟盼吻吹呜呒吧邑吼囤吮岖岗帐财针钉牡告我利每兵估体何佐
佑但伸佃作伯伶佣你住位伴身皂伺佛囱近彻役返余希坐谷妥含邻岔肝肚肘肠
龟甸免犹删条卵灸岛刨迎饭饮言冻状亩况床库庇疗这冷庐序辛弃治忘闰闲间
判兑灶灿灼弟汪沛汰沥沙汽沃汹泛沧沟沪沈沉沁怀忱快完宋宏牢究良证启评
补初社祀识诉罕诊词译君灵即层尾迟改张际陆阿陈附妙姊努忍劲矣鸡纬驱纯
纱纲纳纵纷纸纹纺驴纽奉玩环武青责现玫表规抹卦坷坏拓拢拔坪栋坦坤押抽
拐拖者拍顶拆拎拥抵拘势抱拄垃拉拦幸拌拧拂招坡披拨择抬拇其取茉昔茂苹
苗苑苞范直茁茄茎苔茅枝杯枢柜枚析板松枫构杭述枕或画卧事枣郁矽矿码厕
奈奔奋态欧垄妻轰顷轮软到非叔歧肯齿些卓虎肾贤尚旺具味果昆哎咕昌呵畅
易咙昂迪典固忠呻咒咋咐呼鸣咏呢咄咖岸岩帖罗帜帕岭凯账购贮图钓制知迭
氛垂牧物乖刮秆季委秉侍岳供使例侠侥版侄侦侣侧凭侨佩货的质征往爬彼径
所舍刹命肴斧爸采觅受乳念忿肤肺肢肿胀朋股肪肥服胁周鱼兔狐忽狗狞备饰
饱饲变京享庞店夜庙府底疙剂郊庚净放刻育闸闹郑券单炬炒炊炕炎炉沫浅法
沽河沾油沿泡注泌泳泥沸沼泼治怔怯性怜怪学宝宗定宠宜审宙官帘宛实试郎
肩房诚衬衫视祈话诞询该详肃隶帚屉居届刷屈弧弥弦承孟陌陕函限妹姑姐
姓妮始姆迢驾线练组绅细驶织驹终驻绊驼绍绎经贯契贰奏帮珊玻型拭挂封持
拷拱项垮挎城挟挠政赴赵挡拽哉挺括拴拾垛指垫挣挤拼挖按挥挪拯某甚荆茸
革茬荐巷带草茧茵茶茫荡荤荧故胡荫荔南药标栈柑柄栋柏栅柳柱柿栏柠树勃
要柬咸威研砖厘厚砌砂泵砚砍面耐耍牵鸥轴轻鸦皆韭战点临览竖削尝盹是盼
眨哇哄哑显冒映星昨咧昭畏趴胃界虹虾蚁蚂虽品咽勋哗咱响哈哆咬咳咪哪
哟炭峡贴贻骨幽钙钞钟钢钠钥钦钧钩钮卸缸拜看矩毡氢怎牲选适秒秋科复竽
段俩贷顺修俏保促俄俐俭俘信皇泉禹侯追盾待徊衍律很须叙剑逃食盆胚胧胆
胜胞脉胎勉狮独狰贸急饵饶蚀饺饼峦弯奖亭亮度迹庭咨姿亲音帝施闺闻闽阀
阁养姜送类迷籽娄前首兹总炼炸烁炮炫剃洼洁洪洒柒浇浊洞测洗活派洽染洛
浏济洋洲浑浓津恃恒恢恍恬恤恰举觉宣宦室宫宪突穿客诚冠扁袄祖神祝祠诲

诵垦退既屋昼屏费陡眉孩除院娃姥姨姻娇姚架贺盈癸柔垒绑绒绕骄绘给绚骆络绝统耕耘耙泰秦珠班素蚕盏捞栽捕埂悟振载赶起盐捎捍捏埋捉捆捐袁捌哲捡换挽挚热捣壶埃挨耿耽聂恭莱莲莫莉荷获晋莹莺真框梆桔栖档株桥桦栓桃格桩校核样根索哥速逗栗贾酎配翅唇夏砰砾础原套逐烈殊顾轿较顿致柴桌虑监紧党晒眠哮唠鸭哺响剔晕蚌畔蚣蚊蚪蚓哨哩唧哦鸯唤唁唧啊罢峨峰圆峻钱钳钻钾铁铃铅缺氧氨特牺造敌秤租积秧秩称秘透笔笑笋债借值倚俺倾倘俱倡候赁俯倍倦健射躬息徒徐殷舰舱般途拿耸爹舀爱豹颁颂翁胰脆脂胸胳脐胶脑逛狸狼卿逢鸵留鸳凌恋桨浆衷高郭席准座症斋疹疼脊效离唐瓷资凉站剖竞部旁旅阅羞羔瓶拳粉料益兼烤烘烧烛烟烙递浙涝浦酒涉消涡涂浴浮涣涤流润涧涕浪浸涨烫涩涌悖悟悄悍悔悯宽家宵宴宾窃窄容宰案请朗诸读扇袜袖袍被祥课谁调谅谆谈谊恳展剧陵陶陪娱恕娥娘通能预桑绢绣验继骏球琐理琉琅捧堵措描域捺掩捷排焉掉捶赦堆推埠掀授捻教掏掐掠掂培接掷控探据掘掺职基聆勘聊娶菱勒黄菲萌萝菌菜萄菊菩菠萤营乾萧萨菇械彬梦梗梧梢检梳梯桶梭救曹副票酝厢戚硅硕盔爽聋袭盛匾辅辆颅虚彪雀堂常眶匙睁眯眼悬野啪啦曼晚啄啡距趾啃跃略蚯蛀蛇唬鄂唱啰唯啤啥啸崖崎崭逻崔帷崇崛婴圈铠铝铜铲银矫甜秸梨犁移笼笛笙符第做袋悠偿偶偎您售停偏躯兜徘徙衔盘舶船舵斜盒鸽敛悉彩领脚脖脯豚脸脱象够逸猜猪猎猫凰猖猛祭馅馆凑减毫烹庶麻庵痊痒痕廊康庸鹿章竟商族旋望率阎闸羚盖眷粘粒断剪焊焕添鸿淋涯淹渠渐淌混淮淆渊渔淘淳液淤淡淀深涮婆梁渗情惜惭惧惕惟惊惦惋惯寅寄寂窑密谋谍谐祓祷谓谚谜逮敢尉隋随蛋隅隆隐婚婶婉颇颈绩绪续骑绰绳维绵绷绸综绽绿缀巢琴琳琢琼斑替款堪塔搭堰揩越趁趋揽堤提揭喜彭揣插揪搜煮援搀裁搁搓搂搅壹握搔揉斯期联葫惹募葛董敬葱蒋蒂落韩葵棒棱棋椰植森椅椒棵棍椎棉棚棕椰椭惠惑粟棘酣酥厨厦硬硝确硫雁殖裂雄颊雳暂翘辈凿敞棠赏掌晴睐暑最晰鼎喷喳晶喇遇喊遏睬畴践跋跌跑遗蛙蛛蜒蜓蛤鹃喂喘喉喻啼喧嵌幅帽赋赎赐赔黑铸铺链销锁锄锅锈锋锌锐甥掰短智氮毯氯鹅剩稍程稀税筐等筑策筛筒筏筋筝傲傅牌堡集焦傍储皖粤奥街御循艇舒逾番释禽腊脾腋腔腕猩猬猴馈装就敦童竣阔善翔羡普尊奠道遂曾焰港滞湖湘渤渺湿温渴溅滑湃渝湾渡游滋渲溉

Appendix 附录

愕愣惶愉慨割寒富寓窝窖窗窘遍雇裕裤裙禅禄谢谣谦犀属屡粥疏隔隙媒絮嫂
婿登缅缆缉缎缓缔缕编缘瑟鹉瑞瑰瑙魂摄摸填搏鼓摆携搬摇搞塘摊聘斟蒜勤
靴靶鹊蓝幕蓬蓄蒲蓉蒙蒸献椿楚楷榄想槐榆楼概赖酪酬感碘碑碎碰碗碌雷零
雾辐辑输督频龄鉴睛睹睦瞄睫睡睬嗜嗦暖盟歇暗暇照跨跷跳跺跪路跤跟遣蜈
蜗蛾蜂蜕嗅嗡嗓署置罩蜀幌锚锡锣锤锥键锯锰辞稚稠筹签简筷舅鼠催像躲魁
衙微愈遥腻腰腮腹腺腾腿鲍猿触雏馍馏酱禀痹廓痰廉靖韵意誊粮煎塑慈煌满
漠滇源滤滔溪溜漓滚溢溯滨溶梁滩慎誉寞窥窟寝谨褂福群殿辟障媳嫁叠缚缝
缠缤剿碧璃熬墙墟赫截誓境摘摔撇聚慕暮摹蔓蔡蔗蔼蔚兢槛榴榜榨榕歌醇酷
酿碟碱碳磁愿需辖辗雌裳颗墅噘踊蜻蜡蜘蝉嘛嘀赚锹锻镀舞舔稳熏箕算箩管
箫舆僚僧鼻魄魅貌膜膊膀鲜疑孵馒裹敲膏遮辣彰端旗精粹歉熄熔煽潇漆漱漫
滴漾演漏慢慷寨赛寡察蜜寥谭肇褐褪谱隧嫩翠熊凳骡缩慧撵撕撒撩趣趟撑撮
撬播擒墩撞撤增撰聪鞋鞍蕉蕊蔬蕴槽樱橡樟橄敷豌飘醋醇醉磕磅碾震霄题嘻
嘶嘹影踢踏踩踪蝶蝴蝠蝎蚂蝗蝙嘿嘱幢墨镇镐镑靠稽稻黎稿稼箱篓箭篇僵躺
艘膝膛鲤鲫熟摩褒凛颜毅糊遵潜澎潮潭鲨澳潘澈澜澄懂憔额翩褥鹤憨慰劈履
豫缭撼擂操擅蕾薯薛薇擎薪颠翰橱橙橘整融瓢醒霍雯辙冀餐嘴踱蹄踩蟆螃器
噪鹦赠默黔镜赞穆篮蓬篱儒邀衡膨雕鲸瘾凝辨辩糙糖糕燃濒澡激懈窿壁避缰
缴戴擦藉鞠藐檬檐檀礁磷霜瞭瞧瞬瞩曙蹋蹈螺蟋蟑嚎赡穗魏簧簇繁徽爵朦
鳄辫赢糠豁臀臂翼骤藕鞭藤覆瞻蹦镰翻鳍鹰瀑襟璧戳警蘑藻攀曝蹲蹭蹬巅簸
簿蟹颤靡瓣羹鳖爆疆鬓壤耀蠕嚼嚷巍籍鳞糯灌譬露霹蹦黯髓赣囊镶瓢罐蠢丞
芸芷邱佚佟孚狄邹亨闵沌汕诏孜陇陀妗妞妤邵纶拈苻旻咚迥竺佰侃佼炙冽沭
泷泸泱穹诠诣妲迦驿珐珂珑珀郝茜苿荟茗茹柚栀郦俪弈彦飒恺宥郡咫弭陛姝
姣妊羿矜骁骅绛敖茛荻荜莎轼虔逍晏峪隽奚胭朕玺恣朔涓窈娴彗菁菡梵龚喵
孰淇窕袈翌绮绯琵琶瑛琦琥靓雯斐蛟稔舜焱扉祺幂遐媛瑚珺瑜瑄遨蜇靳蓦颐
皙裘甄戬虞煦暄筱裔裟褚嫔韬蔷霆雯辕裴箔毓崟塾廖韶旖鄹嫣嫦嫚缨瑾璀璎
璇樊筬磐鹧麾羯璞璟螯熹霓嬴羲寰禧薷濡孺黎瞿颢曜蟠镭镯馥麓籁麒鏖瀚

附录二 常见多音字

字	读音	释义	读音	释义	字	读音	释义	读音	释义
拗	ào	拗不过	niù	执拗	卷	juǎn	卷起	juàn	试卷
薄	báo	薄厚	bó	薄荷	卡	kǎ	卡片	qiǎ	卡住
背	bèi	背部	bēi	背负	空	kōng	空气	kòng	空闲
便	biàn	方便	pián	便宜	乐	lè	快乐	yuè	音乐
泊	bó	停泊	pō	湖泊	量	liàng	重量	liáng	测量
参	cān	参加	shēn	人参	没	méi	没有	mò	没入
藏	cáng	藏匿	zàng	西藏	闷	mēn	闷热	mèn	郁闷
差	chā	差错	chāi	当差	模	mó	模具	mú	模样
长	cháng	长度	zhǎng	长大	磨	mó	磨损	mò	石磨
朝	cháo	朝向	zhāo	朝阳	难	nán	困难	nàn	灾难
乘	chéng	乘坐	shèng	史乘	漂	piào	漂亮	piāo	漂浮
处	chù	处所	chǔ	处理	奇	qí	奇怪	jī	奇数
畜	chù	畜生	xù	畜牧	强	qiáng	强大	qiǎng	强迫
传	chuán	传递	zhuàn	传记	切	qiē	切割	qiè	亲切
答	dá	答复	dā	答应	曲	qū	曲折	qǔ	歌曲
担	dān	担心	dàn	重担	塞	sāi	木塞	sè	闭塞
当	dāng	当时	dàng	适当	散	sàn	散开	sǎn	散文
倒	dǎo	倒下	dào	倒影	少	shǎo	多少	shào	少年
得	dé	得到	děi	得走	省	shěng	省略	xǐng	反省
都	dū	首都	dōu	全都	似	shì	似的	sì	类似
发	fā	发生	fà	头发	数	shù	数字	shǔ	数数
干	gān	干净	gàn	干活	弹	tán	弹奏	dàn	子弹
行	háng	行业	xíng	行走	挑	tiāo	挑选	tiǎo	挑战
好	hǎo	好人	hào	好学	吐	tǔ	吐露	tù	呕吐
喝	hē	喝水	hè	喝彩	为	wéi	作为	wèi	因为
横	héng	横向	hèng	蛮横	系	xì	系统	jì	系绳
划	huá	划船	huà	规划	兴	xīng	兴奋	xìng	高兴
晃	huǎng	晃眼	huàng	晃动	着	zháo	着急	zhuó	穿着
假	jiǎ	假装	jià	假期	折	zhé	折断	zhē	折腾
降	jiàng	降低	xiáng	投降	重	zhòng	重要	chóng	重复
将	jiāng	将来	jiàng	将领	种	zhǒng	种类	zhòng	种植
角	jiǎo	角落	jué	角色	转	zhuǎn	转动	zhuàn	打转
结	jié	结果	jiē	结实	应	yīng	应该	yìng	应答
解	jiě	解开	jiè	解送	相	xiāng	互相	xiàng	相貌
禁	jìn	禁止	jīn	禁受	说	shuō	说话	shuì	游说

附录三　体现性别特征的汉字

女性特征明显的汉字

丫女月凤卉兰尼奶奴母贞伊妆妇妃她妈玛芙芬芳芭杏丽伶彤妓妖姊妒玫茉苹妻妹姑姐妮姆玲珊茵俐姿闺美恬姨娇娜艳莲莉莹莺鸳羞娱娟娥娘萌菊萍凰淑婆婶婉琼嫂媚慈媳嫁雌慧蝶蝴蕾薇馨妁妍妩妪妣妊妗妫妞姒奵妾妲姗姗茜茱荟茗茹俪娈娅姮娆姝姣姘姹莎莞倩胭姿窈姬娠娌娉娲婉娴娣娓婀菁菘婁荧苕菡旎窕袷婧婕婵绮萱雯嫠媪媛婷缇蓓腼歆嬷嫒嫔嫱蔷嘤幔旖嫣嫱嫦嫚嫘蕙嬉缱璐黛嬷嬬颦鬟

男性特征明显的汉字

丁士丈夫仆父兄他汉邦戎匠爷壮阳肖男伯弟君武杰叔牧侠爸氓郎驹勋侯俊将帝勇哥爹翁骏彬寇尉雄傲斌强婿魁僧鹤擎爵叟骁骅髯滕髭樵骥

附录四　中国起名常用字统计

一小子云艺风丹凤文玉可龙平帅乐兰永成刚伟华宇安军阳红志花芳丽辰轩秀彤沐若英林杰雨国明和佳依欣金波泽怡诗建春珍玲荣思香俊美语娜勇艳桂桐晓恩航涛浩海悦诺娟萍梅雪晨铭敏清淑涵超博雅紫辉皓然斌强锦鹏颖新静嘉熙豪磊德燕霞馨芮妍玥昕奕钰倩宸梓琪萱婷煜瑶睿霖鑫

附录五　2013—2023年美国前50热门英文名字

	Boy 男孩	Girl 女孩		Boy 男孩	Girl 女孩
1	Liam	Olivia	26	Owen	Aria
2	Noah	Emma	27	Matthew	Chloe
3	Oliver	Charlotte	28	Luke	Grace
4	James	Amelia	29	Asher	Ellie
5	Elijah	Sophia	30	Carter	Nora
6	William	Mia	31	Julian	Hazel
7	Henry	Isabella	32	Grayson	Zoey
8	Lucas	Ava	33	Leo	Riley
9	Benjamin	Evelyn	34	Jayden	Victoria
10	Theodore	Luna	35	Gabriel	Lily
11	Mateo	Harper	36	Isaac	Aurora
12	Alexander	Camila	37	Lincoln	Violet
13	Michael	Gianna	38	Anthony	Nova
14	Daniel	Abigail	39	Hudson	Hannah
15	Mason	Ella	40	Dylan	Emilia
16	Sebastian	Elizabeth	41	Ezra	Zoe
17	Ethan	Sofia	42	Thomas	Stella
18	Logan	Emily	43	Charles	Everly
19	Jackson	Avery	44	Christopher	Isla
20	Levi	Mila	45	Jaxon	Leah
21	Samuel	Scarlett	46	Maverick	Lillian
22	David	Eleanor	47	Josiah	Addison
23	Joseph	Madison	48	Isaiah	Willow
24	John	Layla	49	Andrew	Lucy
25	Wyatt	Penelope	50	Elias	Paisley

附录六　起名基本资料表

孩子			备注
	性别		可选男/女，或者未知
	姓		有些随母姓
	出生	年　月　日（预计） 年　月　日　时　分	可能用到生肖法、生辰八字、星座
	出生国/国籍		决定中英文名哪一个是重点
	出生地方言		方言对名字发音、传播的影响
	民族、宗教		民族、宗教对名字意义的影响
	姐兄名字		家庭关系对起名的影响
	特别注意		有些有族谱要求，有些有英文特殊要求
父亲			
	姓名中英文		忌讳和父母中英文名中的字重复
	民族、宗教		民族、宗教对起名的影响
	方言		方言对名字发音、传播的影响
	三代亲属名		尽量避免和三代以内亲属的名字重合
	特别注意		职业等
母亲			
	姓名中英文		忌讳和父母中英文名中的字重复
	民族、宗教		民族、宗教对起名的影响
	方言		方言对名字发音、传播的影响
	三代亲属名		尽量避免和三代以内亲属的名字重合
	特别注意		职业等

附录七　起名需求评估表

选择	分类	学派方法	细项	影响对象 本人	影响对象 父母	影响对象 社会大众	风险程度	实现难度
	传播类							
		发音		×	×	×	高	容易
			无难读字或多音字			×	高	容易
			音律美	×	×	×	高	容易
			当地发音陷阱			×	低	容易
		书写		×		×	高	容易
		记忆				×	低	中等
	寓意类							
		名字含义		×	×	×	高	困难
		性别倾向		×		×	高	容易
		姓名协同		×		×	高	容易
		宗教信仰		×	×		中	容易
		方言表达		×		×	低	容易
	个性类							
		与众不同，减少重名		×		×	中	容易
		避开名人等专有名词		×		×	中	容易
		体现家族特色		×	×		中	容易
	风格类							
		国风派		×	×	×	低	困难
		清新派		×	×	×	低	中等
		文雅派		×	×	×	低	中等
		浪漫派		×	×	×	低	中等
		温暖派		×	×	×	低	中等
		活泼派		×	×	×	低	中等
		潮流派		×	×	×	低	中等
		简约派		×	×	×	低	中等
		力量派		×	×	×	低	中等

续表

选择	分类	学派方法	细项	影响对象 本人	影响对象 父母	影响对象 社会大众	风险程度	实现难度
	英文类							
		传播项				×	高	容易
		寓意项		×	×	×	高	中等
			含义	×	×	×	中	中等
			起源、种族、宗教	×	×	×	高	容易
			性别	×		×	高	容易
			名与姓组合及其缩写	×		×	低	容易
		个性项		×	×	×	中	困难
			通用名	×		×	中	容易
			宝藏名	×		×	低	中等
			中间名	×	×	×	低	容易
			拼音名	×		×	高	中等
			中英联动名	×	×	×	低	困难
			体现家族特色	×	×		低	困难
		其他特殊需求						

Afterword
后记：
科技与文化的融合

年轻时，我常常幻想，如果我能带着现代知识穿越到古代，可能会成为风云人物，过上像穿越小说中主人公那样的生活。直到有一天，我突然醒悟：即便时空隧道真的摆在我面前，选择穿越回过去该是多么愚蠢的决定。

若穿越到古代，能日行千里，舒舒服服地到世界各地游玩吗？那时的马车队，最快也只能日行百里，还一路颠簸。能随时随地和世界上任何人聊天，甚至视频通话吗？那时最快的信息传递方式是飞鸽传书。能随时点外卖，打开冰箱想吃什么就吃什么吗？唐玄宗为了讨好杨贵妃，动用专线军队，奔波数日，牺牲数十匹马，才将新鲜荔枝送到。

最可怕的是简陋的生活条件和落后的医疗设施。没有空调、暖气、自来水、电力和网络，对现代人来说，这简直就是地狱般的生活。若是感冒发烧、被蚊虫叮咬，也可能因为缺乏医疗设备而不治身亡。

因此，我得出一个结论：幸福感不仅要进行横向对比，即与别人相比，还要进行纵向对比，即与过去相比。在这个对比过程中，时间跨度越大，差距越明显。例如，从2022年穿越到2012年，时间跨度只有10年，这种短期跨度的纵向对比差距并不明显。如果从2022年穿越到1922年，时间跨度为

100年，那这样的纵向对比差距就很明显。

现在我意识到，我的理解又错了，纵向对比其实与时间跨度没有直接关系。例如，我在2024年，完全不愿意穿越回2022年，虽然只有两年之差，但差距非常大，因为那时还没有生成式AI。

如今，我的工作、学习和生活都离不开生成式AI。开车时依赖自动驾驶，打字时用智能语音输入，搜索信息用AI，阅读新闻时我更喜欢让AI先帮我总结概括，简单的书信和邮件几乎不用我亲自动笔，编程则完全依赖向AI提问……

我拥有经验丰富的司机、高效的打字员、全能的信息官、尽职的新闻官、贴心的秘书、全能的程序员，还有各行各业的顶尖专家，更有强大的计算能力。

这就是科技无与伦比的力量对人类生活产生的深刻影响。

可惜，许多人在面对AI时既不会用，也不敢用。由于不了解、不知道、不信任等，许多人尚未体验到AI带来的好处。这也是当前AI行业面临的最大挑战。虽然AI在硬件和模型的发展上日新月异，但其实际应用严重滞后。

我们不应被AI幻想家们吹嘘得天花乱坠的景象所迷惑，也无需对AI是否会替代人类这些宏大而遥远的议题感到担忧。我们应秉持"科技最终要服务于人"的原则，聚焦于如何让AI为我所用，如何通过它降低成本、节省时间、提高效率，并提升生活质量。以应用场景为王，少谈概念，多做实事。

这正是本书的初衷，基于AI在起名领域的应用，我们可以高效、便捷地利用AI起好名、佳名。无论起中英文名、改名，还是为商用品牌命名，本书希望让每个人都能成为起名高手。同时，本书以AI起名为切入点，探讨AI与文化的广泛融合。

AI的核心在于用数字代表万物，以计算解决问题，即通过量化一切实现智能。然而，文化的传承性与艺术的创作本质上与AI的量化逻辑相同。如何在文化领域中，既不盲目夸大AI的能力，也不放弃任何可以应用AI的机会，是本书在探讨AI起名过程中始终关注的内容。

为了取长补短，我们在使用AI的同时，要结合专家意见与人工判断，确保生成的名字既符合现代审美，又保留传统文化的精髓。

在不断探索与尝试中，本书构建了一条以人为主、以AI为辅、通过技术量化艺术的AI起名理论框架，为平衡技术创新与文化传承提供了新的思路。

未来，随着技术的不断进步和AI的持续优化，我们有理由期待AI起名体系的进一步完善，甚至实现新的突破。技术创新将为起名文化不断注入新的活力，我们必将迎来一个更加丰富多彩、充满创意的新时代。

同时，以起名为契机，由点及面，我们有望在技术创新与文化传承之间找到平衡，共同推动文化的发展与繁荣。这样，我们不仅能够保留传统文化的瑰宝，还能借助现代科技让其焕发出新的光彩，实现科技与文化的完美融合。